Primary International Relations

プライマリー国際関係学

足立研幾・板木雅彦・白戸圭一
鳥山純子・南野泰義
編

ミネルヴァ書房

は し が き

学問体系の中の国際関係学

　それぞれの学問体系は，ある中核的な概念を基礎にすえて構築されている。生物学であれば生命がそれであり，「そもそも生命とは何か」という根源的な問いに答えることを使命としている。物理学であれば物質とは何か，法学であれば正義とは何か，政治学であれば権力とは何か，そして経済学であれば価値とは何か――すなわち，人間社会において「価値あるものとは何か」「価値あるものを豊かにするにはどうすればよいか」という問題を追求するわけである。そして，学問は全体として，「人間とは何か」という究極の問いに答えようとする人間の営為にほかならない。

　ヒト，モノ，カネ，情報が国境を越えて移動するということは，国ごとに異なる「正義の体系」「権力の体系」「価値の体系」「文化の体系」をまたぐことであり，新たな国際的「諸体系」へと組み替えられていくことである。これに対応して，越えていくヒトの根源的な在り方そのものが変化する。ここに，国内社会とは異なる国際社会に独特の現象や法則が生ずる。まさにこの「国内社会と区別された，国際社会とは何か」という問いを極めようとするものが，国際関係学である。国際関係学が，その誕生の第一歩から学際的でなければならなかったゆえんである。

いま，私たちを取り巻くもの：グローバリゼーションと中国の台頭

　いま，私たちが暮らすこの国際社会は，様々な矛盾に満ち満ちている。もちろん，矛盾はカオスではない。国際連合（UN）や世界貿易機関（WTO）を中心とする様々な国際機関が存在し，国際的な紛争と利害の調停が行われている。しかしその一方で，軍事的な衝突が各地で頻発し，難民は戦地を逃げまどい，移民の流入が社会的摩擦と政治的ポピュリズムを生み出している。そして，富める者と貧しき者の経済格差は，多くの国で社会的な許容範囲を超える水準に

まで達している。秩序と混乱，富と貧困，共生と不寛容——これらの矛盾が，いま世界で沸々と煮えたぎっている。このような問題群の多くは，広く「グローバリゼーション」と呼びならわされている世界的な現象と深くつながっている。グローバリゼーションとは，ヒト，モノ，カネ，そして情報が世界中を激しく行き来する現象——すなわち，世界大での可動性（global mobility）の飛躍的高まり——と理解することができるだろう。

　第二次世界大戦後の世界では長らく，冷戦とブレトンウッズ体制の下で国民国家が経済的に緩やかに結びつくことで国際社会が構成され，先進国ではケインズ主義を旗印に福祉国家を目指していた。ところが1980年代以降，新自由主義という新しいイデオロギーの下で一気に自由化が進められ，とりわけカネが世界の金融・為替市場を駆け巡る時代がやってきた。そして，1989年のベルリンの壁崩壊，1991年のソ連社会主義の解体と湾岸戦争を経て，アメリカ一極体制の下，世界は ICT（情報通信技術）の時代へと突入する。コンピュータと通信が融合し，世界が瞬時に Web で結びつけられていく世界である。最初は軍事用であったインターネットがビジネスの道具となり，いまや先進国・途上国を問わず，世界の文化と社会に人類史上未曽有のインパクトを与えるまでになった。しかし，このことは同時に，「テロリズム」の拡散（2001年の9.11），ネット犯罪の横行，金融投機による経済の破壊（1997-98年アジア通貨危機，2001年の情報通信バブル崩壊，2008年リーマン・ショックと世界金融危機）といった負の現象を，国境の壁を突き破って世界中にまき散らすきっかけともなった。そして，ヒトの自由な往来は，2019年末から瞬く間に新型コロナ・ウィルスのパンデミックを引き起こした。

　このようなグローバリゼーションがもたらす大きなうねりをとらえて，一気に世界の舞台に躍り出たものが中国である。十数年に及ぶ文化大革命の混乱を経て，1978年末に改革・開放路線へ転じた中国共産党は，1989年の天安門事件を教訓として，政治改革抜きの高度経済成長戦略へと突き進んでいった。この跳躍台となったものが2001年の WTO 加盟である。これ以降，単に低賃金を利用した「世界の工場」であるだけでなく，AI，Big Data，5G，半導体といった情報関連先端技術においても日米に急速にキャッチ・アップしつつある。

現代の多国籍企業は，生産工程を多数のサブ工程へと国境を越えて分解し（フラグメンテーション），それを再び国境を越えて結合していく。このようなglobal value chain に積極的に組み込まれることで，開放後40年という驚くべきスピードで輸出指向工業化を達成した。そして，ついに2010年にはドル建てGDP において日本を抜き，2017年には PPP（購買力平価）ベースではあるがアメリカの GDP を抜き去り，実質的に世界最大の経済大国となった。この実績の下，2013年に習近平が国家主席となり，「中華民族の偉大な復興」を掲げるナショナリズム路線を突き進んでいる。

　2020年時点で小康状態を保っているものの，現在もなお米中間で争われている「貿易戦争」の背景とグローバリゼーションの関係は，以上のようなものである。米中はいま，貿易問題だけでなく，「覇権」——少なくともアジア・西太平洋地域の覇権——を争っているといわれている。覇権とは，軍事，政治，経済，そして文化をも含む総合的な概念である。しかし，これは一種異常な「覇権争い」であると言わざるをえない。総 GDP はともかく，一人当たりGDP においていまだアメリカの15％程度でしかない「貧国」（メキシコ並み）が覇を唱えようとしている。しかも，「社会主義市場経済」という自称とは裏腹に，ジニ係数で見れば世界で最も経済格差の大きな国の一つである。さらに，その人口は急速に高齢化しつつある。アメリカも同様である。高度消費社会で貯蓄率が異常に低く，財政赤字はコロナ禍以前でも年間 1 兆ドルを超えている。ここからくる経常収支赤字を中国や日本からの金融投資によって賄っている。厳しい所得格差がアメリカ社会を蝕んでいることは，もはや言うまでもない。そして最後に，この両国は世界の温暖化ガス二大排出国なのである。

　行き過ぎたグローバリゼーションがもたらす光と影，「異形の大国」中国の動向，そして内部から自壊する可能性を秘めた米中覇権争いの行方，さらにはパンデミック後の世界をどう再構築するかという大問題から目を離すことなく，私たちは全神経を集中して21世紀の国際関係を学び研究していかなければならない。

本書を編むに際して

　本書は，あくまで教育用のテキストとして編まれている。したがって，本来学術論文として備えなければならないいくつかの要件を欠いている。引用，典拠，文献一覧などがそれである。その意味で，本書を利用する学生諸君は，これを卒業論文やレポートを書くお手本と考えてはならない。むしろ，これを手掛かりとして本格的な学術論文へと学習を進めていってもらいたい。

　2021年早春

編者を代表して　板 木 雅 彦

プライマリー国際関係学

目　次

はしがき

第Ⅰ部

国際関係学とは何か

第 1 章
国際関係における秩序の形成を目指して

足立研幾

> **本章のねらい**
> ・国際関係学がどのような学問なのかについて，理解を深める。
> ・国際関係における秩序の形成・維持をめぐる理論と実践について，理解を深める。
> ・国際関係の変容について，理解を深める。
>
> **キーワード**
> ▶国際関係学，秩序，力，国際協調，グローバル・ガバナンス

は じ め に

　2020年，世界は新型コロナウィルス感染症の流行に襲われた。ウィルスにとって，国境はほとんど意味をもたない。中国武漢で発生したとされる新型コロナウィルス感染症は，瞬く間に世界中に広まった。各国は，他国からの感染者の流入を阻止すべく，国境管理を大幅に強化した。しかし，国境は多かれ少なかれ人為的な線引きにすぎない。国境付近に住む人の生活実態と，国境が必ずしも一致しているわけではない。日常的に，意識・無意識のうちに越境活動をする人も少なくない（第12章参照）。

　国境にとらわれていては解決できない問題は，グローバル化の深化とともに増加の一途を辿っている。地球環境問題，エネルギー問題，食糧問題などは，そうした例である。世界の諸問題をいかに解決し，世界に秩序をいかにもたらすかを考察しようとして生まれてきた学問，それが国際関係学である。もとも

3

と，国際関係学は，「国と国の間（inter-nation）」の関係を理解し，第一次世界大戦の惨禍を繰り返さないため，生まれてきた。当初，国家間の戦争をいかに防ぐかが，世界における秩序の形成にとって最優先の課題だった。しかし，今や，戦争だけでなく，上記の諸問題も世界の秩序を脅かす問題と認識されている。また，複数の国から構成される国際連合のような国際機構や，非政府組織（NGO），多国籍企業，一人ひとりの個人，そして時にはウィルスさえもが国際関係に影響を与えるようになった。

　それにもかかわらず，私たちが世界について考える時，依然として国家が集まって世界を作っていると考えがちである。世界地図は，国ごとに色分けされているものが多い。経済について考える際にも，日本と他国との間の貿易収支が論じられることが一般的である。オリンピックなどのスポーツ大会でも，多くの人は国別のメダル獲得数に一喜一憂したり，自国チームを応援したりする。人々の間では，いまだ「国と国の間」の関係という観点から，国際関係を捉える意識が根強く残っている。それはなぜか。また，そのことにはいかなる問題があるのだろうか。以下では，国際関係学が，これまで世界においていかに秩序を形成しようとしてきたのかを見ていくことにしよう。その上で，複雑性を増す現在，秩序をいかに形成することができるのか，またそれを考察する国際関係学がいかなる変容を迫られつつあるのか，考えよう。

1　力による秩序の模索

（1）勢力均衡と抑止

　世界には，国家よりも上位の権威，例えば世界政府などが存在しない。こうした状態のことを，国際関係学においてはアナーキー（anarchy）と呼ぶ。このアナーキーな世界において，いかに秩序を形成するかを考察しようとして，国際関係学が生まれてきた。アナーキーな国際関係において，他国が自国の財産を奪おうと戦争を仕掛けてきた場合，侵略国を止めるために頼ることができるのは自らの力のみである。そのような状況におかれると，民主主義国家であれ独裁国家であれ，自らの生存を最優先して行動せざるをえない。国際関係をこ

のようにみると，各国の国内事情の相違にかかわらず，すべての国家が自国の
力を少しでも大きくしようと行動すると想定することになる。

　そのような国際関係において，秩序を形成することは可能なのだろうか。各
国が，自らの力を少しでも大きくしようとするならば，あくなき軍拡競争に
陥ったり，戦争をしたりすることは不可避のようにも思われる。しかし，これ
まで国家が常に軍拡競争と戦争に明け暮れてきたわけではない。戦争遂行には，
人的，金銭的，政治的なコストが伴う。戦争に勝利できるかどうかが不確かで
あれば，各国は開戦に慎重になる。対抗し合う国家間や同盟間の力関係が同等
であれば，いずれの側にとっても戦争に勝利できるかどうかが不確実となる。
それゆえ，各国間，あるいは同盟間の勢力を同等に保つことができれば，戦争
を起こりにくくすることが可能となる。これが，勢力均衡（balance of power）
という考え方である。19世紀ヨーロッパにおいては，同盟の組み換え等を巧み
に行いつつ勢力の均衡を保つことで，約100年間主要大国間の戦争を回避する
ことに成功したとされる。

　抑止論も，国家間の戦争をいかに防ぐかを考察する中で発達してきた議論で
ある。抑止（deterrence）には，大きく分けると二つの方法がある。その一つ
は，相手の攻撃に対する防衛力を高め，相手国に攻撃をあきらめさせる方法で
ある。いま一つは，強力な報復攻撃を行う能力を誇示することで，他国に攻撃
を思いとどまらせる方法である。核兵器の破壊力は極めて大きく，一度核戦争
が起こると，世界は壊滅的な被害を受ける。それゆえ，1945年に核兵器が広島
と長崎に投下されて以来，核兵器使用を思いとどまらせる方策を検討すること
が，国際関係学の重要な課題となった。

　核攻撃から自国を完全に防衛することは極めて困難である。そのため，核兵
器使用を防ぐには，報復能力に基づく抑止を追求するしかない。このような考
え方に基づき，冷戦期，アメリカとソ連は，核攻撃に耐えられる地下核格納庫
に核戦力を配備したり，潜水艦から発射できる核弾頭の開発を進めたりした。
核攻撃を受けても，核兵器によって報復することができる能力（第二撃能力）
を保有し，核攻撃を抑止しようとした。また，米ソ間で弾道弾迎撃ミサイル制
限条約を締結し，核攻撃からの防衛システム配備を制限することを約束した。

第二撃能力を持ち合う米ソ両国が，お互いに相手の核攻撃に無防備な状態にあえてとどまることで，核戦争を避けようとしたといえる。相互確証破壊（Mutual Assured Destruction：MAD）と呼ばれるこの核抑止戦略は，文字通り，正気とは思えないもの（MAD）だった。

　米ソを中心とする東西両陣営間の勢力争いは，世界各地の紛争に米ソ両国が介入することにつながった。一度米ソ両国が地域紛争に介入すると，紛争激化を抑え込まなければ米ソ間の核戦争につながってしまう。その結果，地域紛争に米ソ両陣営が関与することで紛争激化が抑えられ，米ソ両国は直接戦争することを慎む状況が生まれた。冷戦期は，東西両陣営間の緊張度が高いものの，世界的紛争回避メカニズムが機能していたという見方もある。こうした状況を，ジョン・ルイス・ギャディスは「長い平和（Long Peace）」と呼んだ。いずれにせよ，アナーキーな国際関係においては，力に基づいて秩序を形成するほかないと考えるものが少なくなかった。

（2）力による秩序の限界

　勢力均衡の考え方に従えば，戦争を防ぐ鍵は，同盟間の勢力バランスを同等に保つことである。実際，19世紀ヨーロッパでは，勢力均衡によって主要国間の戦争が約100年もの間，回避されたとされる。しかし，ヨーロッパ各国は次第に三国協商（イギリス，フランス，ロシア）と三国同盟（ドイツ，オーストリア＝ハンガリー，イタリア）という二つの同盟システムに分極化するようになり，同盟組み換えの柔軟性が失われていった。同盟組み換えがなされず，敵対的な同盟同士が軍拡競争に陥ると，少しでも自らに有利なうちに戦争に訴えようとする誘惑が強くなる。オーストリア＝ハンガリー帝国皇位継承者がセルビア人民族主義者によって暗殺されると，同盟関係を通じて瞬く間に両陣営を巻き込んだ第一次世界大戦が勃発してしまった。

　戦車100台と戦闘機50機を有する国と，戦車50台と戦闘機100機を有する国の，いずれの勢力が大きいのであろうか。たとえ兵器数が全く同じ2国であっても，地理的状況や国民の教育水準，政治的リーダーシップなど，他の様々な要素によって，一方が他方を圧倒することもある。正確に，各国の国力を測定し，戦

争の帰趨を予想することは，ほとんど不可能である。また，実際には均衡がとれていたとしても，相手陣営の方が強いと感じれば，自らは軍拡を行う。そうした行動は，相手陣営の軍拡を引き起こし，軍拡競争に陥ってしまう。イデオロギーや心理的な対立などから，柔軟な同盟の組み換えができない場合も少なくない。実は，勢力均衡を保つことは至難の業である。

　抑止論についていえば，ある国が攻撃を思いとどまるのは，相手国には攻撃を防衛する能力があると認識するか，もし攻撃したならば相手国が同等以上の報復を行う能力があり，そうした報復攻撃を受けたくないと認識する時のみである。相手の防衛能力や報復能力を低く見積もったり，報復の意思を疑ったりする場合には，抑止は機能しない。核抑止についていえば，自国が核攻撃にさらされ壊滅状態になった後に，核報復を行うことが現実的かという懐疑がつきまとう。自国がすでに壊滅状態になった後では，核報復を行っても，失われた自国民の生命がかえってくるわけではない。しかし，ひとたび核報復の実行が疑われると，抑止は機能しなくなる。そうなると，先に核攻撃を仕掛けてしまおうという誘惑が強くなる。また，報復を恐れない相手に対して抑止は機能しない。自国民の死をいとわない指導者が率いる国や，追い詰められた国の攻撃を抑止することはできない。力による秩序形成の試みの成否は，力以外の要因に思いのほか大きく依存しているのである。

2　国際協調による秩序の模索

（1）国際連盟と国際連合

　第一次世界大戦後，勢力均衡こそが世界大戦を引き起こしたとの考えが広まった。それゆえ，第一次世界大戦後は，勢力均衡に頼ることなく秩序を形成する方法が模索された。そうした中で，力ではなく，国家間の協調を通して，世界を平和的で秩序立ったものにしようとする考え方が発展した。19世紀以降，国境を越えた交流が増加するにしたがい，様々な政策分野で，国家間で協調しあう現象が観察された。国家は，常に自らの力を大きくしようとして，他国と対立的に行動するばかりではない。そうした国際協調の経験を分析することで，

国際協調に基づいて世界を秩序だったものにすることができるのではないか，と考えられるようになった。

　第一次世界大戦後，国際機関によって国家間の利害を調整することで戦争を防ぐべく，国際連盟が設立された。国際機関を通して各国の利害調整をしても，その結果に納得できず戦争に訴える国が出てくる可能性はある。こうした問題に対して，国際連盟はその手続きを無視したいかなる戦争も，連盟のすべての加盟国に対する戦争とみなすと規定することで対応しようとした（国際連盟規約第16条）。すなわち，戦争に訴える国があれば，それ以外の加盟国すべてがその国に対抗することをあらかじめ示すことで戦争勃発を防ごうとした。この集団安全保障という考え方は，対抗し合う同盟間でバランスをとろうとする勢力均衡とは根本的に異なる。集団安全保障においては，対抗し合う関係もなければ，各国の力を測定したり，それに基づいて同盟の組み換えや軍拡によりバランスをとったりする必要もない。どの国が戦争に訴えても，それ以外のすべての国が協調して侵略国に対抗することを示すことで，戦争勃発を防ごうとするからである。

　結果的には，国際連盟は第二次世界大戦勃発を防ぐことはできなかった。しかし，第二次世界大戦後には，やはり国際機関における国際協調を通して戦争を防止すべく国際連合が設立された（第4章参照）。その際，国際連盟の集団安全保障がうまく機能しなかったとの反省の下，集団安全保障体制が強化された。具体的には，安全保障理事会が，平和に対する脅威，平和の破壊または侵略行為の存在を認定すると，まずは非軍事的措置をとり，それでは不十分な場合には軍事的措置をとりうることを規定している（国際連合憲章第7章）。加えて，国際連盟が理事国の脱退によって崩壊を招いたとの反省から，五大国に拒否権を与え五大国が望まない決議が採択されないことを保証した。主要国が国際連合を脱退してしまっては集団安全保障機能が著しく低下する。あるいは，五大国いずれかに対する軍事的措置がとられてしまうと，国際連合の集団安全保障措置が第三次世界大戦を引き起こしてしまう。五大国に強い主導権を与え，一致して国際社会の平和と安全に対応する体制を整えることで，集団安全保障体制の信頼性を担保しようとした。

　集団安全保障システムの強化と並んで国際連合の柱とされたのが，経済，社会分野における国際協調の増進である。国際連合の経済社会理事会は，万国郵便連合をはじめ，国際労働機関（ILO），国際電気通信連合（ITU）などの機関と連携協定を締結した。また，国際連合設立と同時期に設立された国際連合教育科学文化機関（UNESCO），国際通貨基金（IMF），世界銀行グループ（IBRD），世界保健機関（WHO）なども，同様に経済社会理事会と連携協定を結んでいる。国際連合はこれらの専門機関と連携しつつ，経済社会分野の一層の国際協調の促進を図っている。国際協調が可能な個々の問題領域において国家間の協力を進展させ，国際協調から得られる利益を大きくした。戦争によってそうした利益が失われるのだとすれば，国際協調を進めれば進めるほど，戦争によって失うものも大きくなる。そうなれば各国は戦争を思いとどまるはずである。この機能主義という考え方に基づき，国際連合は経済社会分野の専門機関を網の目のように張り巡らせ戦争が起こりにくい環境を整備することで，集団安全保障システムを補完しようとした。しかし，第二次世界大戦後まもなくアメリカとソ連の対立は深刻なものとなり，国際連合は，その設立時に想定していた機能を果たすことができなくなった。

（2）相互依存の深化と国際制度

　冷戦対立が激化すると，国際連合が機能不全に陥った。しかし，その間国際協調による秩序形成を模索する動きが消滅したわけではなかった。国境を越えた国家間の交流が増加するにつれて，各国が独自に行動していては解決できない問題も増加した。1971年のアメリカの金ドル兌換停止を契機とした国際経済の混乱（ニクソン・ショック）や，1973年の第四次中東戦争および1979年のイラン革命をきっかけに起こった二度のオイル・ショック（石油危機）は，経済的交流の増大が国家間の相互依存状況を深化させていることを認識させた。

　国家間交流の拡大は，国家間紛争の種の増加につながる。そうした紛争の種が戦争につながることを防ぐためには，国家間交流に伴う利害衝突を調整することが重要となる。一国一国が個別に行動していたのではうまく対応できない問題に，国際制度を通して各国の行動や利害を調整して対処しようとする動き

が盛んになった。例えば，貿易の自由化によって発生する各国の利害関係を調整し自由貿易を促進するため，関税と貿易に関する一般協定（GATT）では数次にわたる多角的貿易交渉を行った。その結果，関税の引き下げや貿易障壁の撤廃などが進展した。他方で，国家間の貿易の増大は地球環境の悪化を引き起こすことも少なくない。そうした問題に対応すべく，例えば，絶滅の恐れのある野生動植物の種の国際取引に関する条約（ワシントン条約）が1973年に採択された。この条約は，各国が協調して野生動植物の取引を規制することで，絶滅が危ぶまれる野生動植物を守ろうとするものである。

　国家間交流の増大は，安全保障分野における国際協調の必要性も増大させる。紛争の種の増加により戦争の可能性が増大したり，兵器等の移転が盛んになったりするからである。しかし，安全保障は，国際協調を行うことが最も困難な分野だともされてきた。というのも，安全保障分野においては，他国が裏切った場合のコストが極めて大きいからである。例えば，各国で軍縮を行う合意をした際，ある国が裏切って軍拡を行うと，その国は一気に他国に対して軍事的に優位な状況を作り出せる。軍事的に裏切られると，自国が存亡の危機に立たされかねない。安全保障分野において，国際協調が皆無だったわけではない。核不拡散条約はそうした例の一つである。1960年代に入り核実験に成功する国が増加すると，偶発的な核戦争への懸念が高まった。核拡散は，核兵器を保有する国だけでなく，核兵器を保有しない多くに国にとっても望ましくないと考えられた。核兵器廃絶や，核兵器規制自体は困難だとしても，核兵器保有国を増加させないことには，多くの国が共通の利益を見出した。その結果，1968年に核不拡散条約が署名され，1970年に発効した。核不拡散条約には，核兵器保有国と核兵器非保有国の間の不平等性があるなど問題も少なくない。だが，国家間の協調によって核拡散を防止しようとし，大きな成果を上げていることも事実である。

　東西両陣営が地球を破壊しつくせるほどの核兵器を持ち合う冷戦対立が続く中，敵対的な勢力とも協調することによって安全保障を追求すべきという考え方が生まれてきた。1975年，アルバニアを除く全ヨーロッパ諸国と，アメリカ，カナダの35カ国が設立した全欧州安全保障協力会議（CSCE）は，このような

考え方を反映したものである。ヘルシンキで採択された合意文書では，2万5000人以上の軍事演習の事前通告や，軍事演習へのオブザーバーの相互派遣などを行うことが規定された。こうした国際協調によって，戦争の可能性を低減しようと試みたのである。1970年代末から冷戦対立が再び激化すると，国際協調によって秩序を形成しようとする動きは弱まっていった。ただし，その間も，国際協調によって秩序を作ろうという試みは継続した。力ではなく，協調によって安全保障を追求しようとするこうした営為によって，東西両陣営間の信頼感が醸成されたことが，冷戦終焉へとつながったとの指摘もある。

　冷戦が終焉し，1990年代に入ると国際協調の試みは加速した。1980年代，交渉が停滞していた化学兵器禁止交渉は冷戦終焉後一気に進展し，1992年に厳格な検証措置を伴う化学兵器禁止条約が採択された。また，湾岸戦争に際しては，28カ国からなる多国籍軍（国連憲章上の国連軍ではなかった）がイラクのクウェート侵攻に対して共同行動をとり，その費用は軍事的に参加しなかった日本なども含めて負担された。冷戦終焉に伴い，主要国間（特に米ロ間）でのイデオロギー対立は収束し，国連を中心として，集団安全保障システムが機能するようになり，国際協調によって秩序が形成・維持可能になるのではないか，との期待感も高まった。

　しかし，そうした期待感もすぐに消え去ることとなる。冷戦終焉後，国家間の戦争は激減した一方で，内戦が頻発するようになったからである（第10章図2参照）。「国と国の間」で取り決める集団安全保障システムには，内戦を抑え込む力はほとんどない。ユーゴスラヴィアにおける激しい内戦やソマリア内戦などに，国連が効果的な対処を行うことはできなかった。また，2001年9月11日には，アメリカ同時多発テロが発生し，約3000人もの人々が犠牲になった。「国と国の間」で戦争を防ぐだけでは，圧倒的な軍事力を有するアメリカですら自国の安全を守ることはできず，ましてや平和で安定した世界秩序を形成することが不可能であることが，はっきりと自覚されるようになった。

3　「国際関係」学の崩壊？

（1）主権国家システムという神話

　国際関係学の研究の多くは，国家をあたかも一人の人間に擬制できる単一アクターであるとの前提をとり，そうした「国と国の間」でいかに秩序を形成するか，とりわけ，いかに国家間戦争を防ぐかを考察してきた。このような前提の背景には，1648年にウェストファリア条約が締結されたことを契機として主権国家をアクターとする国際システム（主権国家システム）が形成され，それが現在まで存続しているという見方がある。ウェストファリア史観ともいうべき，この見方は国際関係学において支配的な地位を占めてきた。しかし，国家は単一のアクターではない。国家は，様々な立場，様々な価値観をもった多くの人々が集まって構成されている。また，移動や通信手段が発達する中で，様々な非国家主体や個々人が国境を越えて交流することが容易になりつつある。

　そもそも，国際関係学が前提としてきたウェストファリア史観自体が神話にすぎない。近年の研究では，主権国家システムは，15世紀後半から19世紀にかけて徐々に形成されたという立場をとるものが多い。実際，1648年時点では，帝国諸領邦やハンザ都市などの様々な国家以外の主体，すなわち非国家主体が外交関係を結んでいた。そして，これら非国家主体は国際会議に参加していた。国際会議への参加資格は徐々に主権国家に限定されるようになっていくものの，それは当初ヨーロッパ諸国に限られていた。18世紀に入っても，ヨーロッパ以外の地域では，主権国家とは異なる様々な主体が重要な役割を担っていた。主権国家システムが地球上を覆うようになったのは，脱植民地化が進んだせいぜい1960年代以降のことである。「国と国の間」の関係にとどまらない国際関係は脈々と存在し続けてきた。そして，主権国家がようやく地球全体を覆い尽くすようになった頃には，すでに国際関係を「国と国の間」の関係としてのみ捉えることの限界が顕在化した。

　1970年代頃から，国境を越えたヒト，モノ，カネ，情報などの相互作用が大きく増大しつつあったからである。多国籍企業をはじめとする非国家主体や

個々人が国境を越えて活発に活動するようになり，そうした非国家主体が国際関係に無視しえない影響を与えていると認識されるようになった。だが，1970年代末以降新冷戦が激化すると，再び「国と国の間」の関係に関心が集中するようになった。その間も，非国家主体による国境を越えた活動は着実に拡大し，それが世界に与える影響も増大していた。それにもかかわらず，冷戦対立の再燃に伴う「国と国の間」の対抗関係に目を奪われ，「国と国の間」の関係に焦点を当てて，国際関係を捉える見方が続くこととなった。

（2）非国家主体の存在感の増大

　冷戦が終焉すると，グローバル化がさらに深化するようになり，ヒト，モノ，カネ，情報が国境を越えて一層密に往来するようになった。そうした中，国境を越えて活動する非国家主体の数も激増した。数が増加しただけでなく，グローバルな問題に対するその影響も大きくなった。多国籍企業の中には，一国の GDP をはるかにしのぐ売上高を誇るものが現れてきた。*Fortune Global 500* の2019年の統計で見ると，世界最大の売上高を誇るウォルマートを上回る GDP をもつ国は24カ国しか存在しない。企業の売上高は，国家の GDP とではなく歳入と比較すべきとの議論もある。2017年の企業売上高と各国の歳入を比較すると，企業トップのウォルマートの売上高を上回る歳入がある国はわずか 9 カ国にとどまる。世界トップ50の歳入規模をもつもののうち，半数の25は企業である（表 1 - 1 ）。トップ100まで見ると，国家は33，企業は67となっており，上位100の歳入規模をもつ主体のうち 3 分の 2 を企業が占めている。世界経済の動向に対して，時に国家と同等か，それ以上の影響を，企業が与えうるようになったといえる。国際 NGO についても，年間予算が，数千万ドル，中には数億ドルに及ぶものさえでてきた。例えば，パンダをはじめとする野生動物保護で有名な世界自然保護基金の2019年の年間予算は 3 億ドルを超えている。野生動物保護にこれだけの予算を拠出している国は存在しない。国際 NGO もまた，特定の分野においては，時に国家以上に大きな影響を与えうる存在となった。

　越境犯罪組織や国際的なテロ組織などの活動も目立つようになってきた（第

表 1-1　国家と企業の歳入規模　上位50

（単位：10億米ドル）

順位	名称	歳入	順位	名称	歳入
1	アメリカ	3313	26	エクソンモービル*	244
2	中華人民共和国	2558	27	スイス	242
3	日本	1715	28	バークシャー・ハサウェイ*	242
4	ドイツ	1665	29	インド	239
5	フランス	1392	30	アップル*	229
6	英国	1028	31	ノルウェー	217
7	イタリア	904	32	サムスン電子*	212
8	ブラジル	734	33	マクケッソン・コーポレーション*	208
9	カナダ	650	34	ポーランド	207
10	ウォルマート*	500	35	グレンコア*	205
11	スペイン	498	36	オーストリア	201
12	オーストラリア	490	37	ユナイテッドヘルス・グループ*	201
13	オランダ	361	38	ダイムラー*	185
14	大韓民国	357	39	ＣＶＳヘルス*	185
15	国家電網*	348	40	サウジアラビア	181
16	中国石油化工集団*	327	41	アマゾン*	178
17	中国石油天然気集団*	326	42	デンマーク	173
18	ロイヤル・ダッチ・シェル*	312	43	トルコ	173
19	スウェーデン	271	44	エクソール*	162
20	トヨタ自動車*	265	45	ＡＴ＆Ｔ*	161
21	メキシコ	261	46	ゼネラルモーターズ*	157
22	フォルクスワーゲン*	260	47	フォード・モーター*	157
23	ロシア	259	48	中国建築*	156
24	ベルギー	253	49	鴻海精密工業*	155
25	ＢＰ*	245	50	中国工商銀行*	153

注：＊は企業。

出所：Fortune Global 500, 2018（データは2017年）と，CIA World Factbook 2019-2020（データは
　　　2017年）から筆者作成。

13章参照）。グローバル化の進展に伴い，人身売買や違法薬物の取引など，国境
を越えた犯罪行為もまた増加した。各地のテロ組織が国境を越えて緩やかに連
携することもしばしば観察されるようになった。こうした国際テロ組織は，
2001年9月11日のアメリカ同時多発テロが契機となり，国際社会に脅威を与え
る存在として明瞭に認識されるようになった。主としてイラクで活動していた
武装集団が，イラクとシリアの一部を実効支配し，2014年に「イスラーム国」
を名乗る事態も発生した（第10章参照）。これらの組織は，国境を越えて連携し
たり，資金集めやリクルートなどを行ったりしており，国家の枠組みで対処す

ることが難しい。世界の平和と安全を確保し，秩序を維持していくためには，非国家主体の活動にも目配りをする必要性が増大しつづけている。

　国家を単位として十分に対応することが困難と思われるグローバルな問題が深刻化するようになる中，国家の自律性や問題解決能力の低下がしばしば指摘されるようになった。例えば，スーザン・ストレンジは，グローバル経済分野においては，国家の権威が失墜し，「国家は退場」していくと主張した。国際関係における非国家主体の存在感が増す中，「国と国の間」の関係のみから，国際関係を考察することが一層不適切と感じられるようになったのである。

　ただし，国家が，国際関係において重要な存在でなくなったかというと，決してそういうわけではない。グローバル化が進む中で，国家の役割が期待され，実際に強化されている側面もある。例えば，越境組織犯罪集団等に不法な資金が流れることを防ぐべく，資金の国境を越えたやり取りの管理が強化されたり，テロリストの流入を防ぐべく国境管理の厳格化が進められたりしている。あるいは，グローバル経済で生き残るべく，国家が積極的に経済活動を主導する「国家資本主義」傾向を強める国もある。グローバル化の深化に伴い，国家が強化されている面もあるのである。

（3）グローバル・ガバナンス論

　こうした中，注目を集めるようになったのが，グローバル・ガバナンス論である。冷戦後の世界における秩序形成のあり方を国連に提言したグローバル・ガバナンス委員会は，グローバル・ガバナンス（global governance）を「公的および私的な個人や組織が共通の問題群を管理・運営する多くの方法の総体である」と定義している。グローバルな問題の管理・運営に際して，多様な主体が関わり様々な方法をとりうることを強調する点が，グローバル・ガバナンス論の特徴である。もう少し具体的にいえば，グローバル・ガバナンス論は，公的な組織（国家や国際機関など）に加え，私的な組織（企業やNGOなど）や個人も，グローバルな問題の解決のために一定の役割を果たしうると考えている。また，グローバルな問題解決の方法についても，必ずしも国際機関や国家間条約のみを念頭に置いているわけではない。

　環境問題等の専門的知識を必要とする問題においては，専門家集団や NGO と国家とが協働して問題に取り組むことも少なくない。例えば，湿地を保護することを目的とするラムサール条約の事務局は，国際自然保護連合（IUCN）という国家と市民社会団体との専門家連合の中に置かれている。IUCN は，専門的科学知識の提供等を通して，湿地保護のために大きな役割を果たしている。国境を越える問題には，国境にとらわれず活動できる NGO などの非国家主体が，時として国家以上に適切に対応できることもある。難民問題への対応にあたっては，国連難民高等弁務官事務所（UNHCR）のような国連機関や，国境なき医師団のような国際 NGO が大きな役割を果たしている。これらの問題に限らず，様々な問題において，国家と非国家主体とが協働して国際問題の解決にあたることが増えている。

　草の根に根差した活動を行う NGO だからこそできるきめ細やかな活動も少なくない。例えば，援助分野などにおいては，国際機関や各国政府が立案したプロジェクトの実施は，現地の NGO 等に委託することで，より現地のニーズに即した効果的なものになる場合がある。また，国際機関だからこそできる活動，国益にとらわれない高い専門性をもつ団体だからこそ可能となる活動なども多い。紛争後の武器回収などは，国家よりも NGO が実施する方がスムーズに進む場合も少なくない。国家と非国家主体が協力しあって，様々なグローバルな問題に取り組むことが増加したのである。

　無論，国家や国際機関，非国家主体など様々な主体が関わって，問題解決に当たることには難しさもある。多様な主体間の意思疎通や諸調整などは，そうした例であろう。時には，国家間の利害対立のために，国家と非国家主体の協調が進まないこともある。あるいは，国家間の合意形成に時間がかかりすぎることもある。そうした中で，国家に頼らず，非国家主体主導で国際問題の解決が試みられることも散見されるようになった。自然環境や資源が適切に管理された下で生産・製造された商品に，認証マークを付ける活動はそうした一例である。皆さんは，図 1-1 のようなマークの付いた商品を見たことがあるだろうか。もし消費者がこれらの認証マークの付いた商品を積極的に選択するならば，環境や資源管理を顧みない業者は淘汰されていくことにつながるかもしれ

ない。

　こうした活動には，問題解決を国家に任せ，環
境規制などに関する国家間合意が形成されるのを
待つのではなく，非国家主体自らが問題解決に乗
り出したという面がある。いかに国家間で規制条
約などが形成されても，条約に拘束されるのは国
家に限られる。しかし，実際に環境破壊や資源枯
渇につながる活動を行っているのは企業や個人で

図1-1　認証マークの例

ある。それゆえ，国家間条約などだけではうまく活動を規制できない場合が少
なくない。非国家主体主導のこうした活動の実効性に対しては懐疑的な見方も
あるが，非国家主体が主体的に問題解決に乗り出すことは，今後増えこそすれ
減ることはないだろう。

お わ り に

　現在の国際関係を理解し，そこに山積する国際問題を解決する方策を考察し
ていくためには，国際関係を国家の枠組みにとらわれずに把握しようとするこ
とが重要となる。現実として，「国と国の間」にとどまらない関係が脈々と存
在し，そしてその要素が拡大してきている。ただ，国家の重要性が低減する一
方かというとそうとも限らない。世界政府が存在しない国際関係において，国
家は正統な集合的決定をなしうる重要な組織の一つであることに変わりはない
からである。また，グローバル化が進展する中で，人々が，宗教や民族，ある
いはナショナリズムにアイデンティティのよりどころを求めることも少なくな
い。その結果，かえってナショナリズムに基づく対立が強まっているように見
える地域もある。近年の多くの国で顕在化している自国第一主義の高まりの背
景にはそうした側面がある（第5章参照）。新興国の台頭を受けて世界の国家間
の力のバランスが変容しつつあると感じられることが，国家間対立，とりわけ
米中対立を激しいものとしている面もある（第14章参照）。

　新型コロナウィルス感染症のような，未知の脅威に直面した時，往々にして

その対応を国家に頼りがちである。実際，各国が国境を閉じ，国家が中心となって，ウィルス封じ込め対策に躍起になっている。その際にすら，米中対立が顕在化している。ただし，冒頭で述べた通り，元来，人為的に作られた国境はウィルスに対して大きな意味をもたない。また，一国だけがウィルスを封じ込めることに成功したところで，問題は解決しない。国境を越えて活動する人間を完全に止めることは難しいし，国境を完全に閉ざして自国だけでやっていける国はほとんど存在しない。各国独自の対策をとるのみならず，国際協調，あるいは国家と非国家主体の協働によって，対策を行うことが不可欠なのである。

　ありとあらゆる問題が国際化するようになる中で，国際関係は複雑さを増し，またそれを学ぶ重要性も大きくなっている。そのような国際関係をいかに捉えるべきなのかについて幅広い合意は存在しない。それゆえ，様々な議論を学ぶ際に，それらの議論や主張をうのみにせず批判的に検討することが重要となる。刻一刻と国際関係が変化しつつある今，過去の議論をそのまま現在に当てはめて考えることには問題も多い。米中対立の激化など，国家間関係が世界秩序の行方を左右することに変わりはない。非国家主体が国際関係に与える影響は増大しつづけているが，依然国家の重要性も非常に高い。一方で，国家の重要性を認識しつつも，「国と国の間」の関係という側面にとらわれすぎないことが肝要である。先入観をもつことなく，複雑な国際関係を読み解こうとする姿勢，これを身につけることが，これからの国際関係を理解し，生き抜く上で不可欠なのである。

参考文献

Ｅ・Ｈ・カー（原彬久訳）『危機の二十年——理想と現実』岩波書店，2011年。
　　＊アナーキーな国際関係においていかに秩序を構築するのかについて深く考察する古典。原著は1939年出版だが，戦間期との類似性を指摘される今，改めて読みたい。
ジョゼフ・Ｓ・ナイ・ジュニア／デイヴィッド・Ａ・ウェルチ（田中明彦／村田晃嗣訳）『国際紛争——理論と歴史（原著第10版）』有斐閣，2017年。
　　＊国際政治の理論と歴史の両面から国際紛争について解説する書。勢力均衡や集団安全保障をはじめとする国際関係論の基本概念を理解する上で便利。

中西寛『国際政治とは何か──地球社会における人間と秩序』中公新書，2003年。

　＊国際政治の展開・変容を近代ヨーロッパから辿ることで，国際政治の本質に迫ろうとする書。

山本吉宣『国際レジームとガバナンス』有斐閣，2008年。

　＊国際制度を通した秩序形成の観点から国際関係の現状を理論的に分析する書。非国家主体主
　導による国際問題解決の試みに関する先駆的な議論も含まれている。

考えてみよう！

①　現在，「国と国の間」の関係として国際関係を捉えることにはどのような長所と
　短所があるのか，考えてみよう。

②　新型コロナウィルス感染症蔓延のようなグローバルな問題には，いったい誰が，
　どのように対処していくのが良いのだろうか，考えてみよう。

第2章
国際経済から見た国際関係

板木雅彦

本章のねらい

・簡単な経済モデルを用いることで，私たちの暮らしが豊かになるためには，労働
の技能を高め，技術を磨き，世界の人々と国際分業を取り結ばなければならない
ことを理解する。あわせて，開発問題，移民問題に対する理解を深める。
・国際分業には不等労働量交換という厳しい現実があり，貿易収支不均衡によって
国際関係に摩擦を引き起こす可能性があることを理解する。

キーワード

▶生産性，経済成長のジレンマ，比較優位理論，不等労働量交換，近隣窮乏化政策

は じ め に

　経済学の父と呼ばれるアダム・スミスが『諸国民の富（Wealth of Nations）』
（あるいは『国富論』とも訳される）を著した1776年は，イギリス，フランス，オ
ランダ，スペインといった主要国が重商主義を信奉していた時代であった。こ
の考え方によれば，どれだけ金銀を蓄えているかに応じて，その国の豊かさが
決まる。中南米の植民地で金銀を採掘したり，海賊行為によってそれをくすね
たり，貿易収支を黒字にしてその差額を金銀で受け取ったりすることで，その
国は豊かになると信じられていた。
　したがって，スミスがその著書のまさに冒頭で，「すべての国民の年々の労
働は，その国民が年々消費する生活の必需品や便益品のすべてをその国民に供
給する，もともとの原資であって，それらのものはつねに，その労働の直接の

生産物であるか，あるいはその生産物で他の諸国民から購入されるものである」（スミス，(1)，2000年，19頁）と述べた時，それは経済学に一大革命を引き起こすことになった。なぜなら，諸国民の富を生み出すものは，金銀ではなく，労働者や農民たちの日々の労働であると主張したからである。この主張の正しさは，新型コロナウィルスによって労働が数カ月ストップするだけで世界が大混乱に陥った事実によって，再確認されることになった。機械や道具，そして技術や技能さえも，労働を通じて獲得されるから，労働と労働をつなぐ分業の輪を広げ，労働の質を高めていくことによってしか諸国は豊かになることができない。いがみ合い，戦争によって覇権を争っていた諸国も，こうすることで真に豊かとなり，平和な関係を築くことができる。これがスミスの主張であった。

　このように経済学は，その誕生の瞬間から，諸国民の豊かさと平和を求める学問——つまり，諸国間の国際関係をその根底から捉えようとする学問であった。

1　生産性，利潤と賃金，成長と消費

（1）諸国民の富は労働から成り立っている

　はたして，一国の富は本当に労働によって形作られているのだろうか。それを簡単なモデルで考えてみよう。経済学者は，いつもモデルで考える。ちょっととっつきにくいが，食わず嫌いせずに考えてみよう。前提から結論に至るロジックを，正確に追うのだ。まず，生産物を大きく生産手段と消費手段の二つに分ける。そして，生産手段を生産する部門を第1部門，消費手段を生産する部門を第2部門と名づける。第1部門で生産手段1単位（例えば機械1台とか鉄鉱石1トン）を生産するのに，同じ生産手段が a_{11} 単位，労働が l_1 単位（時間とか人数）必要だとしよう。a_{11} の添え字は，第1部門から第1部門へ投入される生産手段という意味である。l_1 の添え字は，第1部門で必要な直接労働量という意味である。同じように，第2部門で消費手段1単位（例えばチーズ1トンとか衣服1ダース）を生産するのに，生産手段が a_{12} 単位と労働が l_2 単位

必要だとする。これら四つの変数は，すべて技術的に決まり，一定の値があらかじめ与えられているものとしよう。では，この生産手段1単位と消費手段1単位には，トータルでどれだけの労働が含まれているのだろうか。この労働の量をそれぞれ L_1, L_2 とおけば，次の二つの式が成立する。

$$L_1 = a_{11}L_1 + l_1$$
$$L_2 = a_{12}L_1 + l_2$$

　つまり，生産手段の生産のために投入される生産手段に含まれる労働量が $a_{11}L_1$，これに直接生産に必要な労働量 l_1 を加えれば，L_1 が求められる。L_2 に関しても同様である。まず上の式から L_1 を求め，これを下の式に代入すると L_2 が求められる。

$$L_1 = \frac{l_1}{1 - a_{11}}$$
$$L_2 = a_{12}\left(\frac{l_1}{1 - a_{11}}\right) + l_2$$

　このように，右辺の四つの変数の値が技術的に与えられれば，生産手段1単位と消費手段1単位の生産に必要とされる総労働量（＝生産手段に含まれる労働量＋直接必要な労働量）が簡単に計算できる。スミスがいったように，生産物（≒富）はまさしく労働の塊なのだ。この単純で美しい真理が，簡単なモデルで証明された。

　ここで，両式の分母に出てくる $1 - a_{11}$ について検討しておこう。L_1, L_2 は正の値だから，$0 < 1 - a_{11}$ がつねに成立していなければならない。つまり，生産手段を1単位生産するために必要な生産手段の量 a_{11} は，絶対に1単位を上回ってはならない（$a_{11} < 1$）。そうでないと，社会は十分な再生産ができなくなって徐々に収縮し，いずれ崩壊してしまう。また，a_{11} が小さければ小さい程，L_1 も L_2 も小さくなる。これは四つの変数すべてに当てはまる。つまり，より少ない生産手段 a_{11}, a_{12} と労働量 l_1, l_2 で生産することで，生産性が上昇する。人類の何万年という経済の歴史は，まさにこの四つの値をできるだけ小さくして，L_1, L_2 を低下させる歴史だった。そして，生産性上昇から生ま

れた経済的な余剰を用いることで初めて，華麗なルネサンス文化や強大な軍事国家の成立が可能となった。

（2）所得分配と資源配分

　ここでは，ジョン・メイナード・ケインズの国民所得理論を応用して考えてみよう（図2-1）。経済活動とは，自然から与えられた資源に，人間の労働で付加価値（value added）を与えていく活動だ。その成果（付加価値）が，資本主義においては大きく利潤 P と賃金 W に分解される。これを所得分配という。所得を得た人々は，その多くを消費 C に回し，残りを貯蓄し，銀行等に集められた貯蓄 S から企業が設備投資 I を行う。この C と I の関係を資源配分という。

　したがって，経済活動にたずさわる労働者一人当たりで考えれば，常に次の等号関係が成立する。

$$P + W = I + C$$

この各辺の総量を Y とおくと次のようになる。

$$Y = P + W = I + C$$

労働者一人当たり Y は，その国全体の生産性の水準，言い換えれば技術の水準によって決定され，その発展とともに大きくなっていく。

　ここから，経済学の重要な命題が導かれる。すなわち，生産性が一定であれば，利潤が大きくなれば賃金が低下し，逆に賃金が大きくなれば利潤が減少する。つまり，両者の所得分配関係は，相反関係にある。また，たとえ生産性が上昇しても，その成果が利潤に偏って分配されれば，賃金が低下することさえある。これが，貧困と格差の問題を考える際の基本視角である。

　同じように，生産性が一定の下で，設備投資が大きくなれば消費が減少し，逆に消費が大きくなれば設備投資が減少する。つまり，資源配分関係も，相反関係にある。設備投資は，一国の成長率と深く関わっていることをよく覚えておこう。

図 2-1　所得分配と資源配分

（3）貧困と経済成長

　ここでは，（2）の式を使って，発展途上国にとって焦眉の課題である経済成長について考えてみよう。労働者一人当たり Y は，生産の技術水準と労働者の技能水準が一定であれば，ほぼ一定となる。したがって，そもそもこれが低い国では，低い賃金と低い消費——つまりは貧困——に甘んじざるをえない。さらに，生産性が一定の下で，成長率を高めるために設備投資 I を増やすには消費 C を切り下げざるをえず，逆に消費 C が増大すれば設備投資 I は必ず減少する。また，消費 C の切り下げは，国民の大多数の労働者の賃金 W の切り下げによってしか実現しないから，設備投資 I の増大と成長率の上昇は，利潤 P の上昇を伴う。成長による所得格差の拡大——まさに経済成長のジレンマである。したがって，利潤も賃金も共に増大し，成長率の上昇も消費の改善も共に実現する経済発展の理想状態は，国内の技術・技能水準を引き上げることによってしか実現できない。これはまさに，アダム・スミスの条件である。途上国の貧困は，援助だけでは決して解決しない。

（4）移民（外国人労働者）の経済効果

　いま世界中で大きな問題となっている移民問題を考えてみよう。まず，移民のタイプを三つに分類する。第一は，受入国で不足する高度技能労働者の受け入れである。この場合，移民受け入れによって，社会全体の生産性，すなわち労働者一人当たり Y も増大する。したがって，この場合には，長期的に設備投資 I が増大して成長率を上昇させ，消費 C も増大させる効果が期待できる。また，利潤 P の増大と賃金 W の平均的な増大も，可能かもしれない。ただ

し，受入国労働者の賃金水準が高技能移民のそれと同じように上昇するとは限らない。むしろ，後者の上昇の方が大きくなると予想される。

第二は，低賃金労働者の移民である。この場合，移民の受け入れは受入国の低賃金労働者を代替し，その職を奪っていくことになる。他方で，労働者の生産性そのものは，変化しない。ところが，「同一労働同一賃金」の原則が守られず，同じ労働に対して低い賃金しか払われないわけだから，名目上まるで生産性 Y が上昇したかのように表れる。例えば，同じ仕事を同じ労働者数でこなしたとしても，労働者をすべて賃金が半分の移民に置き換えたとすると，実質的には全く労働生産性が上昇していないにもかかわらず，名目上・金銭上は，あたかも生産性が2倍に上昇したかのような幻想が生まれる。しかし，この名目上の Y の増大が，設備投資 I の増大と成長率の上昇を可能にする。しかし他方で，受入国労働者の失業率が高まって賃金が切り下げられるだろうから，利潤 P だけが増大し，消費 C の増大は，たとえ実現したとしても富裕層だけの消費の増大となる可能性が極めて高い。このように，低賃金労働者の移民受け入れは，差別と受入国労働者の失業の増大，そして所得格差拡大につながる。

第三は，生産性を一定に保ちながら生産規模を単純に拡大するタイプの移民受け入れである。その前提条件は，労働力が絶対的に不足している経済である。かつてのヨーロッパからアメリカやオーストラリアへの移民がこの典型例である。このタイプの移民の受け入れは，受入国労働者を代替することなく，雇用される労働者数を増大させながら同時に生産量も増大させていく（したがって，実質的な生産性一定）。また，労働力が不足しているから，移民の賃金水準も受入国労働者と同一であるとすると，名目的な生産性の上昇もない。ただし，成長率を上昇させたり，一人当たり消費量を上昇させたりする効果はなく，経済の拡大効果も，受け入れのたび1回限りの効果となる。

なお，それぞれのケースで，本国への送金は Y からの控除となるから，その分だけ P および／または W, I および／または C が低下する。したがって，最終的な経済効果は，このマイナス効果も含めて総合的に判断しなければならない。

2　不等労働量交換と国際分業の形成

（1）リカードの比較優位理論

　デヴィッド・リカードは，イギリス産業革命も終盤に差し掛かった1817年に
出版された『経済学および課税の原理』において，国際貿易の原理となる比較
優位理論を展開した。いよいよここから，リカードを導きの糸として貿易の世
界に入っていこう。その際，スミスが明らかにしたように「生産物は労働の
塊」だから，生産に投入された総労働量に応じて生産物の価値が評価されると
考えよう。リカードは次のように述べている（〔　〕の訳文は若干修正している）。

　　「イギリスは，毛織物を生産するのに1年間に100人の労働を要し，また
　〔もしも〕ぶどう酒を醸造しようとすれば，同一期間に120人の労働を要する
　〔かもしれない〕事情のもとにあるとしよう。したがって，イギリスは毛織物
　の輸出によってブドウ酒を輸入し，購入することが，自国の利益であるとみ
　なすであろう。
　　ポルトガルで〔その〕ブドウ酒を生産するのには，1年間に80人の労働し
　か要せず，また同じ国で毛織物を生産するのには，同一期間に90人の労働を
　要するかもしれない。それゆえ，この国にとっては，毛織物と引き換えにブ
　ドウ酒を輸出するのが有利であろう。この交換は，ポルトガルによって輸入
　される商品が，そこではイギリスにおけるよりも一層少ない労働で生産され
　うるにもかかわらず，なお行われうるであろう。ポルトガルは毛織物を90人
　の労働で製造しうるにもかかわらず，その生産に100人の労働を要する国か
　らそれを輸入するであろう。」（リカード，上，1987年，191-192頁）

　最新の研究によれば，〔　〕で示した修正箇所の上二つは英語の仮定法で書
かれており，実際にはイギリスはぶどう酒を生産しておらず，またポルトガル
も毛織物を生産していない。そして，書かれてはいないが，どうやらリカード
はイギリスの毛織物1単位とポルトガルのぶどう酒1単位の交換比率——これ
を交易条件と呼ぶ——で両国間の貿易が実際に行われている状況を想定してい

る。これを一覧表にすると，
表2-1のようになる。

だからこそリカードは，イ
ギリスでは100人で製造でき
る毛織物1単位と交換にポル

表2-1　リカードの設例

（総労働量）	イギリス	ポルトガル
毛織物　（1単位）	100人	[90人]
ぶどう酒（1単位）	[120人]	80人

トガルのぶどう酒1単位が購入できるのに，なぜわざわざ120人もの労働者を
用いてぶどう酒を国内生産する必要があろうか，と主張するわけである。ポル
トガルも同様である。国内では80人で醸造できるぶどう酒1単位と交換にイギ
リスの毛織物1単位が入手できるのに，なぜわざわざ90人の労働者を用いて毛
織物を国内生産する必要があろうか。

　ところで，ここで奇妙な現象に気づく。イギリスの1単位の毛織物とポルト
ガルの1単位のぶどう酒が実際に貿易されているとすれば，イギリス100人分
の労働がポルトガル80人分の労働と，等価として交換されていることになる。
これが，国際的な不等労働量交換と呼ばれる現象である。国際的には「不等
価」でもなければ，「不当（unfair）」でもないことに注意してほしい。リカー
ドは書く，「こうしてイギリスは，80人の労働の生産物に対して，100人の労働
の生産物を与えるであろう。このような交換は，同一国の個人間では起こりえ
ないであろう。イギリス人100人の労働は，イギリス人80人の労働に対して与
えられるはずがない。だが，イギリス人100人の労働の生産物は，ポルトガル
人80人，ロシア人60人，またはインド人120人の労働の生産物に対して与えら
れるかもしれない。」（同上，192頁）

　では，なぜこのような奇妙な現象が国際経済だけに発生するのだろう。それ
は，諸国間に生産性の大きな格差が存在するためだ。表2-1を見てみよう。
イギリスは，毛織物の生産でもぶどう酒の生産でも，ポルトガルより生産性が
低い（総労働量が多い）。何をやらせてもダメなのである。しかし，それでもぶ
どう酒ならポルトガルの67％（＝80/120）にしかならない生産性も，毛織物だ
と90％（＝90/100）にまで縮小している。このように，たとえ絶対的には劣っ
ていても，比較的マシな産業に国際的な競争力が生まれて輸出が可能になると
いう現象を，比較優位という。つまり，毛織物にもぶどう酒にもポルトガルは

表2-2　労働のディスカウント

（総労働量）	イギリス	ポルトガル
毛織物　（1単位）	80人	[90人]
ぶどう酒（1単位）	[96人]	80人

絶対優位，イギリスは絶対劣位をもっているが，イギリスは毛織物，ポルトガルはぶどう酒にそれぞれ比較優位をもっている。これが有名な国際貿易の比較優位理論（比較生産費説）である。

　何をやらせてもダメなイギリスの労働は，国際的には一人前の労働とみなされず，80％（＝80/100）にディスカウントされてしまう。いわば，労働の安売りである。これに対して，ポルトガルの労働にはプレミアムがつけられる。この80％という値が，ちょうど67％と90％の間にあることに注目しよう。この範囲内にある値でディスカウントすれば，イギリスの毛織物には必ず競争力が発生し，輸出が可能になる。実際，労働のディスカウントは，その国の通貨を外国為替市場で切り下げることで実現される。通貨の切り下げとは，その国の労働の安売りなのだ。ディスカウント後の数字を示せば，表2-2のようになる。これを見れば，なぜどちらの産業にも絶対劣位を持つイギリスが毛織物を輸出できるのかという疑問が氷解するだろう。

（2）国際分業の形成

　比較優位理論を理解すれば，「ベトナムから衣料品が大量に日本に輸出されるのは，ベトナムの衣料品の生産性が日本よりも絶対的に高いからだ」とか，「アメリカが大量に鉄鋼製品を中国から輸入するのは，アメリカの鉄鋼生産性が中国より絶対的に低いからだ」といった主張が誤っていることがわかると思う。ベトナムも中国も，自国の労働を大幅にディスカウントすることで比較優位に基づく国際競争力を獲得しているのであって，生産性が絶対的に高いからではない。ちなみに，いくつかの仮定を置いた上ではあるが，世界の国々の労働のディスカウント／プレミアムの比率は，ドル建て一人当たり国民所得（あるいはGDP）を比較することで概算することができる。このデータから，発展途上国の労働が日本や欧米の数十分の一にディスカウントされている状況を見てとることができる。このような厳しい労働のディスカウントによって途上国

は，ますます貧困からの脱却が困難になる。

　しかし他方で，世界のあらゆる国が，不等労働量交換と比較優位の原理によって，必ず一つ以上の比較優位商品を獲得し，これを輸出産業に育て上げることが可能になる。もしこれが国内経済であれば，絶対優位の原理が貫いて，生産性の劣った地域や産業は，ただ淘汰されるだけだ。国際分業は，このように比較優位と劣位を様々に組み合わせることで，世界の労働を結合する。皆さんのもつペン1本にさえ，文字通り世界の何十億という人々の労働が直接間接に込められている。

3　国内総生産と貿易サービス収支不均衡

（1）国内総生産と貿易サービス収支

　第1節では，ケインズ国民所得理論のシンプル・バージョンを用いて所得分配と資源配分の問題を検討したが，ここではそのフルバージョンを活用することで，貿易サービス収支の不均衡問題を考えてみよう。ちょっと議論は複雑になるが，これで一層リアルに現実の経済を捉えることができる。

　企業は，生産手段（工場，機械，原材料など）と労働力を購入して生産活動を行う。その生産活動によって，使用された生産手段が補填され，新たな価値（純付加価値）がそこに付け加えられる。この個別企業ごとの純付加価値を一国全体で総計し，異なる三つの視角から見たものが図2-2である。

　工場や機械などの固定資本は，生産期間ごとに少しずつその価値を減らしていく。これを固定資本減耗という。新聞などでよく耳にする国民所得とは，純付加価値に海外からの純所得を加えたものに等しい。純付加価値に固定資本減耗を加えた粗付加価値が国内総生産 GDP（Gross Domestic Product）である。1年間に国内で新たに生み出された純付加価値は，まず賃金，利潤，そして地代といった所得として分配される。所得を受け取った家計（労働者，資本家，地主など）と企業は，まず所得税や法人税といった租税 T を支払う。税金を支払った残額は，何に使ってもよいという意味で可処分所得と呼ばれる。これは民間（家計と企業）の手に残された民間国民所得（より正確には民間国内所得）Y

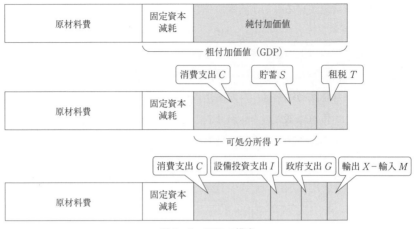

図 2-2　GDP の構成

である。この可処分所得から消費 C に必要な額が支出され，残りが貯蓄 S となる。

　ここで視点を変えてみよう。お金を支出するという面から国民所得を眺めれば，家計は消費支出 C を行い，企業は設備投資支出 I を行い，政府は政府支出 G を行う。輸出 X は海外の家計や企業がこの国に支出してくれた額であるからプラスとなり，輸入 M は海外への支出であるからマイナスとなる。以上から，次の式が成立する。

$$Y + T = C + I + G + (X - M)$$

これを書き換えて民間国民所得 Y を求めると，

$$Y = C + I + (G - T) + (X - M)$$

$G - T$ は財政赤字，$X - M$ は貿易サービス収支の黒字を表している。ところで，$Y = C + S$ であるから，これを Y に代入して整理すると，次の式が得られる。

$$X - M = (S - I) + (T - G)$$

$X - M$ は貿易サービス収支の黒字，$S - I$ は設備投資に対する貯蓄超過，$T - G$

は財政黒字を表している。以下，最後の二つの式を使いながら考察していこう。

（2）不況対策

　不況とは何か。それは，民間国民所得 Y の成長率が低下する，さらに甚だしい場合は，成長率がマイナスとなって Y が減少する事態をいう。資本主義経済の原動力は旺盛な設備投資意欲（animal spirit）だから，多くの場合，設備投資 I の減少によって不況が生ずる。このことは，次のような波及効果を伴いながら Y を累積的に減少させていく。

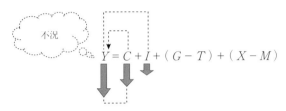

$$Y = C + I + (G - T) + (X - M)$$

　この式の右辺と左辺は＝（等号）で結ばれているから，右辺の変化は左辺に影響し，左辺の変化は逆に右辺に影響する。まず，I が減少する。これは即座に同じ額だけ Y を減少させる。しかし，波及効果はそこにとどまらない。所得が減少するということは，それに伴って消費も減少するということだから，右辺の C が減少する。しかし，C が減少すれば，それが左辺に影響してさらに Y を減少させる。そして，Y の減少はさらに C を減少させる，等々。この波及過程は，理論的には無限に続いていくが，その効果が次第に減衰して最後にはある一定値に収束する。その結果，最初のわずかな設備投資 I の減少が，その何倍にも及ぶ国民所得 Y と消費 C の減少となって不況を深刻化させていく。このような効果を乗数効果と呼ぶ。

　では，政府は，このような深刻な不況に対してどのような対策を打つだろうか。まず，財政政策である。港湾，道路，病院などに対する政府支出 G（公共投資）を通じて，減少する I を補う。また，減税によって T を減らす。こうすることで，$(G-T)$ 増大→ Y 増大→ C 増大→ Y 増大→ C 増大… というプラスの乗数効果を生み出す。

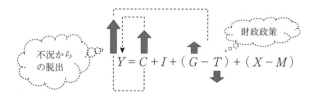

　次に，金融政策である。そもそも設備投資 I が減少したから不況に陥った
のだから，中央銀行（日本は日本銀行，アメリカは連邦準備理事会 FRB，EU は欧州
中央銀行 ECB）が利子率を引き下げるように誘導することで，企業はお金を借
りやすくなって設備投資 I が回復する。

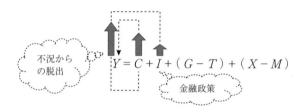

（3）近隣窮乏化政策

　財政政策，金融政策と並んで，国際関係にとってはいわば禁じ手ともいうべ
き政策が存在する。それが近隣窮乏化政策（beggar-thy-neighbor policy）である。
つまり，貿易サービス収支 $X-M$ をプラスに導くことで不況から脱出しよう
とする政策である。このためには，輸出補助金，輸入制限（関税引き上げ，輸入
割当制など），為替相場切り下げなど様々な手段が取られる。

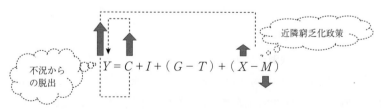

　しかし，ある国にとっての黒字は他国にとっての赤字である。したがって，
このような貿易政策によって不況から脱出しようとする行為は，逆に他国を不
況に陥れる行為――まさに近隣窮乏化政策である。1930年代の世界大恐慌の時

代には，イギリス，アメリカ，フランス，ドイツ，そして日本などが一斉に高関税政策と為替切り下げ競争に走り，ブロック経済化することで国際関係が極度に悪化し，第二次世界大戦へ突入することになった。

（4）貿易サービス収支不均衡

　2017年に成立したトランプ政権は，対中貿易赤字解消，先端技術の優位性維持，そして急速に台頭する中国の軍事力への警戒の三つを念頭に，激しい対中「貿易戦争」を繰り広げた。ここでは，その中の貿易サービス収支不均衡問題を取り上げよう。

　史上最大のアメリカの貿易収支赤字全体の中で，対中赤字が占める比率は約半分である。したがって，中国は近隣窮乏化政策を行っており，アメリカの国民所得がその分だけ押し下げられているように，一見思われる。また実際，「錆びついた工業地帯（rust belt）」と呼ばれる中西部の鉄鋼産業や自動車産業では，輸入品に押されて生産が低迷し，失業者が発生している。したがって，中国に無理やりにでもアメリカの輸出品を買わせれば，景気が上向き，失業者が減る——これが，トランプ大統領の主張であった。

　しかし，この主張は，いくつかの点で誤っている。まず，2019年時点でアメリカ経済は，2008年の世界金融危機以来，最長で最高の好景気を謳歌していた。したがって，これは，不況期に採用される近隣窮乏化政策ではない。むしろ逆に，$Y = C + I + (G - T) + (X - M)$の左辺の$Y$が好景気で膨張し，これに伴って機械，部品，原材料，様々な消費手段の輸入Mが増大して貿易赤字（$X - M$のマイナス）が拡大したと考えなければならない。このYの成長は，右辺の設備投資Iと財政赤字$G - T$の増大（政府支出増と企業・富裕層減税）によってもたらされた。また，鉄鋼や自動車（完成車，部品）の貿易赤字は，これら産業の国際競争力低下がそもそもの原因である。

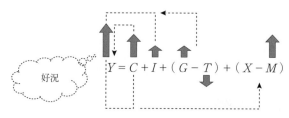

$$Y = C + I + (G - T) + (X - M)$$

好況

では，なぜアメリカの貿易収支は，史上最大の赤字なのだろうか。その第一の原因は，巨額の政府支出と減税によって生まれた1兆ドルにも及ぶ財政赤字である（2020年には新型コロナウィルスの影響で，3.3兆ドル——GDP の16%——に膨張すると予想されている）。ここから，財政赤字と貿易赤字（あるいはそこに所得収支を加えた経常収支赤字）の併存，すなわち「双子の赤字（twin deficit）」という現象が発生する。第二の原因は，過剰消費と過少貯蓄による貯蓄不足である。カード社会で消費が刺激されやすいこと，住宅ローンなどの借金に寛容な税制，そして厳しい格差社会であることも大きな要因である。アメリカの低所得層はほとんど貯蓄することができない。他方で高所得層は，特に好景気になると，保有する株式や住宅の価格が上昇することから発生する利益（キャピタル・ゲイン）を豪勢な消費に充当する。これを資産効果という。以上から，貿易サービス収支赤字は，アメリカ自身が抱える経済・社会問題が原因となっていることがわかる。

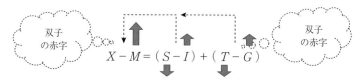

双子
の赤字

$$X - M = (S - I) + (T - G)$$

双子
の赤字

　次に，中国の状況を考えよう。中国経済は，2001年に WTO に加盟して以来急速に GDP 成長率を高め，2007年にはなんと14.2%にまで達した。（7.2%の成長率を10年間続けると，経済はちょうど2倍になる。14.4%だと5年で2倍。）2008年から始まった世界金融危機以降は徐々に成長率を落としているとはいえ，2019年でも6%を維持していた。この原動力は，GDP 比40%を超える驚異的な設備投資 I である。この結果，たしかに民間国民所得 Y は急増したが，これが十分 C の増大に結びついていない。Y の多くが企業利潤と富裕層の所得

となって分配されているからである。高成長の下での所得格差の問題——経済
成長のジレンマだ。また，社会保障制度がいまだ十分に整っていない中国では，
急速に高齢化が進む国民の間で将来に備えて消費 C を抑え，貯蓄 S を増やそ
うとする強いインセンティブが働く。また，サービス産業がまだ十分発達して
いないことも，消費 C の低迷に貢献している。こうして「逃げ場」を失った
Y は，押し出されるようにして貿易サービス収支を黒字化させていく。なお，
低下する成長率を下支えするために，近年では財政赤字が拡大している。

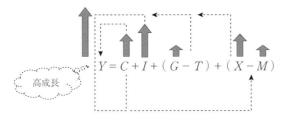

これを X–M 式でみると，次のようになる。どれだけ巨額の S が貿易黒字
を下支えしているかがわかろう。

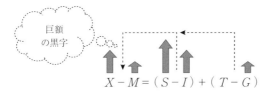

このように，米中「貿易戦争」の舞台裏は，結局自国の経済・社会問題なの
である。アメリカは，企業や富裕層に対する増税を通じて財政赤字を改善し，
所得格差問題にメスを入れること，また中国は，一般国民の所得と消費を増や
し，社会保障制度を充実させて一日も早く真の「小康社会」を実現し，迫りく
る高齢化社会に備えること——両国とも，覇権争いにうつつを抜かしている余
裕はないのである。

おわりに

単純なモデルを用いることで，いろいろな経済問題に対する重要な示唆を得

ることができた。私たちの暮らしは，金銀や天然資源に恵まれていることで豊かになるのではなく，労働の技能を高め，技術を磨き，世界の人々と国際分業を取り結ぶことでしか豊かになれないこと，しかしそこには，不等労働量交換という厳しい現実が待ち構えており，それを克服するためにも生産性の向上に努力しなければならないこと，移民問題は慎重に取り扱わねばならないこと，不況を克服しようとして近隣窮乏化政策を用いると国際関係の摩擦を引き起こすこと，貿易収支の不均衡問題の多くは自国に責任があること，などである。アダム・スミスが述べたように，真の国際平和を構築するためには，それぞれの国が豊かな経済を構築していかなければならない。

参考文献

アダム・スミス（水田洋監訳，杉山忠平訳）『国富論』(1)(2)(3)，岩波文庫，2000年。

デヴィッド・リカードウ（羽鳥卓也・吉澤芳樹訳）『経済学および課税の原理』上・
　　下，岩波文庫，1987年。

ジョン・メイナード・ケインズ（間宮陽介訳）『雇用，利子および貨幣の一般理論』
　　上・下，岩波文庫，2008年。

　＊以上三つは，それぞれの時代の経済学の古典である。大学4年間でそのエッセンスだけでも
　　触れてみる機会をもちたい。

ダニ・ロドリック（岩本正明訳）『貿易戦争の政治経済学』白水社，2019年。

　＊行き過ぎたグローバリゼーションに警告を発する書。米中摩擦を考える際に是非参照される
　　べき文献。

阿部太郎ほか『資本主義がわかる経済学』大月書店，2019年。

　＊簡単な数学を用いて，経済学の基礎を学ぶ。

考えてみよう！

① 2019年末から世界を襲った新型コロナウィルスが経済に及ぼす影響を，$Y=C+I+(G-T)+(X-M)$，$X-M=(S-I)+(T-G)$の二つの式を使って考えてみよう。

② 発展途上国がとるべき長期的な発展戦略を，本章で用いた簡単なモデルも参考にしながら考えてみよう。

第3章
国際関係と「文化」

中本真生子

本章のねらい
・文化と国民国家およびナショナリズムの関係について理解する。
・世界のポストコロニアルな文脈について理解する。
・レイシズムの変遷と現状について理解する。

キーワード
▶国民国家，文化統合，オリエンタリズム，ポストコロニアリズム，レイシズム

は じ め に

「文化」は日常生活から国際関係まで広い意味で使われる言葉であるが，その一方でこの言葉ほど定義が難しく意味が多岐にわたる言葉も珍しい。平和をイメージさせる語であるが，実は複雑な権力関係を反映し，差別や抑圧を生み出す源ともなる。生活習慣から民族文化まで，伝統文化からポップカルチャーまで，日常生活から外交まで。本章ではこの複雑かつ幅広い概念を，国際関係の諸問題と深く関わる部分に焦点を当てて論じていく。

本論に入る前に，次の三点について確認しておきたい。第一に「文化」は必ずしも平和な言葉／概念ではないということ。民族や宗教に端を発する紛争において，「文化（の違い）」が対立の原因とされることは多い。平時においても文化をめぐる対立や構造的な差別はあらゆる場所に見出される。

第二に「文化（culture）」という語が現在に近い意味で使用されるように

なったのは近代に入ってからであるということ。この語は18世紀後半のヨーロッパで使用されはじめ，その後世界各地に広がった。日本では明治時代半ばに culture の翻訳語として使われはじめている。

　第三に「文化」の定義は時代によって異なるということ。1773年のドイツ語辞典には「個人または民族すべての精神的，物質的諸力の改良や洗練。偏見からの解放による理解力の向上だけでなく上品さ，すなわち習俗の改良や洗練も含む。反一野蛮」とある。19世紀には文化人類学者エドワード・タイラーが「文化あるいは文明とは，その広い民族誌的な意味において，知識，信仰，芸術，法律，慣習，その他，およそ人間が社会の成員として獲得した能力や習性を含む複合的全体である」と定義した（『原始文化』1871年）。そして20世紀後半，批評家レイモンド・ウィリアムズは「文化という語は19世紀末から20世紀初頭にかけて，①精神的，美的発展，②ある国民（民族）の集団の特定の生活様式，③知的，芸術活動の実践や成果，を表す語として広く使われるようになった」と書いている（『キーワード辞典』1976年）。

　この三点を念頭に置いた上で，ここからは国際関係学にとって重要な課題である「ナショナリズム」，「ポストコロニアリズム」，そして「レイシズム」と文化の関係について考える。これらの「イズム（主義，主張）」の歴史的をたどりながら，現在の国際社会が抱える諸問題を理解していきたい。

1　ナショナリズムと文化

（1）ナショナリズムとは何か

　ナショナリズムは，現在の国際社会の主要なアクターである国民国家（Nation-State）を構成する大きな要素である。「特定のネイション（国民／民族）に共有される帰属意識，同胞意識」であり，「そのネイションの独自性／優越性の主張」を内包する。またナショナリズムは「そのネイションを中心とした国家を形成・維持しようとする思想，運動，観念体系（イデオロギー）」であり，その点において，国家を指向しない「郷土愛」と区別される。平等な国民による国家形成と運営を目指す運動であり，身分制社会の解体や植民地の独立を支

える原動力として機能してきた歴史をもつが，その一方で，すべての国民を動員する「総力戦」を可能としたイデオロギーでもあり，また一国内のマイノリティ（少数民族や移民など）の排除を生み出す源ともなってきた。さらに今日，グローバル化の加速化に対抗するようにナショナリズムは先鋭化し，国家内の「異質」な存在を排除する，また「異質」な存在が入ってくることを拒む傾向を強めている（2020年の新型コロナウィルスの流行で，その傾向はいっそう強まった）。このようにナショナリズムは，国際関係の中で大きな問題でありつづけている。

　それではこの「異質」の指標，つまり，あるネイションと別のネイションを区別するものは何だろうか。その指標の大きな部分を占めるのが「文化」である。日本語の「民族」の定義を見てみよう。様々な定義に共通しているのは「文化を共有する集団」という点である。そして「文化」の定義には「ある国民（民族）集団に共有される生活様式」（ウィリアムズの定義②）とある。「文化」はネイションと深くつながり，ナショナリズムを生み出す源なのである。

　最初に確認したように，「文化」は18世紀後半に今に近い意味で使われはじめた語であるが，「ナショナリズム」もまた19世紀前半から半ばにかけて，ヨーロッパで使われるようになった語である。さらに「文化」の語が「民族集団に共有される生活様式」という意味で使用されるようになったのも19世紀に入ってからである。「文化」と「ナショナリズム」の語が現れ，しかも両者が互いに深く結びつくようになった背景には，「国民主権」に基づく新たな国家体制，「国民国家」の誕生があった。以下，歴史的な経緯をたどりながら，ナショナリズムと文化の関係を見ていきたい。

（2）フランス革命とナショナリズム

　「文化（culture）」が「精神的，物質的諸力の改良や洗練，反―野蛮」という意味で使われはじめたのは，先述したように18世紀後半，ドイツ語圏においてである。それよりやや早く，18世紀半ばにはフランスやイギリスで「文明（civilisation, civilization）」の語が「社会や精神の教化，開化，進化，反―野蛮」という意味で使用されはじめていた。これらの語が誕生した背景には大航海時

代，つまり16世紀以降の西ヨーロッパ諸国の世界「進出」がある。カリブ海および南北アメリカへの到達と征服を経て，ヨーロッパは自己を世界の中で「進んだ，発展した」地と位置づけるようになり，「文化」「文明」はそのような自意識の下，「進歩した，洗練された，野蛮でない」状態を指す語として使われはじめた。しかし19世紀に入ると「文化」は新たに「民族」と結びついた意味をもちはじめる。その背景には「国民国家」という新しい国家形態の出現があった。

　1789年に勃発したフランス革命は王侯貴族ら特権階級による支配を覆し，「国民国家」の第一歩を踏み出した。「国民主権」に基づく新たな国家建設を支えたのは，自分たちが成し遂げた革命を周辺諸国の干渉や攻撃から守ろうとする愛国心（ナショナリズム）であった。この感情は人々を強く団結させたが，同時に敵対する者（外国人や革命に反対する者）を排除する性質をもっていた（多くの「革命の敵」が処刑された1793〜94年は「恐怖政治〔terreur〕」と呼ばれ，「テロ」の語源となった）。

　一方，旧来の秩序と特権を守るために革命を抑え込もうとした周辺諸王国は，市民の志願および徴兵によって組織された新しいフランス軍（国民軍）に敗れ，19世紀初頭にはヨーロッパの広い範囲がフランスの支配下に置かれる。これをフランスは「革命の輸出」と喧伝した。王政を打倒して誕生した新国家は人類社会の先端（＝文明）に位置し，革命を周辺諸国にも広げていく使命をもつという主張である。それに対してフランスの支配下に置かれた地域，特にドイツ語圏では，抵抗の機運が高まった。その運動に大きな影響を与えたのが「ドイツ民族の共通性と独自性」を核として抵抗を呼びかけた哲学者，ヨハン・ゴットリープ・フィヒテである。彼は1807年12月から翌年の3月にかけて，占領下のベルリンで「ドイツ国民に告ぐ」と題した講演を行った。そして当時300以上の領邦国家に分かれていたドイツ語圏の人々に対し，「われわれはひとつの言語，ひとつの精神を共有する同胞である」と訴え，フランスの，さらには特権階級の支配からの解放を呼びかけたのである。

　聴衆の熱狂的な支持を得たこの講演は，ドイツ・ナショナリズムの出発点となった。フィヒテが同胞＝国民の証とした民族に共有される言語，精神，そし

て共通の習慣，価値観，伝統などが「文化」の一語に収斂され，「文化」は
「文明」（普遍的な価値，先に進んだ者の権利）に対抗する「民族の独自性，独自
の価値」を象徴する語，概念となったのである。

（3）二つのナショナリズム

　文化とナショナリズムがどのように関係を深めていったのか，さらに見てい
こう。1815年のナポレオンの敗北後，ヨーロッパ諸国はフランス革命前の状態
に戻されたが，その後もドイツ語圏では「民族統一」を目指す運動が展開され
た。またオーストリア・ハプスブルク帝国，オスマン帝国，ロシア帝国の支配
下にあった中・東欧，さらに北欧でも「言語」「慣習」「伝統」等の「独自の文
化」を根拠として「民族独立」を目指すナショナリズム運動が活発化した。こ
れらの「民族統一」「民族独立」を目指す運動は19世ヨーロッパで流行したロ
マン主義（情熱，自由，伝統，過去を重視する思想潮流）と結びつき，文学，音楽，
絵画等，様々な芸術がナショナリズム運動と連動して展開されていく。詩人や
文学者は民族の言語で，民族の過去に題材を求めた作品を発表し（国民文学），
音楽家は民謡の旋律を作品に組み込み（国民楽派），画家は民族の歴史や伝統を
作品に描いた。このように19世紀ヨーロッパにおいて，文化は「自分たちの国
家」を希求する人々の表現手段となり，ネイションという「想像の共同体」
（アンダーソン，2007年）を生み出す役割を果たしたのである。この動きは20世
紀に入ると，植民地独立を目指す「民族解放運動」へとつながっていった。
　その一方で，文化とナショナリズムにはもう一つの関係が存在する。それは
「文化統合」を通した「上からの」ナショナリズム（国民意識，愛国心）形成で
あり，その原型はフランス革命時にすでに見られる。当時のフランスはドイツ
とは逆に，領域内に多くの地方言語を抱えており，革命勃発時にフランス語を
日常語とする人々は全住民の3分の1程度であった。しかし参政権（権利）と
兵役（義務）という，新たな国民国家を支える二つの制度を安定して運用する
ためには，国民が互いにコミュニケーションを取れることが望ましい。政体を
安定させ，さらに人々の団結心を高めるために，革命政府は言語の統一や義務
教育，祭典（祝祭を通した同胞意識の形成）等を計画した。これは国内の「異な

る言語，文化をもつ人々」を主流文化へと統合すること，そして「同じフラン
ス人」という意識を共有させることを目的としており，フランス語以外の言語
話者にとっては「独自の言語」を奪われることを意味していた。このような政
策は，現在では「文化統合」政策と呼ばれる。

　この文化統合政策はフランスだけでなく，その後，他の地域でも国民国家形
成時に共通して行われた。言語の統一だけでなく歴史教育（過去の共有），国旗
や国歌（シンボルの共有），記念碑や銅像，公共の建造物など，対象となる「文
化」の範囲は広い（これらは「文化装置」と呼ばれる）。19世紀半ばから国民国家
を形成した日本や，20世紀半ばに独立を果たした旧植民地国家も同様の政策を
取った。

　ここまで見てきたように，ナショナリズムと文化は共に歴史的な構築物であ
り，国民国家の形成・維持に深く関わってきた。文化は人々の自由・独立を求
める想いの表現の場であると同時に，国家による人々の意識のコントロールを
補佐する役割もまた担ってきたのである。

2　ポストコロニアリズムと文化

（1）『オリエンタリズム』の衝撃

　本節では「ポストコロニアリズム」と文化の関係を扱う。まずは「オリエン
タリズム」を手がかりに，植民地主義と文化の関係を見直していこう。

　前節でも触れたように，16世紀に始まった西ヨーロッパ諸国による植民地形
成は，19世紀に入ると加速化した。特に19世紀後半から20世紀半ばにかけては
「帝国主義の時代」と呼ばれ，世界の陸地の80％以上が列強諸国の植民地と
なった（日本は非西洋国で唯一，列強の側に加わり植民地支配を行った）。この植民
地支配は政治，経済面だけではなく文化，精神にまで大きな影響を及ぼし，し
かもその構造は植民地の独立後も持続，さらに再生産されている。この状況そ
のものと，これを解決すべき問題と捉える姿勢，思想を「ポストコロニアリズ
ム」と呼ぶ。

　この問題を人々が意識するきっかけとなったのは，英文学者，文学批評家エ

ドワード・サイードが1978年に公刊した『オリエンタリズム』である。オリエ
ンタリズム（Orientalism）は元々「東洋趣味」「東洋研究」を意味し，18世紀頃
からヨーロッパ社会で流行した「オリエント」を題材とする文学や絵画，音楽
等の芸術，そして言語や文献研究などを指す言葉だった。「オリエント」が指
す範囲はヨーロッパと接する中近東・北アフリカのイスラーム圏にはじまり，
植民地支配の拡大とともにインド，東南アジア，そして中国，日本にまで及ん
だ。サイードは，中立的な意味で使用されていたこの語の中に潜む権力関係お
よび植民地主義との密接な関係を明らかにし，この語の意味を文字通りひっく
り返したのである。

　サイードは1935年，イギリス委任統治下のパレスチナに生まれ，イスラエル
建国の動乱を避けて家族でカイロへ移動した後，15歳で渡米しハーバード大学
で学んだという経歴をもつ。コロンビア大学で英文学の研究者となった彼は，
西洋の古典，名作と呼ばれる作品群の中に，「神秘的，官能的，エキゾチック，
豪奢」かつ「異質，野蛮，残虐，停滞」という「西洋人の頭の中で作られたオ
リエントのイメージ」（ステレオタイプ）を見出し，さらにそのイメージがオリ
エント研究の様々な分野（言語学，文献学，宗教学など）において幾世代にもわ
たって受け継がれ，再生産され，文学のみならず芸術全般に影響を及ぼしてい
ること，その結果，そのイメージが真実であるかのように人々の中で共有され
るに至ったことを，著書の中で様々な事例を挙げて明らかにしたのである。サ
イードによってオリエンタリズムは，「西洋が東洋を支配するための様式（ス
タイル）」という新たな定義を与えられた。

　18世紀，19世紀の最高峰とされる文学作品や学問的権威に対するこの新たな
解釈と批判は大きな反響を呼んだ。文学という「聖域」に政治を持ち込むこと
に対する批判が当初は大きかったが，それ以上に旧植民地諸国，諸地域から，
そして「西洋」の内部からも反響と共感が沸き起こり，以後，文学のみならず
絵画，音楽，舞台，映画といった芸術領域，さらに言語学，人類学，社会学，
歴史学などの学問領域の中に存在する「オリエンタリズム」が研究されるよう
になる。その結果，人の考え方，感じ方，世界の捉え方に大きな影響を与える
「文化」の中に潜む一方的なイメージや偏見，それが植民地独立の後も再生産

され，文化領域のみならず政治，経済活動や政策にも大きな影響を与えつづけ
ていることが，広く認識されるようになっていった。

（2）「オリエンタリズム」の実例

　ここではオリエンタリズムの実例を挙げて検討していこう。取り上げるのは
ハリウッドのアドベンチャー映画「インディ・ジョーンズ」シリーズの第2作，
「魔宮の伝説」（1984年公開）である。このシリーズは，第4作「クリスタル・
スカルの伝説」が東京ディズニーシーのアトラクションになっていることから
もわかるように，世界中で人気を博した。「魔宮の伝説」の舞台は1935年，ト
ラブルでインドに不時着したアメリカの考古学者インディアナ・ジョーンズが，
助けを求める村人らのために（加えて考古学的興味から）「邪教」と戦う，とい
う勧善懲悪のストーリーである。映画の中では宝石で身を飾り立てた富豪たち，
とぐろを巻いたヘビの詰め物が盛られた皿が並ぶ大宴会，生贄を捧げる邪教の
儀式など，まさに「豪奢，野蛮，残虐」そのもののシーンが繰り広げられる。
最終的にインドの人々を救うのはジョーンズに加えて「インドに駐留するイギ
リス軍」と，その指揮下で「訓練を受け，近代的な武器（銃）を使用するイン
ド兵たち」であった。邪教とその神官ら（＝悪）は滅ぼされ，村人たちは喜び
に満ちた笑顔でジョーンズらに感謝する。残虐な支配者，為す術もなく嘆き悲
しむ貧しい人々，それを救う白人男性とイギリス軍，イギリス軍の下で近代化
し，「正しい行動」を行うようになった現地の人々（インド兵）…この娯楽作品
を支えているのは，まさにイギリスのインド支配の正当性であるといえよう。
　ここで，サイードが『オリエンタリズム』の中で分析の対象としたカール・
マルクスの「インド論」（ニューヨーク・トリビューン紙への寄稿，1853年）を併せ
て見てみたい。マルクスはプロイセン出身でイギリスに亡命した思想家，経済
学者であり，19世紀の社会主義運動，労働者の団結を牽引し，資本主義を批判
した人物である。しかし彼はイギリスによるインド支配を肯定的に捉えていた。
論説の中には「インドは自ら発展することはできない」「この停滞した社会」
「東洋的専制政治」といったオリエンタリズムの決まり文句が並ぶ。そして，
イギリスがインドを支配することによって専制政治を打倒し，人々を目覚めさ

せ，新たな社会の形成を促すことは必然であり，それがインドの進歩，発展のための唯一の道である，との結論が導かれる。130年の時を隔てて，マルクスの「インド論」（学問）とハリウッド映画（娯楽）はインドに対して同じイメージを共有し，同じ眼差しをインドへと注いでいる。

　このような停滞，専制的，残酷，異質，官能的といったオリエントのイメージは，西洋の人々だけではなく非西洋地域の人々にも内面化された点に，さらなる問題がある。サイードが『オリエタンリズム』で分析した文学作品は，非西洋地域においても「世界文学」として翻訳され，教養として広く読まれ，研究されてきた。またオリエンタリズム的眼差しで製作された芸術や娯楽作品は，その多くが非西洋世界でも公開され，消費されてきた。つまり非西洋世界の人々は，西洋の眼差しを介して互いを認識する状況に長く置かれていたといえる。さらに非西洋世界の人々は，自分自身についても西洋の眼差しを受け入れ，内面化し，「自分たちはこのような文化，特徴をもつものである」という自己認識をもつことさえあった（例えば人類学者ルース・ベネディクトが『菊と刀』で論じた日本文化の型や，ジャコモ・プッチーニのオペラ「蝶々夫人」の日本女性像などの受容）。また，逆に西洋に対する一方的なイメージを形成し，すべてを進んだもの，良いものとして憧れる（あるいはすべてを悪しきものとして憎悪する）「オクシデンタリズム」が生じたことも付け加えておきたい。

（3）ポストコロニアル研究の展開

　サイードの『オリエンタリズム』をきっかけとして始まったオリエンタリズム研究は，やがて同様の問題をかつて植民地とされた地全体に見出し，研究対象を広げていった。サイード自身も1993年に発表した『文化と帝国主義』では，オリエントだけでなくより広い範囲を対象として，帝国主義と文化の関係を考察している。さらにサイードはこの著書の中で，『オリエンタリズム』には見られなかった新しい文化の捉え方を提示した。それは，「なかば帝国のおかげで，あらゆる文化がたがいに関係するようになる。いかなる文化も単一で純粋ではない。すべての文化は雑種的（ハイブリット）かつ異種混淆的（ヘテロジーニアス）で，異様なまでに差異化され，一枚岩ではない」という言葉に集約さ

れている。植民地支配は支配／被支配という関係の中で互いの文化を接近，接触させ，その結果，両者はともに変容した。「純粋な文化」とは想像上の産物であり，文化（芸術から生活習慣，価値観まで含む）は常に混交し変容を繰り返すという動態的（ダイナミック）な文化論が，ここでは提示されている。

　同時期，イギリスを中心に新たな文化研究（階級文化，大衆文化，メディア研究など）を展開していたカルチュラル・スタディーズから，ポール・ギルロイの『ユニオンジャックに黒はない』（1987年）と『ブラック・アトランティック』（1993年）が現れた。ギルロイは20世紀後半イギリスの移民問題から出発し，それがイギリス植民地帝国に根差す問題であること，さらにその背後にある，16世紀の黒人奴隷貿易から現在に至る大西洋を挟んだ「黒人ディアスポラ」（故郷喪失者／越境者）の存在を描き出した。

　文化の越境性や混淆性に注目した研究は，インド出身の在米研究者ホミ・バーバ（『文化の場所』1994年）やガヤトリ・スピヴァク（『ポストコロニアル理性批判』1999年），イラン出身の在米研究者ハミッド・ダバシ（『ポスト・オリエンタリズム』2009年）らによってさらに展開された。このような「文化」と「帝国主義」をめぐる研究を，「ポストコロニアル研究」と呼ぶ。

　ここで「ポストコロニアリズム」という語について説明しよう。かつての植民地支配が現在の世界を規定しつづけていることは，途上国問題からも明らかである。それが政治的，経済的側面のみならず，「文化・精神」にも及ぶことを指摘したのが，先に見たサイードらの研究である。植民地主義は今日でも人々の心理・精神の中に残存し，再生産されている。それは途上国の人々の文化や精神だけでなく，先進国（支配した側）の文化や精神をも規定しつづけている。「文化的にかつての支配／被支配関係が構造的に維持されつづけている」，つまり「植民地主義から脱したように見えても（文化・精神的に）脱しきれていない」という認識，そしてそれを解決すべき問題として意識する姿勢，それが「ポストコロニアリズム」である。ポストコロニアル研究はこのような視座から現在の世界における文化と政治・経済の問題を捉え，問題の在り処を探る。さらにポストコロニアル研究の特徴として，ジェンダーや性的少数者が置かれた状況などにも注目し，単純に支配／被支配という二元論に立つのではなく，

それぞれの場における複雑な権力関係を見通す視点，そしてその中で弱い立場
に置かれた者（マイノリティ）に寄り添い，その声を掬いあげようとする実践
を重要視していることも付け加えておきたい。

3　レイシズムと文化

（1）「人種」とは何か

　2020年 5 月25日，新型コロナウィルスが蔓延するアメリカ合衆国で，一人の
アフリカ系アメリカ人男性が死亡した。ジョージ・フロイドさんは偽札を使用
した疑いで白人警官 3 人に拘束され， 8 分間にわたって強く首を圧迫されて
「息ができない」と繰り返した末，窒息死した。この事件の映像がネットに流
れると，事件が起きたミネアポリスでは警察の暴力に対する抗議運動が沸き起
こり，それは BLM（Black Lives Matter）運動としてアメリカ全土へ，そして
世界各地へと広がった。この抗議（暴動をも含む）はフロイドさんの死に加え
て，長年にわたって繰り返されるアフリカ系アメリカ人（黒人）への暴力，そ
して黒人が置かれた社会の中での位置に対する怒りであり，その背後にあるレ
イシズムへの抗議であった。本節では，アメリカのみならず世界各地で社会の
対立と分断をもたらすレイシズムについて，その来歴，原因，そして文化との
関係を見ていく。

　人種（race）とは人類を形質的特徴（皮膚の色，毛髪の形状，骨格）によって分
類したものである。18世紀半ば，博物学者カール・フォン・リンネが人類を
「ヨーロッパ人，アメリカ人，アジア人，アフリカ人」に分類したのを皮切り
に，18世紀末には比較解剖学者ヨハン・フリードリヒ・ブルーメンバッハが頭
蓋骨の形による分類を提示，1817年には動物学者ジョルジュ・キュヴィエが皮
膚の色を基準とした分類，「白色人種（コーカソイド），黄色人種（モンゴロイド），
黒人種（ネグロイド）」を提示した。この「人種」分類は，人類を分類するだけ
でなく，その集団間に「優劣」を付けるものであり，その背景には第 1 節で見
た「進んだヨーロッパ」の思考があった。

　人類の分類とランク付けは19世紀半ば以降，ダーウィンの進化論を人間社会

に応用した社会進化論（社会ダーウィニズム）と連動して西洋社会に浸透してい
く。1864年には，ハーバート・スペンサーによって「適者生存」，1883年には
フランシス・ゴルドンによって「優生学」の語が編み出された。人間集団を一
直線の進化の途上に置き，その度合いを位置づけようとする「科学的な」研究
がヨーロッパ各地で展開される。同時に「異人種との混血」によって人類は衰
退する（優秀な人種が汚染される）という「退化論」も論じられ，これは，例え
ばアメリカの「異人種間結婚の法的な禁止」の根拠となった。

　身体的特徴（肌の色，頭髪，鼻の形など）の比較や計測から始まったこの「科
学的実証」は，やがて脳の容量や頭蓋骨の形に注目し（頭蓋測定学），頭指数と
いう指標が考案され，人種を数値化していく。このように人類を分類し，さら
にその優劣を「科学的に実証」する西洋世界の学問潮流は，今日では「科学的
レイシズム（scientific racism）」と呼ばれる。この「知の一大潮流」について，
政治学者ハンナ・アーレントは，その背景に「国民国家形成とナショナリズム
の拡大」と「植民地化と帝国主義」が存在していたと指摘している（『全体主義
の起源』1951年）。一方には第 1 節で見た国民国家という「進んだ」社会体制と
国民の限定（外国人，異民族の排除），もう一方には第 2 節で見た植民地支配の
正当化が，この「人種の優劣」を支えていたのである。この潮流は「優秀な民
族（ゲルマン人）を守るために劣等な民族（ユダヤ人）を排除する」ナチズムの
政策において頂点に達したのだった。

（ 2 ）「レイシズム」という語の出現

　レイシズム（racism，人種主義）という語が出現したのは第一次世界大戦と第
二次世界大戦の間である。ナチス・ドイツによるユダヤ人迫害が本格化した時
期に現れたこの語は「人種を理由とした差別，排除」を意味するが，加えてそ
の状況やそれを推し進める政策，それを支持し実行する人々の行為を批判する
言葉として誕生した。

　「レイシズム」の語を広く知らしめ，また人種の分類や序列化とそれに基づ
く差別を痛烈に批判した書として，第 2 節でも触れた人類学者ルース・ベネ
ディクトの『レイシズム』がある。1940年にアメリカで出版されたこの本は，

「人類の身体的特徴を戦争や大規模な迫害の根拠として挙げ，さらにそれを実行に移すまでになったのは，私たちヨーロッパ文明が初めてである」と書き出している。ベネディクトはレイシズムを「ある民族集団が先天的に劣っており，別の集団が先天的に優等であるように運命づけられていると語るドグマ（教義／独断的な説）」と定義し，さらに「人種」を特定しその間に優劣を付ける項目の一つひとつを取り上げ，それらがいかに非科学的かを説明した。その上で，レイシズムの心情／行為の原因について，彼女は次のように書く。「既得権益層は死にものぐるいで現状維持を行い，持たざる者がそれを批判する。貧困，雇用不安，政府間の対立，そして戦争。捨て鉢になった人間は生贄を求める。一瞬の間だけ，みじめな境遇を忘れさせてくれる魔法である。支配層する側の人間，搾取する側の人間は，それを止めはしない。むしろ積極的にそれを推奨する。（中略）もしもそれがなくなったら，怒りがいつ自分たちに向くかわからないから」。

　第二次世界大戦が枢軸国の敗北に終わり，絶滅収容所でどれほどの殺戮が行われたのかが明らかになると，ホロコーストに対して国際的に大きな批判の声があがり，反ユダヤ主義は「人道に反する罪」となった。だが「科学的レイシズム」に最終的に止めを刺したのは，20世紀後半の遺伝子研究の飛躍的発展であった。「同じ人種」に分類される個体間の遺伝子の差異が，「異なる人種」に分類される個体間の遺伝子の差異と変わらないことが「実証」されたのである。「科学的」な人種の分類，そしてその間に優劣を付ける，という知の潮流は科学的に否定された。しかし周知のように21世紀の最初の四半世紀が経とうとする現在，レイシズムの嵐は再び荒れ狂っている。「人種」概念が否定された後のレイシズムとは，何をその根拠としているのだろうか。

（3）「新しいレイシズム」の出現

　第二次世界大戦後，先述したようにレイシズムは批判と非難の対象となり，国際社会では人権を尊重する機運（人権レジーム）が形成されていった。また1950年代半ばから10年にわたって続いたアメリカの公民権運動は1964年に「公民権法」として結実し，南部諸州の人種隔離法（ジム・クロウ）は廃止された。

「人種，宗教，性，出身国，皮膚の色」を原因とした雇用等の差別は禁止され，世界的にも「レイシズム」を法的に規制する流れが生まれた。1965年には国連総会にて人種差別撤廃条約が採択されている（1969年発効）。しかし周知の通り，このような法や条約によってレイシズムが終わったわけでは全くない。「人種」を理由とした差別が法的に禁止された後も「制度的レイシズム」は残り，また「文化的レイシズム」が新たに誕生した。

　制度的レイシズムは公民権運動が展開される中で指摘されるようになった「自覚なき（直接の実行者のいない）レイシズム」である。これは社会の諸制度の中にレイシズムが反映され，特定の人種や民族（ethnicity）が不利になるような社会の構造を指している（例えば居住地や，その居住地で行われる教育，同じエスニック・グループ出身者が就く職業の固定化など）。この社会環境が存在する限り，個々人がレイシストではなくとも社会がレイシズムを機能させてしまう（特定の人種，民族が不利になる）という結果が起きる。「人種（の優劣）」が否定された後も，それとは別の次元でレイシズムが機能するという状況が新たに注目されるようになった。

　さらに20世紀末，人種という集団そのものの根拠を否定されたレイシズムは，その差別と序列の根拠を「文化」に求めるようになる。マーティン・バーカーは『新しいレイシズム』（1981年）において，レイシズムが「生物学的劣等」から「文化的差異」へと正当化の根拠を移したと指摘した。人種ではなく文化（習慣，価値観，言語，伝統，宗教など）の違いを理由とする，特定の集団の排除や格差を肯定する言説は，現在世界各地に広がっている。またこのレイシズムは，自身の言動をレイシズムであるとは認めず，「人種（race）」ではなく「民族（ethnicity）」を分断の指標とする点に特徴がある。このような「新しいレイシズム」は1990年代以降，人の移動が激増した結果，移民排斥運動（ナショナリズムの一側面）の中で頻繁に見られるようになった。「文化の差異」を理由とする特定集団への差別や排除（実行者は「区別」と認識する）は「文化的レイシズム」あるいは「カラーブラインド・レイシズム」と呼ばれる。

　この「文化」を根拠としたレイシズムの根底にあるのは，文化は民族集団ごとに存在するものであり，先天的で，固定的で，変化しないという認識である。

これは第 1 節で見たように，「国民／民族国家（ネイション・ステイト）」形成の過程で構築された文化観である。しかしそのような静態的な文化観は，第 2 節で見たように20世紀末，ポストコロニアル研究の展開の中で見直されるに至った。グローバル化によって文化はより一層越境し，融合し，変容しつづけている。「民族」も当然のことながら不変ではない。例えばアフリカ系アメリカ人は，アメリカの歴史の中で常に文化的・民族的混淆を被り，その文化は変容を重ねてきた。また文化的レイシズムの対象になりやすい移民 2，3 世は，まさにホスト国において文化変容，文化融合のただ中に在る。それにもかかわらず「（固定化された）文化的差異」を根拠として下位に位置づけられ，排除あるいは敵視される，そこに，例えばヨーロッパで多発する「ホームグロウンテロ」の原因の一端を見ることができるだろう。この意味において固定的・静態的な文化観とそれに基づいたレイシズムは，マイノリティのみならずマジョリティをも危険にさらすのである。

お わ り に

本章ではナショナリズム，ポストコロニアリズム，レイシズムという国際関係の中の「文化」の問題を取り上げた。この三つはそれぞれ別個の問題ではなく，複雑に絡み合い連動している。グローバル化が否応もなく加速化し，国境を超える人が増加するにしたがい，「異質」な存在を危険視するナショナリズムは「他者」を排除する傾向を強める。「他者」とみなされる人々（例えば外国人労働者や移民たち）は，過去の植民地主義の延長線上にあるケースが多い（旧植民地から旧宗主国への移動）。そして「排除」は多くの場合，レイシズムの形を取る。この堂々巡りの根本には，今なお固定的な文化・民族観があり，かつての植民地主義やオリエンタリズムがあり，そしてそれらを意識的に，あるいは無意識に再生産してきた「文化」がある。

しかし，変化は目に見える形ですぐ傍までやってきている。国民国家単位で参加し，メダルの数を競い合っていたオリンピックは，今や多くの国が「複数の民族的ルーツをもつ代表選手」を送り出すようになっている。また2020年の

コロナ禍の中で，ウィルスの罹患率や死亡率が，社会の中に存在する格差や制度的レイシズムの存在を白日の下にさらす結果となった。またその災禍のただ中で高まった BLM 運動は，銅像や旗，大学の名称，名作映画といった制度的レイシズムを助長する「文化装置」の見直しへとつながった。

　最後に，このような「文化」の諸問題に敏感であるために，自分や自分が属する国家・民族の立ち位置（立場性，positionality）を意識すること，そして自身とは異なる立ち位置にある人々にとって，世界がどのように見えるのかを想像し，理解しようとする力（empathy）を身につけることを奨励したい。「異なる（とされる）人々や集団から見える世界」を想像する力と知識を身につけ，「理解」する能力を鍛えることは，国際関係の諸問題について学ぶための第一歩となるだろう。

参考文献

ベネディクト・アンダーソン（白石隆・白石さや訳）『定本 想像の共同体――ナショナリズムの起源と流行』書籍工房早山，2007年。
　＊ネイションを「想像の共同体」と定義し，ナショナリズムが世界各地に拡散していく過程を長いスパンで追った，ナショナリズムの「新しい古典」。

ミシェル・ヴィヴィオルカ（森千香子訳）『レイシズムの変貌――グローバル化がまねいた社会の人種化，文化の断片化』明石書店，2007年。
　＊科学的レイシズムから文化的レイシズムへの転換を，理論と現状の両面から丁寧にたどった研究。特にヨーロッパにおけるレイシズムを理解する助けとなる。

エドワード・W・サイード（大橋洋一訳）『文化と帝国主義』Ⅰ・Ⅱ，みすず書房，1998・2001年。
　＊「文化」と「帝国主義」の関係を，帝国の「国民」と植民地の「原住民」のそれぞれの体験を通して描き出し，文化の越境，変容，融合を示した書。

西川長夫『地球時代の民族＝文化理論――脱「国民文化」のために』新曜社，1995年。
　＊「国民国家」と「文明」，「文化」の関係を歴史的にたどり，そのイデオロギー性を明らかにした上で，「国民文化」の枠組みからの脱出を問いかける。

ロバート・J・C・ヤング（本橋哲也訳）『ポストコロニアリズム』岩波書店，2005年。
　＊ポストコロニアルな世界の現状を，多様な「場」から，過去と現在の体験を繋ぎ合わせて描き出す，「下からのポストコロニアリズム」の書。

考えてみよう！

① 　自分の身の回りには，どのような「オリエンタリズム」があるか，また，自分の中にはどのような「オリエンタリズム」があるか，考えてみよう。

② 　21世紀の「文化」の定義はどのようなものになるだろうか。この章で見た「文化」が内包する諸問題を含めた定義を考えてみよう。

第Ⅱ部

国際関係の分析視角

第4章
国際社会の法秩序と国連の役割

西村智朗

本章のねらい

・国際関係学を学ぶ上で「法」を理解する重要性を確認する。

・国連の活動を国際法の観点から把握する。

・「国家間の法」である国際法を市民が活用する意義について考える。

キーワード

▶「社会あるところに法あり」，共存の国際法と協力の国際法，「合意は当事者を拘束する」，武力行使禁止原則，人民の自決権

は じ め に

国際関係学を学ぶ上で，国際法は必須の学問（科目）であり，不可欠のツールである。なぜならば，世界中で勃発している内戦や民族対立，アフリカをはじめとする多くの国や地域が直面している貧困問題，地球規模で進行している環境破壊や感染症といった国際社会の諸問題を解決するためには，各国が協力し，ルールを定め，それを遵守し，必要に応じて修正しながら対応していくほかないからである。他方で，国際法（international law）が，「国家（nation）」の「間に存在（inter-）」する「法（law）」であることから，私たち市民の身近にある国内法（例えば，民法，刑法，道路交通法など）と比較すると，馴染みが薄く，縁遠い存在と感じることも事実である。そこで，国際法もその一つである「法」について最初に簡単に確認しておく。

「社会あるところに法あり（*Ubi societas, ibi jus*）」。これは，古くから伝わる

ローマ法格言である。ここでいう「法（*jus*）」とは，「規則，決まり事，ルール」という意味であり，議会が制定する国内法や，後述する条約（国際法の種類の一つ）ほど厳格な意味をもつものではない。例えば「犬の散歩をするのは私の仕事」といった家庭内の約束，「毎月第1日曜日は町内清掃の日」という町内会の規則，「期末試験の不正行為は学期中のすべての試験科目を不可とする」という大学の学則もすべて，それぞれの社会の *jus* である。私たちは，好むと好まざるとにかかわらず，大小様々な社会（の構成体）に所属している。そして複数の人間が共存して生活を営む以上，そこには社会構成員によって作られ，合意された「約束」が必要になる。そして，それぞれの「社会」にはそれぞれの構成員に適した「法」が作られる。それが，この法格言の意味するところである。

　ところで，現代社会の中で最も組織的に形成されている構成体は「（主権）国家」である。国家には，君主国や共和国，資本主義国や社会主義国，連邦国家や単一国家など様々な形態が存在するが，いずれも「一定の住民」「確定した領域」に加え，「外国と関係を取り結ぶ能力」を有する「政府」を備えた存在でなければならない（国の権利と義務に関する条約／モンテビデオ条約第1条）。ほとんどの国家では，主権者である国民からの信託を受けた議会（日本では国会）が，その国内で効力をもつ「国内法を制定」し，行政府（日本では内閣および省庁ならびに地方自治体）がその「国内法を執行」し，その国内法の違反に対して，裁判所が「国内法を解釈」し，違反認定とその帰結（損害賠償や刑罰）を決定する。ここで重要なことは，「それぞれの社会（国家）が違えば，法（国内法）も異なる」という点である。先述した法格言は，異なるアプローチではあるが，ここでも妥当している。

　国際社会も「社会」である以上，そこには必ず「法（*jus*）」が存在する。しかし，国際社会と国内社会は，様々な点で異なるがゆえに，国際法と国内法も多くの点で相違点がある。その違いを理解するところから，国際関係学の学びは始まるといって良い。

1　国際法の基本的枠組み

（1）国際法の歴史

　紀元前3000年頃に現在のイラク周辺で人類最古といわれる古代文明が栄えていた。メソポタミア文明と呼ばれる四大文明（残る三つは，エジプト，インド，中国）の一つであるこの文明の中で，ウンマとラガシュという二つの国は，戦争を終結させる協定を締結したという記録が残されており，これは「世界最古の条約」といわれている。また，時代小説やゲームなどで有名な『三国志』は，西暦200年前後の中国で分裂した三つの国「魏呉蜀」が争った時代の実話を元に作られている。史実でもこの三国は，同盟や領土割譲などの条約を頻繁に取り結んでいる。「社会あるところに法あり」というのであれば，このような時代から国際法の歴史は始まっていたといえるかもしれない。

　他方で，「世界史」の教科書の中で，オランダの外交官であるグロチウスは「国際法の父」として紹介されている。「父」とは「誕生の象徴」という意味であり，実際に，近代国際法は，彼が活躍した17世紀中頃のヨーロッパが発祥だといわれている。だとすると，古代メソポタミアや魏呉蜀の時代の中国には，国際法はまだ存在していないということになる。この認識の違いは，社会科学（国際関係学もその一つ）と人文科学の学問上の前提の差異によるものである。これらの時代には，統一された法秩序としての意識は存在せず，したがってそこには「国際社会」が存在していなかった。言い換えれば，この時代の国家関係は，少なくとも潜在的な敵対関係であり，条約は当事国間の敵対関係を一時的に緩和または修正する目的しかもたなかった。つまりそこには，相手国と共存し，共同体を形成しようという意識はほとんどなく，したがって，国際社会が存在しない以上，国際法も存在しないということになる。

　このような観点から，近代国際法の始まりは，1648年のウェストファリア（ヴェストファーレン）条約といわれている。中世ヨーロッパにおいて政治的にも権勢を誇っていたキリスト教権威に替わり，各国国王が勢力均衡状態を維持することにより，ヨーロッパ社会を持続させようとする「近代国家体制」は，

「共存の国際法」の土台となり，ここから海洋法，外交特権，武力紛争法といった国際法が創られていった。

　その後，18世紀から19世紀にかけて，市民革命と産業革命を経験したヨーロッパ諸国がアジア・アフリカ地域に世界進出する過程において，国際法は，植民地支配を肯定する無主地先占の法理や奴隷取引さえ可能とする条約の同意原則など，ヨーロッパ諸国の世界分割を正当化する根拠としても利用された。この時代の国際法が「ヨーロッパ公法」と呼ばれるように，明らかにヨーロッパ型の「文明国」が中心となって形成された国際秩序であった。

　20世紀に入り，国際社会は2回の世界大戦を経験した。その中で，主権国家は，第一次世界大戦後に国際連盟を，第二次世界大戦後に国際連合をそれぞれ設立し，国際の平和と安全を維持するための体制を構築した。特に国際連合の下で，資本主義陣営と社会主義陣営の対立（冷たい戦争）や，先進諸国と発展途上諸国の格差（南北問題）に直面しながら，数多くの国際機関を通じて，様々な国際問題の解決を試みている。国連発足当初は基本的人権の尊重とその国際的な保障に取り組み，20世紀後半には，地球温暖化や生物多様性の破壊といった問題に対して，それぞれ多数国間環境協定を作成しながら対応している（詳細は第2節参照）。このような国際社会の協調の体制は，「協力の国際法」として，これまでの「共存の国際法」とともに重層化された国際社会の法構造をなすものと説明することができる。

（2）国際法の主体

　法律学では，主体（「誰が」の部分）を重視する。先述の法格言「社会あるところに法あり」との関連でいえば，「誰によって社会が構成されているか？」という問題である。法主体は，その社会で適用される法によって生み出される権利や義務の保有者になる。逆にいえば，ある社会で法的な権利義務を有するには，その主体は「人」でなければならない。国内社会では，私たち市民の一人ひとり（自然人）が主たる法主体であり，次に，国や地方自治体，企業や非政府組織（NGO）などの組織・団体が「法人」として法主体性を有する。

　同様に，国際社会における法＝国際法上の法主体として，まず主権国家が挙

げられる。国際社会において，国家は，国内社会における自然人と同様，生まれながらにして（国家であることが認められればただちに）完全な主体性を認められるという意味で，本来的主体であり，後述する国際法（条約や慣習国際法）を自ら作ることができるという意味で積極的な主体である。なお，今日では国連などの国際機関も条約の当事国になることができるが，当該機関の任務の範囲内に限定されることに留意する必要がある。

　NGO 等の市民団体，自然人といった私人は，国際法（特に条約）が定める範囲で法主体性を認められるという意味で国際社会では副次的主体であり，自ら法をつくり出すことができないという意味で消極的主体にとどまる。ただし，そのことは，国際社会において NGO や自然人が重要な役割を果たしていないということを意味しない。

（3）国際法の性格と成立形式

　しばしば「国際法は本当に『法』なのか？」という疑問が提起される。これは，国内法がその特質として「強制力（違反者は処罰される／賠償金など責任を負わされる）」を有するのに対して，国際法には強制力がないからとされている。国際法にとっての強制力が何かという問題はさておき，国際法の性格が，国内法のそれとはかなり異質なものであることは事実である。そして，国際法の本質は，強制力の有無というよりも「当事国間の合意」に着目する。「合意は当事者を拘束する（*Pacta sunt servanda*）」。これも古くから伝わるローマ法格言であり，国内私法（民法など）の契約概念にも通底しているが，当事者（国家）は，自らの意思で合意した約束の内容に自ら拘束されるということを意味している。

　それでは，国際法はどのような形で存在しているのだろうか。この国際法の種類について，現在は，国際法の成立形式という言葉が用いられているが，古くは国際法の法源と呼ばれていた。

　伝統的に国際法の成立形式は，条約と慣習国際法の二つによって構成されている。条約とは「国の間において文書の形式により締結され，国際法によつて規律される国際的な合意」であり「単一の文書によるものであるか関連する二以上の文書によるものであるかを問わず，また，名称のいかんを問わない」

（以上，条約法に関するウィーン条約第2条1項(a)）。ただし，現在では，国家と国際機関，国際機関相互の間でも条約を締結することができる（国際機関条約法条約）ため，条約の成立要件は，「①国または国際機関の相互間」により，「②文書による形式」で締結された，「③国際法によって規律される合意」，ということになる。

　慣習国際法とは，国際社会の中で多くの諸国によって継続して行われている慣行が法規則として一般的に承認されているものを指す（北海大陸棚事件国際司法裁判所判決など）。したがって，慣習国際法の成立要件は，①一般的慣行と，②法的信念の二つということになる。国内問題不干渉原則や海洋法における領海の無害通航権など，これまで国際社会は数多くの慣習国際法を形成してきた。

　条約と慣習国際法を比較した場合，前者が成文法，後者が不文法という違いだけでなく，法的拘束力の範囲についても留意しなければならない。条約は，成立（採択）しても，国家の条約参加が一定数に達するなど，発効要件を満たさなければ，法的拘束力を発揮することはできない。しかも条約に拘束されるのは，条約に参加することに同意した締約国のみである。これに対して，慣習国際法は，原則としてすべての国家を法的に拘束する。国内社会と異なり，国際社会には，組織的かつ体系的に立法活動を行う組織が存在しないため，慣習国際法の存在意義は今日もなお大きいものがある。

　法の一般原則や国家の一方的行為等が国家を法的に拘束するといった議論があるが（第三の法源論），法的拘束力をもたない国際文書も国際社会の規範に大きな影響を与えることがある。国連総会決議をはじめとする国際機関で加盟国が合意した決定（決議や宣言）は，先述の③国際法によって規律される合意という要件を欠いているため，条約ではなく，したがって，一部の例外（安全保障理事会の国連憲章第7章に基づく強制措置の決定など）を除いて，加盟国を法的に拘束しない。しかし，世界人権宣言（1948年）が人権のカタログとして国際人権規約の出発点になったように，後の条約制定に重要な役割を果たすことがある。また，友好関係原則宣言（1970年）などのように，慣習国際法の証拠として援用されることがある。このような非拘束文書を「ソフト・ロー」と呼び，条約や慣習国際法といった「ハード・ロー」と併せて多面的に理解することが，

国際法を理解する上で重要である。

2　国際法と国連

（1）20世紀の国際法

　第1節（1）の国際法の歴史を顧みると，20世紀までの国際法（伝統的国際法）と20世紀以降の国際法（現代国際法）では，大きく異なる二つの特徴を指摘することができる。その一つは，「構成員の変化」である。伝統的国際法の時代には，ヨーロッパ型の「文明国」のみが主権国家として認められ，非ヨーロッパ地域にも，独自の文明や共同体が形成されていたにもかかわらず，それらは欧米基準の近代国家ではないという理由で植民地支配の対象としてヨーロッパ公法に組み込まれていった。20世紀に入り，「自らの国家は自らが決定できる」とする人民の自決権が法的権利として確立されると，アジア・アフリカ地域で植民地支配されていた多くの民族は，宗主国との間で独立運動を展開し，国連もこれを支援した。その結果，国連発足時（1945年）に51カ国だった加盟国は，2020年現在で193カ国となり，構成員である国家の形態も多種多様に存在する。特に先進資本主義国が中心であった伝統的国際法と異なり，現代国際法では，圧倒的に発展途上国が多数を占め，国連を通じた国際法形成においても大きな影響力をもつ。

　もう一つの特徴は「戦争観の転換」である。伝統的国際法が形成される17世紀頃までは，中世ヨーロッパでは，正義の戦争は許されるとする「正戦論」が支持されていた。しかしこの考えは，正しい戦争の判定者の存在を前提としており，当時この役割を担っていたキリスト教権威の衰退により徐々に妥当性を失っていった。その結果，伝統的国際法の時代には，戦争に正・不正の区別はないと考える「無差別戦争観」が生まれた。これにより，国家は紛争を解決する最終手段として交戦権を認められ，戦時国際法が発展した。

　しかし，20世紀に入り，二度の世界大戦を経験した国際社会は，ようやくすべての戦争は違法であるとする「戦争違法観」に到達した。この考えは，国際連盟と国際連合の基本原則であり，両機関の主要な任務である国際の平和と安

全の維持の前提と位置づけられる。

（2）国連の安全保障体制

　第二次世界大戦を機に，国際社会はそれまで存在していた国際連盟を解体し，新たに国際連合（以下，国連）を発足させた。二つの機関はともに国際社会の平和と安全を維持するために，集団安全保障体制を実施する国際機関という点で共通点をもつものの，そのための制度および法的基盤，ならびに安全保障以外の取組みという点で重要な相違点を確認することができる。

　国際連盟規約は，前文で締約国が「戦争ニ訴ヘサルノ義務ヲ受諾」したことを確認し，裁判や連盟理事会による解決といった一定の紛争解決手段に従わず，戦争に訴える連盟国を「当然他ノ総テノ聯盟国ニ対シ戦争行為ヲ為シタルモノト看做」（第16条1項）して，他のすべての連盟国に制裁行動に出ることを義務づけた。しかしながら，国際連盟は第二次世界大戦を防げなかったことから証明されるように安全保障体制において欠陥を有していた。その点に改善を試みたのが国連憲章であり，まず，前提となる禁止対象を「戦争」から「威嚇を含めた武力行使」全般に拡大した。これは，「戦争に至らざる武力行使（事実上の戦争）」は許されるという解釈を防ぐためである。また，国際連盟の制裁行動の対象は，規約が定める紛争解決手続を無視して戦争に訴えた場合に限定されていたため，逆に手続に従えば戦争が許されるという解釈の余地を残していた。国連憲章は，「すべての加盟国は，その国際関係において，武力による威嚇又は武力の行使を，いかなる国の領土保全又は政治的独立に対するものも，また，国際連合の目的と両立しない他のいかなる方法によるものも慎まなければならない」（第2条4項）と規定し，あらゆる場合において，威嚇を含めた武力行使禁止原則を徹底している。

　ただし，武力行使禁止を厳格に確認する国連憲章も，外国からの違法な武力攻撃に対する自衛権の行使については禁止していない。自衛権は，国際連盟期の1928年に採択された戦争抛棄ニ関スル条約（以下，不戦条約）の締結時においても問題とされており，戦争違法化と自衛権は常に密接不可分の関係にある。国連憲章はその起草過程において，国家が単独で行使する個別的自衛権のほか

に，武力攻撃を受けていない国が，被攻撃国のために行使する集団的自衛権も同時に認めたことに特徴がある（第51条）。

（3）国連の非植民地化と人権保障制度

　このような国際の平和と安全の維持は，国連の主たる任務であるが，安全保障以外の取組みについても国連は積極的な活動を行っている。国連憲章は機関の目的を定める第1条で，国際の平和と安全の維持（1項）に加えて，諸国間の友好関係の発展（2項）と様々な国際問題の解決ならびに人権と基本的自由の尊重の助長奨励に関する国際協力の達成（3項）を規定し，「これらの共通の目的の達成に当たって諸国の行動を調和するための中心となること」（4項）を確認する。すなわち，国際連盟の目的が国際社会の平和と安全の維持にほぼ限定されていたのに対して，国連は，広範な国際協力のフォーラムとしての役割を担っている。

　安全保障以外の国連の取組みで特筆すべきものは，非植民地化と国際的な人権保障制度である。第一次世界大戦後に発足した国際連盟の委任統治制度は，英仏など旧宗主国の植民地支配を事実上存続させるものであった。国際連合は，憲章第12章に基づき，委任統治制度に替わる国際信託統治制度を設けた。国連の主要な機関の一つとして設置された信託統治理事会の監督の下で，連盟下の委任統治地域の他，第二次世界大戦の敗戦国から分離された地域，および施政国によって自主的に同制度の下に置かれた地域について，政治的，経済的，および社会的進歩，ならびに自治または自決に向けた発達を促した。なお，1994年のパラオの独立により，信託統治理事会はその歴史的任務を終了した。

　前述したように，国連憲章は，その目的の一つとして，人権及び基本的自由の尊重のための国際協力を謳っているが，これは，連盟期にナチス・ドイツによるユダヤ人虐殺をはじめとする深刻な人権侵害を経験した反省を踏まえている。この目的を達成するために1948年に世界人権宣言が採択された。その後，同宣言を採択した国連人権委員会は，法的拘束力のある人権条約の起草に取りかかり，1966年に社会権規約と自由権規約の二つからなる国際人権規約を採択した。

　そのほかにも，国連は，人種差別撤廃条約（1965年），女子差別撤廃条約（1979年），児童の権利条約（1989年）など，個別の人権条約の作成に成功している。これらの条約は，締約国から定期的に自国の人権状況に関する報告の提出を義務づけ，また該当する人権侵害に関して個人からの請求を受理する手続を用意している。また2006年に設置された国連人権理事会は，人権の緊急事態への対処，人権侵害防止のためのガイダンスの提供，人権遵守の監視などを行い，国家や国際機関だけでなく，各国の人権機関や NGO が人権に関する関心事項について発言できる場を提供している。

3　国連による国際法の形成と発展

　国際法は，国家による合意と行動により生み出される。しかしながら，現代国際社会では，国際法の形成と発展において，国際機関，とりわけ国連の役割は極めて大きい。

（1）総会

　国連の全加盟国が参加する総会は，「この（国連）憲章の範囲内にある問題若しくは事項又はこの憲章に規定する機関の権限及び任務に関する問題若しくは事項を討議」（第10条）することができる。加盟国は一国一票の投票権をもち，重要問題に関して出席しかつ投票する構成国の3分の2の多数によって，それ以外のものは過半数によって総会の意思を決定する（第11条）。このように決定された国連総会決議は，加盟国を法的に拘束しないが，前述したように，国際法の強化・発展に重要な役割を果たしている。

　また，憲章第13条1項の「国際法の漸進的発達及び法典化を奨励する」という文言に基づき総会が1947年に設置した国際法委員会は，これまでに条約法，外交関係，海洋法，国際刑事裁判所など，現代国際法にとって重要な条約草案を作成し，国連総会での条約採択に貢献してきた。近年では，条約草案の起草だけでなく，様々な研究グループを立ち上げ，国際法の解釈や適用に資するガイドラインの作成にも従事している。

表 4-1　国連（専門機関を含む）で採択された主な国際条約

	条約名（略称）	関連機関	条約採択年	条約発効年	締約国数
条約	条約法に関するウィーン条約	ILC	1969	1980	116
	国と国際機関との間又は国際機関相互の間の条約についての法に関するウィーン条約	ILC	1986	未発効	(44)
国家	外交関係に関するウィーン条約	ILC	1961	1964	193
	領事関係に関するウィーン条約	ILC	1963	1967	180
人権	経済的，社会的及び文化的権利に関する国際規約（社会権規約）	人権委員会	1966	1976	171
	市民的及び政治的権利に関する国際規約（自由権規約）	人権委員会	1966	1976	173
	市民的及び政治的権利に関する国際規約の選択議定書（第1選択議定書）	人権委員会	1966	1976	116
	市民的及び政治的権利に関する国際規約の第2選択議定書（死刑撤廃条約）	人権委員会	1989	1991	88
	難民の地位に関する条約（難民条約）	総会	1951	1954	146
空間	海洋法に関する国際連合条約（国連海洋法条約）	総会	1982	1994	168
	月その他の天体を含む宇宙空間の探査及び利用における国家活動を律する原則に関する条約（宇宙条約）	総会	1966	1967	110
	月その他の天体における国家活動を律する協定（月協定）	総会	1979	1984	18
環境	世界の文化遺産及び自然遺産の保護に関する条約（世界遺産条約）	UNESCO	1972	1975	193
	気候変動に関する国際連合枠組条約（気候変動条約）	総会	1992	1994	197
	パリ協定	総会	2015	2016	189
	生物の多様性に関する条約	UNEP	1992	1993	196
	生物の多様性に関する条約のバイオセーフティに関するカルタヘナ議定書（カルタヘナ議定書）	UNEP	2000	2003	173
	生物の多様性に関する条約の遺伝資源の取得の機会及びその利用から生ずる利益の公正かつ衡平な配分に関する名古屋議定書（名古屋議定書）	UNEP	2010	2014	128
	水銀に関する水俣条約	UNEP	2013	2017	124
犯罪	集団殺害罪の防止および処罰に関する条約（ジェノサイド条約）	総会	1948	1951	153
	国際刑事裁判所に関するローマ規程（ローマ規程）	ILC	1998	2002	123
軍縮	核兵器の不拡散に関する条約（NPT）	総会	1968	1970	192
	包括的核実験禁止条約（CTBT）	総会	1996	未発効	(168)
	核兵器の禁止に関する条約	総会	2017	2021	50
	対人地雷の使用，貯蔵，生産及び移譲の禁止並びに廃棄に関する条約（対人地雷禁止条約）	総会	1997	1999	164

注：締約国数は2020年10月25日時点（EUを含む）。

　実際に，総会はこれまで多くの重要な条約を採択してきた（表4‐1参照）。
その中で，近年注目されるのが，NGO との協働である。19世紀にも国際赤十
字委員会が武力紛争法に関する条約起草に大きく貢献したが，基本的には，条
約は主権国家の関心と交渉により形成されてきた。20世紀に入り，とりわけ国
連の時代になると，人権，環境，軍縮といった各分野に高い知識と関心をもつ
国際 NGO が積極的に活動するようになり，彼らは加盟国や総会に訴えかけて
必要な多数国間条約の国際交渉の機会や条約草案を提案し，その結果，多くの
国際条約作成に貢献してきた。ただし，上記の国際法委員会と同様に，これら
非国家アクターは，必要な条約の存在やその内容の提案を行うことはできても，
最終的な条約の作成（採択）は，あくまでも主権国家の役割であり，条約が国
家間の合意であることは変わりない。

（2）安全保障理事会

　安全保障理事会（以下，安保理）は，「国際の平和及び安全の維持に関する主
要な責任」（憲章第24条1項）を負う機関であり，15（国連発足時は11）の国連加
盟国によって構成される。このうち，中国（憲章では中華民国），フランス，ロ
シア（憲章ではソ連），英国および米国の5カ国は，常任理事国の地位にある。
残る10（国連発足時は6）の理事国は，選挙により2年の任期（再選禁止）で選
出される。安保理の決定は，9理事国の賛成投票によって議決されるが，この
うち，手続事項以外の事項については，すべての常任理事国の同意が必要であ
る。このいわゆる「五大国の拒否権」は，国際連盟における大国の分裂の反省
を踏まえて導入されたものであるが，安保理が機能的かつ実効的に行動する妨
げになってきたことも事実である。なお，国連の慣行により，常任理事国の投
票の棄権は，不同意とはみなされない。

　武力行使禁止原則に違反するなど，平和に対する脅威，平和の破壊または侵
略行為が発生した場合，安保理は，憲章第7章に基づく集団安全保障体制を発
動することができる。特に勧告（第39条）や暫定措置（第40条）では解決できな
い場合，安保理は，加盟国を法的に拘束する強制措置を決定することができる。
強制措置は，非軍事的措置（第41条）と軍事的措置（第42条）に分類され，前者

は，「経済関係及び鉄道，航海，航空，郵便，電信，無線通信その他の運輸通信の手段の全部又は一部の中断並びに外交関係の断絶を含むことができる」（第41条）。非軍事的措置では不十分である場合，安保理は，「国際の平和及び安全の維持又は回復に必要な空軍，海軍または陸軍の行動をとることができる」（第42条）。この軍事的強制措置を発動するために，安保理は，加盟国との間で第43条に基づく特別協定を締結する必要がある。しかし，国連発足から今日に至るまで，この特別協定が締結されたことはなく，いわゆる「国連軍」は一度も結成されてはいない。1990年にイラクがクウェートを侵攻することによって始まった湾岸危機に対して，安保理は，クウェートを救済するためおよびこの地域における国際の平和と安全を回復するために，加盟国に武力行使を含めた「全ての必要な手段を用いることを許可」（安保理決議678）した。この「武力行使容認決議」については，当初批判も多かったが，その後の安保理決議でも頻繁に援用され，今日では安保理が発動できる一つの軍事的措置として承認されている。

　そのほかにも，国連は，紛争地域の平和の維持を図る手段として，平和維持活動（PKO）を行っている。この活動は，国連発足と同時に顕在化した東西冷戦構造に伴う安保理の機能不全の代替として1948年以降，実際の慣行を通じて行われてきた。したがって，この活動は国連憲章に根拠規定をもたないが，国連加盟国の支持と国際司法裁判所の勧告的意見（ある種の経費事件）などにより，今日では，国連の重要な活動として評価されている。当初は，紛争当事者の間に立ち，停戦や軍の撤退の監視等を行ったり，交渉を促したりすることにより紛争解決を支援する活動（Peace-Keeping）だったが，冷戦終結後，紛争の形態も内戦や民族闘争など複雑化してきたため，PKOの任務も戦闘員の武装解除や社会復帰，公正な選挙の監視，人権や法の支配等に関する行政支援といった平和構築（Peace-Building）の活動が加えられている。

（3）国際司法裁判所

　国際司法裁判所は，国際連盟期の常設国際司法裁判所を引き継ぐ形で，オランダのハーグ（平和宮）に設置されている。総会および安保理によって選出さ

れた15名の裁判官によって，国家間の紛争を国際法に基づいて解決すること，および国連機関からの国際法に関する諸問に対して勧告的意見を与えることを任務とする。国際司法裁判所は一審制で，その判決は多くの国内裁判所と同様に紛争当事国に対して法的拘束力をもつ（勧告的意見には法的拘束力はない）。ただし，裁判所は強制管轄権をもたず，訴訟を提起し，審理を開始するためには，紛争当事国双方の同意が必要である。

表4-2は，国際司法裁判所による重要な判決および勧告的意見である。

なお，国際社会には，国際司法裁判所以外にも，様々な裁判所が存在する。国連海洋法条約に基づく国際海洋法裁判所，通商・貿易問題について，事実上裁判と同様の決定を下すことができる世界貿易機関（WTO）紛争解決機関の小委員会と上級委員会，個人の戦争犯罪について国際法に基づいて審理する国際刑事裁判所，欧州諸国の人権問題を審理する欧州人権裁判所などが代表的である。また紛争当事国が合意すれば，事件ごとに仲裁裁判所を設置することも可能である。

（4）経済社会理事会

経済社会理事会の任務は，憲章第10章に基づき，経済，社会および人権の分野における国連の諸事業を策定し，重要な国際経済問題に関する各国の政策の調和を図ること，ならびに国連の専門機関の諸事業の調整に当たることである。経済社会理事会は，54カ国の国連加盟国によって構成され，3年の任期で選出される。経済社会理事会は，国連および専門機関ならびにNGOを含むその他のステイクホルダーと経済社会活動を調整する任務を担い，同理事会の下には，麻薬委員会，女性の地位委員会，持続可能な開発委員会などの機能委員会が設置されている。

経済社会理事会の活動の中で重要なものとして，NGOとの調整がある。NGOは，国連と市民社会とを結びつける貴重な存在であり，人権，環境，安全保障といった諸分野で高度な専門知識を有する団体も多数存在する。経済社会理事会は，その権限内にある問題に関係するNGOと協議することができる。NGOは三つのカテゴリーに分類され，一般カテゴリーのNGOは，経済社会

表4-2　国際司法裁判所の主要な判決・勧告的意見

	事件名	当事国/諮問機関	年	概要
訴訟事件	北海大陸棚事件	西ドイツvs.デンマーク 西ドイツvs.オランダ	1969	慣習国際法の成立要件は国家慣行と法的信念であることを確認。大陸棚条約の境界画定原則は慣習法ではない。
	核実験事件	オーストラリアvs.フランス ニュージーランドvs.フランス	1974	フランスの大気圏核実験中止宣言はフランスを法的に拘束する。原告の請求目的は消滅したため、訴訟は受理不可能。
	ニカラグア事件	ニカラグアvs.米国	1986	武力行使禁止原則は慣習国際法。集団的自衛権行使には、被攻撃国からの要請が必要。
	ラグラン事件	ドイツvs.米国	2001	領事官と国民の間の通信権を定める領事関係条約第36条1項は個人の権利でもある。裁判所の仮保全措置命令は法的拘束力をもつ。
	訴追か引渡かの義務事件	ベルギーvs.セネガル	2009	拷問禁止条約の諸規定は、当事国間の対世的義務（国際社会全体に対する義務）。セネガルは被疑者を引き渡さない限り訴追手続を開始しなければならない。
	南極捕鯨事件	オーストラリアvs.日本	2014	日本の捕鯨許可は、国際捕鯨取締条約第8条1項の「科学的研究を目的とする」ものではなく、国際捕鯨取締条約附表に規定する義務に違反。
勧告的意見	国連職員が被った損害賠償事件	国連総会	1949	国連は、その任務遂行中に被った損害を国連非加盟国である加害国（イスラエル）に請求する資格を有する。
	ある種の経費事件	国連総会	1962	国連憲章に明記のないPKO活動に関連する経費は、国連の目的達成のために必要な経費であり、憲章第17条2項の「この機構の経費」に該当する。
	ナミビア事件	安全保障理事会	1971	ナミビアの委任統治を認めた南アへの委任状は、総会決議及び安保理決議によって無効。南アのナミビアへの支配の継続は国際法違反。
	核兵器使用合法性事件	国連総会	1996	威嚇を含めた核兵器の使用は、一般的に国際法違反。ただし、自衛の極限状況においては判断できない。
	パレスティナの壁事件	国連総会	2004	イスラエルのパレスティナ地域での壁設置は国際人権法および国際人道法違反。人民の自決権は対世的権利。
	コソボ独立宣言の合法性事件	国連総会	2010	国際法は一方的な独立宣言を禁止していない。安保理決議1244はコソボの最終的な地位を定めたものではない。

理事会のほとんどの活動に関与する。特別カテゴリーの NGO は，経済社会理事会の特定の活動分野に特別の能力を有する。その他は，ロスター（登録簿）に載せられ，経済社会理事会の必要に応じて随時貢献する。これらの NGO は，経済社会理事会とその補助機関の会合にオブザーバーを派遣し，経済社会理事会の作業に関連する事項について書面による声明を提出することができる。

（5）専門機関・補助機関

　これらの主要機関のほかに，国連は多くの専門機関と補助機関によって「国連ファミリー」を形成している。専門機関は，経済・社会・文化・教育・保健その他の分野で国際協力を推進するために設立された国際機関であり，憲章第57条および第63条に基づいて国連との間に連携協定を締結している。現在15の専門機関が存在しているが，その中には万国郵便連合（UPU）や国際労働機関（ILO）のように国連よりも先に設置された機関もある。国家は，国連の加盟とは別に専門機関に加盟している。したがって，パレスティナのように国連非加盟国が専門機関に加盟することもある。逆に米国は，国連加盟国の立場を維持しつつ，国連教育科学文化機関（UNESCO）を脱退した（2018年）。

　そのほかに，国連は，総会や経済社会理事会の下に目的や任務に応じて補助機関を設置する。国連総会の下には，国連児童基金（UNICEF），国連開発計画（UNDP），国連環境計画（UNEP），国連難民高等弁務官事務所（UNHCR），国連人権高等弁務官事務所（OHCHR）などが設置されている。

お わ り に

　21世紀に入り，国際社会のグローバル化はいっそう進展し，国際問題も，ますます多様化，複雑化してきている。その中で，国家間の合意を基軸とする国際法は，どのような役割を果たしうるのだろうか。

　現代の国際社会が抱える様々な問題は，そのほとんどすべてが国際法の問題でもある。気候変動をはじめとする地球環境問題については，パリ協定などの多数国間環境協定が数多く採択されている。LGBT，職場でのパワーハラスメ

ント，ヘイトスピーチなど，最近の人権問題についてもすでに関連の国際機関で対応が検討されている。さらに深海底や宇宙活動など人類の活動範囲の拡大に伴い，新しい国際法の形成も議論していかなければならない。そのほかにも，科学技術の発展に伴い，サイバーテロをはじめとする仮想空間の法整備，ロボットや人工知能（artificial intelligence：AI）による兵器の規制も今後検討していかなければならない課題である。

　国際関係学を学ぶに当たって最初になすべき重要な作業は，既存の国際規範の現状について把握しておくことである。例えば，レジ袋有料化やファーストフード店でのプラスチック容器廃止は，海洋プラスチックごみ問題の国際的な関心の高まりによって急速に市民生活のテーマとして動き出したが，この問題について2018年にG7で採択された「海洋プラスチック憲章」の内容と法的拘束力はどのようなものだろうか？　また，2019年末から世界中に拡大した新型コロナウィルス感染症に関して，世界保健機関（WHO）が採択した国際保健規則（IHR2005）は，加盟国にどのような国際協力を法的義務として課しているのだろうか？　これらのテーマについて検討するには，原文（現在は国際文書のほとんどが英語）を入手し，丁寧に内容を検討し，必要に応じてその起草過程を調査し，その意味と課題を検討する作業が不可欠であるが，その際に必要になるのが国際法の知識である。

　ここで，私たち市民と国際法の関係について改めて見直しておきたい。「はじめに」で国際法は私たち市民にとって縁遠い存在であると述べた。しかしながら，これはあくまでも多くの人が感じている印象であり，実際には国際法は，私たちの身近に存在し，私たちの生活に影響を与えている。例えば，日本だけでなく多くの国では，食料品を外国からの輸入に頼っている。これらの産品の多くには関税がかけられているが，これは各国が締結している関税協定によるものであり，これまでWTOの中でこの問題を処理してきた。ところが，多くの諸国が貿易や投資の自由化・円滑化を進める経済連携協定（EPA）や自由貿易協定（FTA）を締結している。また，外国旅行や留学などの際に必ず準備しなければならないパスポート（旅券）やビザ（査証）も，国際条約によって規律されている。グローバル化はたしかに国境を低くしたが，それでもヒト

（難民やテロリストを含む）やモノ（情報や著作権などの権利を含む）の越境は完全に自由ではない。

　ここで，改めて「社会あるところに法あり」を考えてみよう。「はじめに」で登場した「法」を意味する *jus* が，正義（justice）の語源であることはいうまでもない。この justice という言葉は，「司法＝法を司る」という意味でもある（国際司法裁判所の英語名は International Court of Justice である）。つまり，法の最大の存在意義は，正義の実現にある。問題は，誰がどのように正義を実現するかである。

　19世紀までの国際法は，主権国家が創り，護り，違反があっても主権国家が自らの自力救済により対応してきた。20世紀に入り，新たに国連をはじめとする国際機関が国際法の形成と発展に大きく寄与してきた。21世紀に入っても，これらの構造は基本的には変わらない。ただし，国際社会が多様化し，グローバル化が進展する現代において，世界で生じている様々な出来事は，市民の生活や安全によりいっそう大きな影響を与える時代になっている。したがって，私たちは，国際法を知り，その是非を考え，新しい規範や既存の規範の改廃の必要性について，母国や居住する国に発信していく姿勢がますます重要になっている。たしかに国際法の担い手は国家であるが，その国家の担い手は民主主義の下では私たち市民であり，その意味で国際法と私たちは，正義の実現という目的で強くつながっていることを忘れてはならない。

参考文献

薬師寺公夫ほか編『ベーシック条約集』東信堂，毎年刊行。
　＊国際法を学ぶ上で必要な条約だけでなく，重要な国連総会や安保理決議なども掲載する。これ以外にも複数の出版社（有斐閣，三省堂など）が出版しているので，いずれか1冊を手元に置いておくことを勧める。
大沼保昭『国際法』ちくま新書，2018年。
　＊新書で唯一の国際法のテキスト。これを読んだ上で，本格的な教科書や体系書を読むことを勧める。
山形英郎編『国際法入門——逆から学ぶ（第2版）』法律文化社，2018年。
　＊一般的な国際法の講義内容を各論から始めて総論で終えるという手法をとる。このテキストは，最初に安全保障や紛争解決などの具体例から学べるので，法学部以外の学生にとっても

学びやすい。

明石康『国際連合――軌跡と展望』岩波新書，2006年。

＊元国連事務次長の筆者が，国連の歴史と課題について，わかりやすく解説した入門書。

公益財団法人日本国際連合協会『新わかりやすい国連の活動と世界』三修社，2019年。

＊国連の基本情報と活動内容，関連機関の情報について日本語と英語で併記したガイドブック。持続可能な開発目標（SDGs）やNGOとの関係など，最新の動向についても紹介している。

考えてみよう！

① 「国際法は本当に法か？」と問われることがある。その答えについて，国内法と国際法の相違点に留意しながら考えてみよう。

② 国際連合が「平和と安全」「協力開発」「基本的人権の尊重」といった分野で果たしている役割と課題について，具体的な活動例を挙げながら考えてみよう。

第5章
デモクラシーのジレンマ

川村仁子

本章のねらい
・デモクラシーとは何かについて考える。
・国境を越えたデモクラシーの課題と可能性について考える。
・ポピュリズムと呼ばれる現象がなぜ現れるのかについて考える。

キーワード
▶デモクラシー，一般意志，人権の尊重，グローバル市民社会，ポピュリズム

は じ め に

　皆さんはこれまで，デモクラシーという言葉を何度も耳にしてきたことだろう。では，デモクラシーとは何かと問われた時，どのように答えるだろうか。デモクラシーの定義は多様である。中でもデモクラシーの本質を簡潔に表しているものとしておそらく馴染みがあるのは，アメリカの第16代大統領エイブラハム・リンカーンの「人民の人民による人民のための統治」という言葉ではないだろうか。しかし，ここでまた疑問が湧きはしないだろうか。「人民」とは誰なのか，いったい誰の誰による誰のための統治なのかと。

　今やデモクラシーは，国際的に認められた共通の価値の一つであるといえる。国連をはじめとする国際組織やその関連プロジェクトにおいて，各国の民主化政策が実施されている。また，民主化を求める人々を弾圧するような政府に対しては国際的な批判が集まる。そして，デモクラシーは国内にとどまらず，国

境を越えたレベルにおいても模索されつつある。他方で，ポピュリズムの台頭などに見られるようにデモクラシーの機能不全が認識され，その再検討が求められてもいる。

　この章では，まず，ながらくあまり良い政治体制（政体）ではないと考えられてきたデモクラシーが，今日のような評価を得た歴史的な経緯を追いながら，デモクラシーとは何かについて考える。次に，デモクラシーが国際的な共通の価値と認識されている現状と，国境を越えたレベルでのデモクラシーの新たな試みについて検討する。最後に，デモクラシーと近年注目されているポピュリズムがどのような関係にあるのかについて考察することで，デモクラシーの課題と可能性について考えていきたい。

1　デモクラシーの勝利

（1）民衆による支配への不信感

　政治の本質は統治であり，デモクラシーは政治体制の一つである。デモクラシーの語源はデモクラティアであり，古代ギリシア語で「人々・民衆（デモス）」による「支配・権力（クラトス）」を意味した。例えば古代アテナイのデモクラシーは現代とは異なり，武装能力のある健康な男性のようなごく限られた「市民」が直接参加する民会を中心とした政治体制であった。当初，このデモクラシー（民衆による支配）のイメージは，決して良いものとはいえなかった。

　古代ギリシアのアリストテレスは『政治学』の中で，国家（政治共同体としての都市国家ポリス）の政体を六つに分類している。まず，共通の利益のための①一人による支配である「王制」，②少数者による支配（あるいは富者による支配）である「貴族制」，③多数による支配（あるいは貧者による支配）である「国制（ポリテイア）」の三つ。そして，私利私欲のための④一人による支配としての「僭主制」，⑤少数者による支配としての「寡頭制」，⑥多数による支配としての「デモクラシー」の三つに分類した。

　つまり，アリストテレスにとってデモクラシーとは私利私欲のための多数による支配を意味した（表5-1）。ただしアリストテレスは，④，⑤，⑥の中で

表5-1　アリストテレスの六つの政体論

	共通の利益のため	私利私欲のため
一人による支配	① 王制	④ 僭主制
少数者による支配（あるいは富者による支配）	② 貴族制	⑤ 寡頭制
多数による支配（あるいは貧者による支配）	③ 国制（ポリテイア）	⑥ デモクラシー

出所：アリストテレス，1961年，138-140頁より。

一番我慢ができる政体がデモクラシーであると分析していた。なぜなら，例え私利私欲のためであっても，より多くの人々が利益を受け，また，人々が寄り集まることで④，⑤よりは優れた決定ができると考えたからである。そして，アリストテレスが最も理想的としたのが，②と③を混合した政体であった。

　多数による支配としてのデモクラシーへの不信感は，18世紀以降も続く。例えば，イマニュエル・カントは『永遠平和のために』の中で，デモクラシーは言葉の本来の意味で必然的に専制的な体制であり，専制的な体制においては，公的な意志は私的な意志として行使されると論じた。彼は人々の意見を政治に反映させることの重要性を認識しつつも，代議制をとらない多数による支配は逸脱した統治の形態であると考えていた。これは，権力の担い手が誰であるかということよりも，どうすれば権力を自らの私利私欲のためでなく社会の安定のため，すなわち，共通の利益のために用いることができるかということを政治の重要課題と捉えていたからである。

　絶対的な権力は，たとえ民衆の手にあっても，民主的議会の多数派のうちにあっても，少数の政治集団にあっても，一人の王の手にあっても，人々に脅威をもたらし，共通の利益を害するものであることに変わりはない。中でも，デモクラシーは多数派が少数派を無視する数による専制に陥りやすいと考えられ，不信感をもたれてきた。そのようなことを防ぐため，人々は自らの利益よりも共通の利益のことを考えた判断ができる「代表者」を選び，その「代表者」が統治を行うという，代議制が必要であるとされた。また，「人」ではなく「法」によって権力を拘束する「法の支配」という考え方が導かれる。これらは，現在のデモクラシーにも引き継がれている。

（2）市民革命と一般意志

　デモクラシーへの不信感に変化が現れはじめたのは，市民革命以降である。市民革命以前から，『統治二論』を書いたジョン・ロックをはじめとする思想家たちによってリベラリズムが説かれた。リベラリズムは，人は生まれながらにして理性的であり，自由に自己決定できる存在であると捉える。また，人は他者の自由を侵害しない限りにおいて自由である。だからこそ，人々の自由や権利を保障する場合を除いて，国家やその他の権力は人々の生活や経済活動に介入すべきでないと考える。

　リベラリズムに基づくと，国家は個人の自由と権利を保障するものとして存在し，国家の権力は憲法によって制約される。そして，政府が人々の生命・財産を奪うような場合は，政府を変更できるという抵抗権の理論が導かれるのである。このような思想に支えられ，アメリカやフランスでは市民革命が起こった。市民革命後，これまで国王が預かってきた「主権」の担い手として，「人民（People）」が登場する。主権とは，国家が対外的には他の権力から独立した存在であるという権限であり，対内的には至高かつ排他的な権限を意味する。

　ルソーは『社会契約論』の中で，人々は「一般意志」の形成に積極的に参加する限りにおいて主権者であると説いた。一般意志とは，人民全体の意志である。人民とは一つの精神的で集合的な団体をいう。一般意志は，個々の人々の私的な利益（特殊意志）の総和とは区別される。また，一般意志は共通の利益の実現を目指すがゆえに，常に正しく，誤ることがないと考えられた。したがって，法も政府も一般意志に基づく限りにおいて正統性をもつとみなされた。もしも自分の意志が一般意志とは異なる場合は，人民の一般意志を認め，それに従うことになる。そして，ナショナリズムの下での国民国家の形成以降，一般意志は人々の集合ではなく一つの団体である「国民（Nation）」の意志として捉えられるようになる（第3章参照）。

　このように，市民革命期を経てリベラリズムと結びついたデモクラシーに対して統治の正統性が与えられるようになっていった。特に，アレクシス・ド・トクヴィルが『アメリカのデモクラシー』の中で，デモクラシーに基づくアメリカの議会制に対して高い期待を示してからは，デモクラシーへの評価はさら

に高まった。しかし，トクヴィルは同時にデモクラシーが多数による専制に陥りやすい危険性も指摘した。ルソーも認めているように，人民全体の意志とされる一般意志であるが，実際には多数者の意志であり，他の意志をもつ人々を拘束する。それゆえ，デモクラシーが統治の正統性の根拠とみなされるようになってからも，デモクラシーが多数による専制に陥ることへの不信感が完全に拭い去られたわけではなかったのである。

　例えば，アメリカ合衆国憲法案の批准を促すために書かれた『ザ・フェデラリスト』でも，「デモクラシーとは全市民がみずから集会し，統治することであり，この政治制度では感情や利益を同じくする人々によって統治が行なわれる。共通の感情や利害関係は派閥を生み，多数による専制と少数派の切捨てへと転化する危険性がある。このことが社会に混乱を生じさせる」（ハミルトン／ジェイ／マディソン，1999年，60-61頁）として，デモクラシーへの危惧が示されている。

2　国境を越えるデモクラシー

（1）グローバルな共通の価値としてのデモクラシー

　市民革命以降，憲法の制定による法の支配や代議制の確立，選挙や政治に参加できる人々の拡大など，人々は常にデモクラシーの実現のために奮闘してきた。そして現在，デモクラシーはヨーロッパだけではなく，世界各国において様々な形で現れている。さらに第二次大戦後は，戦争の主要な原因の一つであったファシズムへの反省から，デモクラシーが国際的な共通の価値の一つとして認識されていく。

　まず，1949年の欧州評議会規程の前文では，デモクラシーが人々の共通遺産である個人的・政治的自由と，法の支配の源であるとして，ヨーロッパ諸国の共通の価値であることが確認された。1981年には人および人民の権利に関するアフリカ憲章（バンジュール憲章）第13条および第14条において，人々が法に従って直接的あるいは選挙によって選ばれた代表者を通じて自由に政治に参加する権利を有していることが認められた。

　1997年の列国議会同盟世界デモクラシー宣言では，デモクラシーとは「本質的に，個人の尊厳と権利を保護し，促進し，社会正義を達成し，社会の経済的かつ社会的開発を助長」することを目的としていること，そして，「多数の意見を正当に尊重して，政体の利益において，自由，平等，透明性および責任の条件に基づき行使される基本的な市民の権利」すなわち，人権の尊重と切り離すことはできないことが確認された。

　2000年に189カ国の国連加盟国が参加した総会において採択された国連ミレニアム宣言にも，「我々は，デモクラシーを推進し法の支配ならびに発展の権利を含む，国際的に認められた全ての人権および基本的自由の尊重を強化するため，いかなる努力も惜しまない」という文言がある。加えて，同宣言の中では，デモクラシーやマイノリティの権利の尊重の実施を求めること，すべての市民の参加を可能にする包括的な政治の実現を目指すこと，そのためにメディアが本質的な役割を果たす自由およびそれにアクセスする自由の確保などが確認されている。このように，デモクラシーは人権の尊重のための必要条件であるという国際的な共通の認識が生まれている。

　とりわけ，1960年代以降に旧植民地諸国が独立し，国際社会へ本格的に参加しはじめたことで，国連を中心に人権と開発とを関連づけた民主化政策が押し進められた。その理由は，開発途上国の人々の政治への積極的な参加が，開発と開発によって得られる利益の公平な配分に関係すると考えられたからである。例えば，1965年には，開発途上の国々がその開発目標を達成できるように，貧困の削減，民主化，危機の防止および危機からの復興の支援，環境保護などを支援するため国連開発計画（UNDP）が設立された。1969年には社会進歩と開発に関する宣言が国連総会で採択され，社会開発政策の共通の基礎として採るべき原則や目的および方法が定められたことで，経済開発だけではなく，社会開発，すなわち，人々の福祉と安寧のための人々の参加による社会構造の変革が重視されるようになる。

　1970年代に入ると，新国際経済秩序（NIEO）と呼ばれる途上国との公正な貿易の確立を目指す動きが興った。その後 NIEO 自体は途上国の累積債務問題や，冷戦の終結により下火になる。しかし，国際組織において加盟国の多数

決による決定に基づいて国際法秩序を再構成することや，それまで閉鎖的なクラブ方式を採っていた国際組織の理事会を新興国家にも開放することにつながった。

　また同時期，エネルギー問題や環境問題といった先進国と途上国双方が関わる国際的な問題への関心も高まった。開発は人間としての満足度を高めるためのものであることが確認され，だからこそ開発は地域的，文化的，経済的，社会的な諸要素を含む総合的な概念であると捉えられるようになった。それゆえ，それら総合的なアプローチからの開発の分析および立案が求められるようになる。1993年のウィーン宣言および行動計画第8項では「デモクラシー，開発，ならびに人権および基本的自由は，相互に依存し補完し合うものである」とされ，1995年の社会開発に関するコペンハーゲン宣言では，社会開発の実現にはデモクラシーの確立と自由および基本的な権利の尊重が不可欠であることが確認された（第6章参照）。

　ただし，国境を越えた共通の価値としてのデモクラシーとは，一定の決まったモデルに結びつけられるものではなく，文化的に多様であると捉えられている。そのことは，1993年の国連世界人権会議で当時の国連事務総長ブトロス・ブトロス＝ガリが，デモクラシーは「人権が最も良く保護され得る政治的枠組み」であり，「何者にも属さず，かつ，あらゆる文化により同化される。デモクラシーは人々の現実により良く組み込まれるように，複数の形式で具現され得る。それは我々の政治遺産である」，と演説したことからもうかがえる。

　現在，真っ向からデモクラシーを否定している国はほとんど存在しない。ロシアも制度としては直接選挙制をとり，中国ではデモクラシーの代わりに「人民民主」という言葉が使われている。とはいえ，デモクラシーの目的は人権の尊重であるため，それを否定するような場合は，たとえ「デモクラシー」と銘打っていても国際的な批判の対象となる。また，制度としてはデモクラシーを採用していてもその実態としてはいずれの国もそれぞれ課題を抱えている。

（2）グローバル市民社会とコスモポリタン・デモクラシー

　各国がそれぞれの国内でデモクラシーの課題に取り組む一方で，国境を越え

たガバナンスに関わる決定に対して，人々がより積極的に参加することへの要求も高まっている。一つは，国連をはじめとする政府間の国際組織の決定の民主化である。政府間の国際組織の決定は通常，国家の代表による投票によって行われる。1970年代以降，加盟国の多数決による決定や加盟国の理事会への公平な参加など，加盟国間の平等が制度的には実現されてきた。また，国際組織の代表制度の見直しや，決議のための議論において NGOs などをオブザーバーとして参加させるという方法も模索されてきた。

　例えば，国連の経済社会理事会（ECOSOC）は，その権限内にある事項に関係のある民間団体（NGOs など）と協議するために適当な取り決めを行うことができ（国連憲章第71条），他の国際組織や NGOs などがオブザーバーとして ECOSOC の会議に参加することができる。また，第一次大戦後に設立され今は国連の専門機関の一つである国際労働機関（ILO）のように，政府代表のほかに，使用者代表と労働者代表を正式な構成員（投票権もある）としている国際組織も存在する。

　しかし，ILO のような政府間の国際組織はほとんど存在しないことから，今も政府代表による決定という間接的なデモクラシーを基盤とする国家間政治や，国際組織内の決定プロセスにおいて，デモクラシーの欠如を意味する，いわゆる「デモクラシーの赤字」が問題とされている。また，国内でもその実現が困難であるのに国際組織の決定においてデモクラシーを実現することは至難の業であるというロバート・ダールらの主張もある。

　例えば，2004年に調印された EU 憲法条約が結局失敗した原因の一つとして，制度が民主的に機能していないことや政策決定過程が民主的でないこと，民主的アカウンタビリティの欠如など，EU の「デモクラシーの赤字」の問題が指摘されていた。それを受け EU は以下のような大規模な民主化改革に着手するに至った。一つは EU 市民や NGOs，職業組合などが EU の活動分野の政策決定過程に直接参加できる方法の創設である。二つ目は，EU 市民および EU 内の法人の EU 議会への請願権や発議権の承認である。三つ目は，EU 法を制定する際に加盟国の議会から意見を聴聞する制度の設置である。四つ目は EU 議会の権限強化である。そして五つ目として，EU 法の制定に EU 議会

が参加しない場合，他の形でその法の制定への市民の参加を確保しなければならないという規定を設けた。さらに EU は，EU 基本条約第 2 条で定める「人間の尊厳，自由，デモクラシー，平等，法の支配，マイノリティの権利を含む人権の尊重」に反する国家に対して制裁を課すことを定めている。この EU の規定は EU 加盟国だけでなく，EU の被援助国など，EU と関係を結ぶ国家に対しても適応されるため，デモクラシーが加盟国以外の国家にも共通の価値として広まるきっかけにもなっている。

　もう一つの動きは，コスモポリタン・デモクラシーへの挑戦である。コスモポリタン・デモクラシーとは，すべての人々が一つの共同体に属する市民（コスモポリタン）として世界の諸問題に関心を寄せ，意見を述べ，影響力をもつことを可能にする政治的組織のモデルであり，ダニエル・アーキブージやデヴィッド・ヘルド，リチャード・フォークらを中心にその必要性が主張されている。コスモポリタン・デモクラシーでは，国内の国民や市民概念とは異なり，すべての人々が同じ共同体の構成員としての市民であり，市民と非市民の区別は存在しない。これは，デモクラシーを政治体制とする国家が次第に多くなっていることや，グローバル化の進展によって国境を越えた人々の相互依存性が高まっているという事実に基づいている。

　さらに，今や国境を越えた個人や企業，NGOs，専門家集団などの，いわゆる非国家主体（non-state actors）の活動のすべてを，国内法や国際法および政府間の国際組織による既存のガバナンスの枠組みによって規制・管理することには限界がある。そのため，トランスナショナル・ガバナンスと呼ばれる，民間の組織や制度が中心となって国境を越えた民間の活動を管理・規制するためのガバナンスが出現している。もはや国境を越えた課題に対して政府代表のみが人々の利益を代表できるとはいえず，それゆえに，コスモポリタン・デモクラシーの実現がすぐにでも必要であるとされる。

　また，アントニオ・ネグリとマイケル・ハートは彼らの著書『帝国』において，「マルチチュード（multitude）」の可能性を模索する。マルチチュードとは，〈帝国（empire）〉に対抗する存在である。〈帝国〉とは，グローバル化が進展する中で，国民国家の主権ではなく，単一の支配理論の下に統合された超国家

的組織体であり，脱中心的で脱領土的な支配装置となって常にグローバルな領域全体を取り込んでいるグローバル主権である。具体的にはグローバルな資本主義体制を指す。本来マルチチュードとは「多数」や「群衆」，「大衆」を意味する。ネグリとハートはこれを，多様性と差異性を含む国境を越えた人々のネットワークによって形成される国境を越えたデモクラシーの担い手として，画一的な〈帝国〉に抗うものと捉える。そして，マルチチュードに現在の世界秩序を変革する希望を見出している。

　このようなコスモポリタン・デモクラシーの担い手やマルチチュードとしての可能性を有しているのが，グローバル市民社会（global civil society）である。市民社会そのものは，ながらく国内の政治概念として論じられてきた歴史がある。市民社会論には二つの潮流がある。一つは，アリストテレスの「政治社会」から発展した市民社会＝政治的社会と捉えるものであり，もう一つは，ヘーゲルやマルクスの市民社会論から発展した市民社会＝経済的秩序における個人による社会と捉えるものである。

　グローバル市民社会とは，国内における市民社会論をグローバルな領域に応用する概念であり，政治，社会，経済など広範な分野における，民間企業やNGOs，個人などの非国家主体を中心とした，国境を越えた統治に関わるコミュニケーションのネットワークからなる。1990年代初頭からメアリー・カルドーらによってその可能性が論じられてきた。

　グローバル市民社会の役割の程度に関しては議論があるが，国家や政府間の国際組織，非国家主体の協力によるガバナンスにおいて重要な役割を担い，存在感を高めつつある。それに伴い，グローバル市民社会には二つの特徴を見出すことができる。一つは，国家の権力の抑制や権力の再配分を求める市民運動が行われる，多元的な異議申立ての空間あるいはネットワークとしての特徴である。これはコスモポリタン・デモクラシーの重要な要素の一つである。公式の政治的な決定の外で自己組織される「能動的な市民」としての個人が，自らあるいは他者の環境改善のために積極的に政治に関わるようなネットワークを意味する。

　二つ目は，市場を中心とするレッセ・フェール（自由放任主義）的社会とし

ての特徴である。国家の権力を制約したり，国家の役割を代替したりする非営利のボランティア団体や，国際的な職業別の専門的な NGOs（例えば，国際的な放送連合あるいは世界医師会や国際看護師協会など），その他の NGOs などの民間組織によって，グローバル化の急速な進展に伴う経済の自由化と民営化の促進が行われる一方で，その結果生じている国境を越えた，あるいは特定の地域の問題への対応も行われている。

3　デモクラシーの影

（1）ポピュリズムの両義性

　国境を越えたデモクラシーが模索されると同時に，近年，国内社会でデモクラシーへの信頼が再び揺らぎつつある。その現れの一つが，世界各国の国内政治において見られる，ポピュリズム（populism）と呼ばれる現象の広がりである。右派ポピュリズムや左派ポピュリズムのように，その内容や現れ方は様々である。そして，このポピュリズムを政治に人々の声を反映させる新たな手段と捉えるのか，あるいはデモクラシーの腐敗と捉えるのかというポピュリズムの両義性の問題が，マーガレット・カノヴァンやエルネスト・ラクラウらによって現在も議論されている。

　まず考えなければならないのは，ポピュリズムとは何かということである。ポピュリズムの語源的な考察からは，二つの特徴を挙げることができる。一つは19世紀のロシアのナロードニキ運動やアメリカ大統領選挙の際に見られたような，危機に瀕した社会において反資本主義や反エリート主義を掲げる腐敗した政治への反対のレトリックの下での，民衆によって支持された既存のシステムへの辛辣な批判運動としての特徴である。もう一つは，19世紀のフランス文学のポピュラリズム（popularism）に由来する，民衆へ眼差しを向け民衆に追随するという特徴である。また，ポピュリズム運動の方法としては，既存の法や制度の枠内でそれらの改革を訴えるものから，既存の法や制度の枠外において革命やラディカルな行為によって自らの主張の実現を訴えるものまで含まれる。

　1960年代以降のギタ・イオネスクとアーネスト・ゲルナーや，ポール・タ

ガートらのポピュリズム研究を踏まえると，さらに三つの共通する特徴を挙げ
ることができる。一つは，ポピュリズムは常に敵を想定し，その敵に対する論
争の中で自らを定義づける政治イデオロギーであるという点である。ここでの
敵とは，政治を支配してきた階級，官僚，ビジネス・エリートであり時には外
国人や移民，それらを支援する国民の一部でもある。そして，ポピュリストと
呼ばれる政治的主導者や集団は，たとえ本当はそうでなくとも，敵に対峙する
自らを今までの政治では「無視されてきた人々」の代表であると称し，メディ
アなどを効果的に利用しながら支持の獲得を目指す。二つ目の特徴は，敵を生
む背景となっている既存の政治や制度のあり方それ自体や資本主義，エリート
主義のみならず，近代的な知性主義，合理主義をも攻撃する点である。その中
で，既存の政治制度や政党，選挙などでは反映されていない，あるいは無視さ
れていると主張する人々の意志の実現の約束や，既存の政治では取り上げられ
なかった問題の主題化を訴える。三つ目の特徴は，敵に対抗するために団結を
促す際に，必ずしも国民概念とは結びつかない「人々」の一体性を形成し，時
には国民間の分断をも生む点である。

　このように，ポピュリズムは定義や評価が定まらず，カメレオン的とさえ形
容される。とはいえ，論争的な言説を用いて支配階級や官僚，ビジネス・エ
リート，移民といった「敵」とみなされる者たちと，彼らを優遇しているとみ
なされる既存の政治体制や制度を批判することで，彼らに抑圧されていると感
じている社会の多数派の支持を獲得しようとする政治の動きがポピュリズムと
呼ばれ，世界各国に広がっているという状況が存在する。また，時折ポピュリ
ズムの矛先が他国に向けられ，安全保障の問題へと展開することもある。

　では，なぜこのような現象が各国において生じているのであろうか。その背
景には，二つの失望が存在していると考えられる。一つは，既存のデモクラ
シーへの失望である。政治の機能は統治のために集団を拘束する決定を行うこ
とであるが，近代以降，多くの国家では民主的手続きを経た決定に対して正統
性が与えられてきた。その中で，人々の既存の政治に対する過大評価と，既存
の政治による能力以上のことが可能であるというパフォーマンスによって，既
存の政治が社会に対して全責任を負うという幻想が形成されてきた。しかし，

現実的には政治が対応できることは限られている。特に，グローバル化が進展
した今日においては，既存の政治的枠組みで対応できることには限界がある。
それゆえ，国家が対応できない分野において，民間の制度やノウハウをいかに
取り込むかが，グローバル・ガバナンスの重要な課題にもなっている。

　二つ目は，国内政治の代議制への失望である。これまで国内のデモクラシー，
特にリベラル・デモクラシーでは，候補者や政党が提供してきた選択肢を有権
者が選ぶという形で代議制が成り立ってきた。しかし，その選択肢に「私たち
の声」が反映できない，あるいは反映されないという認識が人々に広がってい
る。それによって，人々が代表を選ぶ際に，人々が望む選択肢が存在しない，
または選択肢があっても選ぶことができない状態が生じる。こうした失望の中，
選挙で選ばれた代表者によって国民の一般意志が形成される。だがそれは人々
の目に，本来の理念上の少数意見も考慮した共通の利益のための国民の意志と
してではなく，人々の声を反映しない代表者の多数派の意志として映る。いっ
たん一般意志が形成されると，それらは常に「誤らない」，「正統」なものとな
り人々を拘束する。ゆえに，国民の一般意志に「私たちの声」が反映されない
という感覚が人々に生まれる。

　このような失望に対してポピュリズムは，既存の政治とは異なるコミュニ
ケーション，つまり，社会のあらゆる複雑なコミュニケーションから論争的な
テーマを見出し主題化し，社会全体を「敵」と「味方」の観点からのみ捉える
ことで，既存の政治への不満を煽り，それに対するわかりやすい選択肢を提示
する。そして，「私たちの声」の代表であると自称する候補者や政党が提示す
る「敵」と「味方」という二項対立のわかりやすい選択肢が，人々には魅力的
に映ってしまうのである。

（2）グローバル市民社会とポピュリズム

　ポピュリズムが，人々の既存の政治に対する失望を受けて，人々によって支
持された既存の制度への辛辣な批判を掲げ，「私たちの声」を政治に反映させ
ようとするものであるならば，ポピュリズムはデモクラシーの機能不全への一
つの回答なのだろうか。もしそうであるならば，なぜ私たちはポピュリズムに

対して不安を感じるのであろうか。例えば，WTO や IMF の会議，G7やG8といった主要国首脳会合などが開催される際に起こる，ネオ・リベラリズムや既存の国際政治・経済秩序に反対するデモなどのような，いわゆるグローバル市民社会の活動は，国境を越えたポピュリズムとみなすことはできるのだろうか。

　たしかに，このような活動は，反資本主義や反エリート主義のレトリックの下，人々によって支持された既存の制度への辛辣な批判運動としての特徴をもち，人々に眼差しを向けるという特徴も有している。時には法や制度の枠外において自らの要求の実現を目指す点もポピュリズムと共通している。しかし，これらとポピュリズムには決定的な違いがある。それは，「多様性」と「個人性」である。

　ポピュリズムは常に敵を想定し，その敵に対する論争の中で自らを定義づける。そして，「敵」か「味方」か，という二項対立の文脈の中，「敵」とみなす側にも，「味方」とみなす側にも画一性を求める。価値の多様性を否定するのだ。この点はファシズムをはじめとする全体主義に通じるものがある。それに対して，グローバル市民社会での動きが求めるものは多様性であり，エリート主義や知性主義を否定するものでもない。むしろ，グローバル市民社会には，ビジネス・エリートや専門家による組織やそれらによる活動が多数存在する。また，彼らは既存の秩序形成において見過ごされている，あるいはこぼれ落ちた点を主題化するという認識を持ち合わせてはいるが，人々の代表という意識が強いわけではない。

　加えて，国境を越えた領域においては国民国家の「国民」に対応するような統一的な政治基盤がいまだ存在せず，むしろ，「国民」という枠にとらわれない「個人」が様々な立場でグローバル市民社会に参加している。そして，グローバル市民社会は，経済の自由化の促進やデモクラシーの樹立，環境保護，難民支援などの人権保護といった分野で，国家や国際組織のパートナーとしての機能や，特定のテーマに関する国際会議（例えば，1992年の地球サミット，1994年の国際人口開発会議，1995年の世界社会開発サミット，気候変動に関する諸会議など）における国境を越えた世論の形成，国連や他の国際組織でのオブザーバー

としての政策提言や意見具申といった役割を担っている。

　では，国境を越えたポピュリズムはどのように現れる可能性があるのだろうか。この問いに対しても，やはりデモクラシーが重要な鍵となる。つまり，国境を越えたデモクラシーの試みが制度化されればされるほど，国境を越えたポピュリズム，あるいは各国のポピュリズムがネットワークで結ばれる契機も生じる。なぜならば，国内でも困難であるデモクラシーに基づく決定メカニズムを，国境を越えたガバナンスにおいて設定することは至難の業であり，国内政治以上に，国際的な集団を拘束する決定と「私たちの声」との隔たりは大きくなる。そうなれば，国内の状況と同じようなポピュリズムを生む条件が整うことになるだろう。

　実際に，国境を越えた枠組みでデモクラシーを実現している EU では，民主化改革によってデモクラシーがより制度化されたと同時に，加盟国の人々の声と EU の決定との隔たりが再び深刻な課題として現れた。それに伴い，各加盟国内で反 EU を訴えるポピュリスト政党が躍進した。それだけではなく，EU 議会の選挙において，反 EU や移民排斥を掲げる加盟国内のポピュリスト政党間でのネットワークが形成され，議席を獲得している。例えば2014年のEU 議会選挙では，フランス国民戦線代表のマリー・ルペンとオランダ自由党を率いるゲールト・ヴィルダースの間で，ブリュッセルの「モンスター」を内側から倒すというスローガンの下，欧州懐疑同盟（Euroskeptic Alliance）が結ばれ，選挙協力が行われた。その結果，オランダ自由党は４議席と伸び悩んだものの，フランスでは国民戦線が23議席を獲得し第１党となった。また，EU 議会選挙全体でも EU 市民の４人に１人が，反 EU や移民排斥などを訴える政党に投票した。しかし，このような状況を乗り越えたのもやはり人々の声であった。実際，2019年に行われた EU 議会選挙では，反 EU 派が大躍進するとの予測に対する人々の懸念によって，親 EU 派が３分の２の議席を獲得するに至った。

お わ り に

　私たちがポピュリズムに対して抱く憂慮の正体は，古代より続くデモクラシーに付随する「多数による専制」への危惧である。多数による専制を回避するために考案されたはずの代議制を採る現在のデモクラシーは，残念ながら人々に対して「私たちの声」が政治に反映されていないという失望を与えている。そして結局，既存の政治への失望がポピュリズムに活路を開くきっかけとなっている。ここに，デモクラシーのジレンマを見出すことができる。

　この章で扱ってきたように，デモクラシーは可能性だけでなく様々な課題を抱えている。アリストテレスにはじまるデモクラシーへの不信感はこの先も続くのか，はたまた私たちがまだ辿り着けていないだけであって「真のデモクラシー」は本当に最適な政治体制なのか。いずれにせよ，今のところ私たちが頼れるのはデモクラシーだけである。

　もちろん，デモクラシー自体の再検討も行われている。例えば，キャロル・ペイトマンらは，情報技術の発展に伴い能動的市民の参加の最大化を目指す参加型デモクラシーの必要性を説いている。また，ジョシュア・コーエンやセイラ・ベンハビブらは，熟議とコンセンサスの形成に焦点を当てる熟議型デモクラシーの重要性を主張している。さらに，シャンタル・ムフは既存の政治の決定や合意から排除される他者や差異に注目する闘技的デモクラシーを訴えている。そして，ブライアン・ピーターズらは選択肢の提示や情報公開，アカウンタビリティ，異議申し立ての制度を重視する機能的デモクラシーについて検討している。さらに，各国では IT を駆使した政治活動や電子投票の導入が試みられたり，Black Lives Matter のように SNS を通して国境を越えた世論の形成やデモが行われたりするなど，様々な形で人々が国内およびグローバルな課題に関する議論に参加できる方法が模索されている。

　最後に忘れてはならないのは，「政治を軽蔑する者は，軽蔑すべき政治しか持つことができない」という『魔の山』のトーマス・マンの言葉にあるように，デモクラシーの運命を握っているのは私たち自身であるということである。な

ぜならば，「人民の人民による人民のための統治」という際の人民とは，私た
ち以外の何者でもないのであり，デモクラシーに対する不信感は私たちへの不
信感そのものだからである。だからこそ，私たちはわかりやすい言葉や安易な
結論に惑わされず，自分の頭で考えて判断しつづけなければならない。デモク
ラシーは私たちにとって，厄介でめんどうな頼みの綱なのである。

参考文献

アリストテレス（山本光雄訳）『政治学』岩波書店，1961年。

＊当時の都市国家（ポリス）や周辺諸国の政治を研究して六つの政体に分類し，「ポリス的動物
（zoon politikon）」である人間にとって最善の政体とは何かについて考えた本である。

イマニュエル・カント（宇都宮芳明訳）『永遠平和のために』岩波書店，1985年。

＊カントが，戦争を「最も大なる禍悪」であると捉え，「永遠の平和」を実現するためにはどう
すれば良いのかを真剣に考えた小論文である。長い文章ではないが，ここにはカントの哲
学・思想が凝縮されている。

ロバート・ダール（中村孝文訳）『デモクラシーとは何か』岩波書店，2001年。

＊ダールの言葉によると，この本はデモクラシーについて考える旅の有用なガイドブックであ
る。デモクラシーの起源，理念，現実やデモクラシーにとって有利な条件と不利な条件など
がわかりやすく論じられている。

メアリー・カルドー（山本武彦ほか訳）『グローバル市民社会論――戦争へのひとつ
の回答』法政大学出版局，2007年。

＊カルドーが，冷戦終結という世界が一つの転換期を迎えた過程において，市民社会概念のグ
ローバルなレベルへの拡大に希望を見出し，また，その後のグローバル化のうねりの中で新
たに生じる紛争への一つの回答を論じた，今やグローバル市民社会論の古典となった本であ
る。

文部省『民主主義』KADOKAWA，2018年。

＊戦後，1948年に新しく日本国憲法が施行された際に，当時の中高生向けに書かれたデモクラ
シーについての教科書である。各州にアメリカ合衆国憲法案の批准を宣伝するために書かれ
た，A・ハミルトン／J・ジェイ／J・マディソンによる『ザ・フェデラリスト』（斎藤眞・
中野勝郎訳，岩波書店，1999年）と比較しながら読んでみても面白いだろう。

考えてみよう！

① デモクラシーがこれまであまり良い政治体制とはみなされてこなかったのはなぜ
か考えてみよう。

② デモクラシーにとって重要な要素は何か考えてみよう。

コラム1 デモクラティック・ピース論

　デモクラティック・ピース論（民主的平和論）とは，デモクラシーを政治体制として採用している国家同士は戦争をしないという理論である。ここで鍵となるのが，デモクラシーと平和の定義である。例えば，デモクラシーを国連の定義よりもさらに厳しく，ほぼ普通選挙が認められ，競合する複数政党が存在し，公平な秘密選挙によって選ばれた代表者によって人権の尊重に基づく政治が担われる統治の形態であると定義する。そして，平和を国家間の大規模な武力衝突がない状態と狭義に定義するのであれば，19世紀末から1991年までの統計上は，たしかにこの理論は正しいといえる。

　国内の政治体制とその国家の対外的な行動の関係性は，中世以来議論されてきた。エラスムスは，戦争によって不利益を被るのは国民であるので，国民は戦争を嫌い，平和を望むと考えた。だからこそ彼は国民の承認がない限り戦争は行われてはならないと主張した。同じように考えたカントは，永遠平和のための第1確定条項として「各国における市民的体制は共和的でなければならない」と規定した（ここでいう共和的とは，法の支配の下，自由で平等な市民が，自らの代表によって形成された一般意志としての法に従う体制であり，執行権と立法権が分けられた体制を指し，デモクラシーとは区別される）。また，ベンサムも同様の理由から世論の審判によって国家間の紛争を解決すべきであると訴えた。

　もしも，戦争を嫌う国民の意志が政治に反映される国家は平和的であるということが，デモクラティック・ピース論の根拠なのだとすれば，民主的な国家とそうでない国家との間でも戦争は避けられるはずである。しかし実際は，両者の間で多くの戦争が繰り広げられてきた。時には「民主化」の名の下で，武力が行使されることもある。むしろ，デモクラティック・ピース論の根拠となりうるのは，デモクラシーを採用する国家同士が，課題解決の方法として暴力を排除し，交渉と調整を重視する点にあると考えられる。同時に，両者が人々の自由や平等，あるいは人権の尊重を共通の価値として認識していることが重要となる。

　それでもなお，デモクラシーと平和の関係には疑問が残る。なぜなら私たちは，当時世界で最も民主的であるといわれたヴァイマル憲法の下で，ナチスがあらゆる手段を用いながらも政権を獲得していった歴史を経験しているからである。また，すべての個人が恐怖と欠乏から自由になり自己の潜在能力を発揮できるように，個人の生存や生活を保障すべきであるとする「人間の安全保障」の観点からは，国家同士の武力衝突がない状態は平和のための必要条件であったとしても，十分条件であるとは言い切れない。ただし，デモクラシーが平和にとって欠かせない人権の尊重と社会的・経済的公平性を保障することができる政治体制であるならば，デモクラティック・ピース論にも意義があるといえるだろう。

（川村仁子）

第6章
貧困と社会開発

嶋田晴行

本章のねらい

・そもそも貧困とは何か，それはどのように決められるのか，そしてその解決には
  どのような方法が試みられてきたかを理解する。
・貧困削減のためには教育などの人的資源開発が重要である理由を理解する。
・近年，国際的に採用されている貧困削減のための手法について理解する。

キーワード

▶所得格差，貧困線，ジニ係数，人的資源開発（HRD），ランダム化比較試験
（RCT）

は じ め に

　貧困状態にある人々へ何らかの対応をとることは必要かつ重要な課題である。
しかし，そもそも「貧困とは何か」そして「貧困であることを決めるのは誰
か」という基本的な問いへ答えることは案外難しい。さらに「貧困問題を誰が
どのように解決していくのか」はすぐにでも対応すべき実践的な課題でもある。
本章では，貧困という現象がどのように受け止められてきたのかという歴史的
変遷を含め，貧困と貧困問題への対応について考えるための基礎的な知識を提
供する。

1　貧困と貧困対策の考え方

（1）貧困の歴史

　2020年に世界中で感染者，犠牲者を出した「新型コロナウィルス」の影響拡大は，危機への対応力が貧富の差によって大きく異なることを改めて明らかにした。予防・治療といった医療へのアクセスの機会の差，休業・失業などによる経済的損失といった面から，先進国と途上国との格差があるのはもとより，そのいずれの国においても貧困層はより脆弱な存在であることが浮き彫りになった。

　より多くの土地や資産を有する者とそうでない者との格差は，人類の歴史上はるか昔から見られた現象である。その原因は，各人の努力や才覚はもちろん，自然環境，生まれながらの身分といった社会環境，あるいは運といったものも関係している。そして豊かな者に対し，貧困者と呼ばれるようになる「持たざる人」たちの存在をどのように捉え，対応するかは時代とともに変化してきた。

　かつて，ある人々が貧困状態に陥っている理由は，彼ら彼女ら自身の怠惰，努力の欠如などの自己責任へ帰せられた。そしてその状態を改善するための貧困対策は，貧しい人たちの勤労や貯蓄への意欲を削ぎ，さらなる貧困を作り出すとさえ考えられていた。そのような考えの背景には，貧困対策へ必要な追加的な課税などへの地主層や富裕層の警戒感もあったが，根底には貧困や経済格差は当然に存在するという考えがあり，それを前提として国家あるいは社会が成立していたことがある。ただしこのような考え方は，現在でも一定の支持を得ていることも確かである。

　もちろん貧困あるいは貧富の差という現実から，皆が目を逸らしていたわけでもなかった。例えば慈善的動機から貧困対策が行われることはあった。ただ，それはコミュニティや教会など宗教施設が主体となる保護という側面が強く，後に国家レベルで行われることになる，豊かな者から貧しい者への富の再配分によって，貧困層の底上げを図ったものではなかった。

　しかし，ヨーロッパなどで市場経済・資本主義が発達するにしたがって，経

済的機会をうまく活かせる者と活かせない者の差が顕著になり，貧富の格差は拡大していった。そのような状況にあって，貧困への対応は社会的に重要な課題となり，国家などの公的な機関による対策が実施されるようになった。英国で1601年に制定された「救貧法（the English Poor Law）」は，そのような貧困対策のはじまりとされる。

　その後もいわゆる産業革命による工業化とそれに伴う経済発展により経済的格差はさらに広がったが，それは支配者・政府に対する民衆の不満を増大させ，それが国家の体制変革（革命）へ及ぶに至り，貧困や格差は国家，社会的な課題と認識されるようになった。

　今や貧困は国境を越え国際社会の最重要な課題の一つとして認識されるようになった。第二次世界大戦後の国際的な開発援助において貧困問題が重要視されてきたことは，世界最大の開発援助機関である世界銀行が毎年刊行する『世界開発報告（World Development Report)』において，1990年，2000年という節目の年には貧困がメインテーマとして取り上げられてきたことに示されている。あるいは過去20年間に提唱され実行されてきた，「ミレニアム開発目標（MDGs）」や「持続可能な開発目標（SDGs）」において，教育や保健といった重要な課題より先に貧困削減が第一の目標（ゴール）として設定されていることからも理解できる。

（2）貧困と所得格差に関する思想的変遷

　貧困や所得格差への認識，対応の変遷は，哲学，思想史的な面でも見られる。ヨーロッパが中心となるが18世紀以降のいくつかの例を見てみよう。

　経済学の父と呼ばれ「神の見えざる手」の言葉とともに語られるアダム・スミスは，その主著『国富論（諸国民の富）』（1776年）において，各人が利己心に従い個々の利益を最大化するように行動すれば社会全体の富が増えると説いた。しかしそれでは，貧富の差の拡大への配慮がなされていないのではないか。実はスミスは，『国富論』の前に執筆されたもう一つの主著『道徳感情論』（1759年）においては，人々の間の共感あるいは同感（sympathy）が秩序ある社会を作る基礎でもあると述べている。つまり競争の有用性とともに他者への配慮，

思いやりの重要性も理解していたといえる。

　産業発展に伴う出生率の増加や衛生状態の改善という社会状況の中で，マルサスは『人口論』（1798年）において，幾何（等比）級数的に急増する人口に対し食料生産は算術（等差）級数的にしか増加しないことから，貧困が深刻化することを予測し人口抑制の必要性を唱えた。現実には，農業生産性の向上でマルサスが予測したような危機的状況には陥らなかったが，人口増加と食料不足（貧困）の問題への関心が高まった。

　同じ18世紀に唱えられるようになった「功利主義」では，ベンサムの「最大多数の最大幸福」という言葉に代表されるように，各個人の効用（満足度）を足し合わせた合計が最大化されることが社会として望ましい状態とされた。それは同時に，貧困などの各個人の経済状況は顧みられないと解釈することができる。さらに現代から見れば平等，自由，権利といった社会にとって重要な点には触れられていないという問題点がある。

　『資本論』（1867年）などの著書で歴史に名を刻むマルクスは，資本主義こそ社会の矛盾を生み出す原因であると指摘した。資本家による労働者の搾取が貧困や所得格差の原因であるとし，根本的な解決策として資本主義を乗り越えるために，生産手段の共有化や所得や富の平等な分配が行われる共産主義・社会主義の実現を唱えた。

　以上のような思想は，経済成長と分配（所得格差）の問題をどのように理解し対応するかという現代の課題が，18世紀にはすでに重要なものとして意識されていたことを示す。

　また，日本においても明治後期から昭和初期（1900年代から30年代）にかけて，急速な経済成長と恐慌の陰で拡大する所得格差と貧困が深刻化していた。そのような状況を反映して，横山源之助の『日本の下層社会』（1899年），河上肇『貧乏物語』（1917年）といった貧困と所得格差について報告，解説を試みた書籍の出版が相次いだ。

　時代は下るが，20世紀後半，貧困を考える上で大きな影響を与えたのがアマルティア・センの「ケイパビリティ・アプローチ」（潜在能力アプローチ）である。センは所得や消費という経済的尺度のみで貧困を捉えることを疑問視し，

健康，教育，雇用さらには差別などの要素から，各人が自分の意思に従いそれ
ぞれの能力を発揮できるか否か（ケイパビリティ）を基準に生活水準を測ること
を提案した。それは貧困を「ヒトが成就しうること，行いうること，成りうる
こと」の選択の幅が狭い，つまりはケイパビリティの欠如した状態という観点
から評価する考え方である。そしてこの考えは，国連開発計画（UNDP）が毎
年刊行する『人間開発報告』の中の「人間開発指標（Human Development
Index：HDI）」の基礎となることで広く知られるようになった。なお，センは
1998年度のノーベル経済学賞を受賞している。

　最近では，トマ・ピケティによる『21世紀の資本』（2013年）が話題となった。
その中で，極度に偏った所得分配がますます拡大することが過去の膨大なデー
タに基づく分析から主張され，その是正には富裕層への課税などの提言がなさ
れている。このような政策を実施するには様々な困難があるが，世界各国にお
ける貧富の差の拡大という現実がピケティの主張が一定の支持を得た背景にあ
る。

2　貧困の測り方

（1）貧しさは測れるのか

　日本においても「貧困世帯」，「子どもの貧困」といった問題がメディアで取
り上げられることが多い。「貧困とは貧しい状況である」と表現することは間
違いではない。しかし，その次に「貧しいとは？」というさらなる問いに答え
る必要が出てくる。そしてそれへの回答は簡単ではない。

　誰もが考える通り，所得といった金銭の多寡で測られる尺度だけで貧困か否
かを判断することには抵抗もあろう。カネ（経済的な豊かさ）は快適に暮らすた
めに必要だが，それさえあれば貧しくないとも言い切れない。あるいはセンが
言うように貧困とは「幸せ」に暮らすことができていない状態といえるかもし
れない。しかし，幸せか否かは極めて主観的な感覚である。どんなに貧しく見
えても楽しく暮らしている人は，その人自身としては貧しくも不幸でもない。
そして人は自分以外の誰かと比較することによって，より恵まれているか否か

を判断するものでもある。古来「幸せ」をどのように捉えるかは重要な問題であり，古代ギリシアにおいてアリストテレスは『ニコマコス倫理学』（第一巻第八章）で幸福とは「よく生きること」とその説明を行っている。

　経済学では幸福度を「厚生（welfare）」と呼ぶが，いずれにしても幸福の程度に関する基準を設けて客観的に判断し，比較しようとするところに貧困を測る際の困難がある。ただ現実には，上に述べたような問題点を理解しつつも，所得，消費といった金銭的な尺度のデータが入手しやすくまたわかりやすいという理由で，貧困について調べる際に利用されることが一般的である。

（2）貧困線と貧困比率

　では具体的に貧困とはどのように決められているのであろう。まず各種統計で貧困か否かを区切る線（貧困線）が引かれる。ただし，その所得あるいは消費額は，生きていくために必要最小限の必需品を得られるレベルではなく，人間らしい生活を営むことができる水準として設定されている。

　OECD（経済協力開発機構）などで採用されているように，ある国の国民の所得の中央値（国民の所得を少ない方から並べちょうど総人口の半分に達した時の値。平均値ではないことに注意！）の「半分」を貧困線とし，その基準以下にあることを貧困状態とすることが多い。このような貧困線は相対的貧困線とされる。それは対象の国民の所得全体が上昇すれば，貧困線もまた同じように上昇するからである。それに対し，広く利用されている世界銀行の定義のように1日あたり所得1.90ドルを貧困線とする特定の基準（2015年10月以降）に基づく場合は絶対的貧困線と呼ばれる。

　その次の作業として，対象となる人口のうち貧困層とされる人々がどれほど存在し，さらにその貧困の度合いを明らかにする必要がある。そのような指標を貧困指標と呼び，代表的な例として，①貧困者比率（poverty head count ratio），②貧困ギャップ指数（poverty gap index），③2乗貧困ギャップ指数（squared poverty gap index）がある。それぞれの簡単な説明は以下の通りである。

①貧困線より下の人口を総人口で割った値

②各貧困者が貧困線を下回る比率（貧困ギャップ）を合計して総人口で割った値

③貧困ギャップを2乗し合計して総人口で割った値

　ある国の貧困率は何%という場合，①の計算方法が用いられていることが多いが，貧困線から近い「軽い」貧困と遠い「重い」貧困が一括りにされ貧困の「深さ」が考慮されないという欠点がある。例えば③は貧困線から遠い人々（家計）ほど2乗することで大きな値をとり，より貧しい人々の存在を強調し注目できるという特質がある。

　このような分析を行うにあたって必要なのが家計データであり，その収集のために行われるのが家計調査（household survey）である。そこから得られるのは各世帯の人数，年齢，性別などの基礎的な情報に加え，所得そして消費といったものであり，数年おきに実施されることで長期的な変化を追うことが可能になる。

　家計調査で得られる所得と消費は経済状況を把握するための重要な指標であるが，それぞれに問題点もある。所得に関しては，課税を避けるために正確な額を申告しない可能性があるといった点のほか，農林水産業では天候の影響などで毎年の所得変動が大きい，特に発展途上国では経済活動の実態が表に出にくいインフォーマル経済の割合が大きいといった点が指摘される。そのような理由で所得額より消費額の方が各家計の経済状況を適切に反映しているとされるが，消費についても例えば医療費の増大は消費額の増加であるが，決して経済的状況の改善とはいえないといった問題点も指摘されることから万能なものではない。

（3）所得分配の計測：ジニ係数

　加えて，経済的格差の問題，所得分配の不平等の程度を表す一般的な指標として，日本でも言及されることが多いジニ係数（Gini Coefficient）がある。詳しい導出方法は経済学などのテキストに譲るが，重要な点はその係数が完全平等

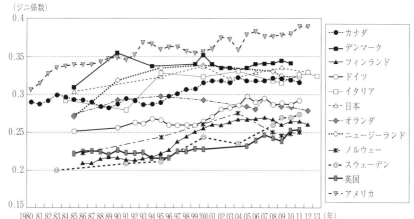

図6-1　各国のジニ係数比較

注1 :「ジニ係数」とは，所得の均等度を表す指標であり，0から1までの間で，数値が高いほど格差が大きいことを示している。
注2 : 等価可処分所得のジニ係数の推移を示している。
出所 : 厚生労働省ホームページ（https://www.mhlw.go.jp/wp/hakusyo/kousei/17/backdata/01-01-03-01.html）。元の資料は，OECD. Stat（2017年3月9日閲覧）より厚生労働省政策統括官付政策評価官室作成。

で0（ゼロ），完全不平等で1となり，その数値が高ければ高いほど不平等な状態となっていることを示す点である。例えば図6-1にあるようにアメリカのジニ係数が比較的急速に増加しているが，それを見る際は，過去から現在にどのようにその数値が変化しているか注目することが重要である。

3　開発政策の変遷と貧困への対応

（1）経済成長か再分配か

　貧困削減や所得格差の是正のためにはどのような方策が考えられるであろうか。例えば国全体の経済（GDPやGNI）を成長させることができれば，国民の分け前が増えることになり，貧困も減らすことができるかもしれない。しかし，それだけでは一部の人々（富裕層や政治家？）が経済成長の分け前に与るだけで貧困層は取り残され，所得格差が広がるだけの結果になる恐れもある。あるい

は政府などの主体が富裕層の所得や資産へ課税し，それを補助金などの形で貧困層へ移転・再分配することも考えられる。

このような経済成長と再分配は，貧困対策の基本としてそのこと自体へ異論を唱えられることはあまりない。しかし，成長と分配のどちらを重視すべきかについては現代に至るまで論争が続いている。そして実際にどのようにそれを行っていくのか検討，解明するのが経済学，その中でも開発経済学の一つの中心課題である。以下では開発経済学の歩みとともに，経済成長と所得格差（貧困）の是正がどのように考えられてきたかを振り返る。

（2）経済成長と国家の役割の重視

第二次世界大戦後，アジア，アフリカにおいて多くの植民地が独立したことによって「発展途上国」が誕生した。それとともに，税収も有望な産業もさらには政府を運営する人材にも不足していた途上国をいかに経済成長の軌道に乗せ，貧困状態から脱出させるかは世界的な課題ともなり，それらの開発・発展への道筋を探る中で開発援助，それを実施する国際機関そして開発経済学も誕生した。

簡単に開発経済学の思想の流れを振り返っておこう。1950〜60年代においては，まず一国全体（マクロ）の経済成長が重視された。その基礎にあったのは，道路，鉄道，港湾，空港などの交通・運輸インフラ，あるいは工場や設備といった物的資本（あるいは固定資本）の蓄積が工業生産を拡大させ経済成長を促すとの考え方である。そして物的資本を建設するためには資金＝投資が必要であり，その原資は国内の貯蓄あるいは貿易によって得られる外貨である。しかし，独立当初の途上国では，工業をはじめとする産業は未発達であり，かつ有望な輸出産品も少ないことから国内貯蓄，外貨ともに不足することが通常である。そこで海外からの資金を援助という形態で導入することで経済発展が目指された。また輸入代替工業化と呼ばれる，海外からの製品輸入を抑制し国内産業を育成するための保護貿易，産業政策といった措置もとられた。

そのような開発戦略においては政府が重要な役割を果たすことになる。そこでは国家開発計画と呼ばれるような国家レベルの経済計画の策定が盛んに行わ

れた。そして所得分配に関しては，経済成長の恩恵がやがて自然に国民の所得向上，貧困削減へも波及していくというトリックル・ダウン仮説が唱えられた。その裏付けとされたのは，経済成長の初期段階では所得格差は拡大するが，成長が一定の規模に達した後は経済全体に成長の配当が行き渡るようになり所得格差が縮小していくことを

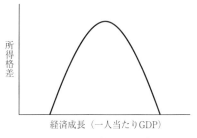

図 6-2 クズネッツ曲線

出所：筆者作成。

アメリカの統計データ分析から見出したクズネッツの説であり，それは図6-2のような「クズネッツ曲線」として表現される。

　なお，輸入代替工業化は行き過ぎた国内産業の保護が，生産性の低い産業を存続させるなど経済の非効率性を生み失敗したとされ，東南アジア諸国などが採用した輸出志向工業化（第7章参照）が注目されるようになった。

（3）市場の力の重視から国際協調へ

　しかし，そのような成長戦略は，新たに独立したアジア，アフリカなどの各国において十分な効果を生まなかった。そこで1970年代の開発や援助は，より人々の生活に身近な教育や保健といった人間にとって社会生活を営む上での「基礎的な要求」（ベーシック・ヒューマン・ニーズ，BHN）を満たすことが目指されるようになった。

　もちろん現在に至るまで社会分野の重要性に変わりはないが，国際的な援助の流れは以下に述べる，需要と供給で決まる価格に従って動く「市場（マーケット）」の力をいかに活用するかという点に重心が移っていった。そのポイントは政府が課す様々な規制，ルールは自由な経済活動を歪める元凶であり，政府の役割を最小限（例えば国防・治安維持など）にとどめ，市場の働き（民間の力）を基礎とすべきであるとの考え方である。欧米や日本における国営・公営企業の民営化はその代表的な例であり，そのような潮流は途上国援助への影響を与えた。

　代表的な例が,「構造調整」と呼ばれる世界銀行や IMF（国際通貨基金）による一連の融資プログラムの実施であった。その内容は,資金供与の条件として途上国政府に税率や公共料金の引き上げ,各種補助金の削減,為替レートの自由化,輸出規制の撤廃といった経済の自由化＝構造変革のための条件（コンディショナリティーと呼ばれた）とその実施を求めるものであった。

　「市場の力」を再び解き放つことによる経済発展を目指したこのような動きは,特に途上国においては,政府の教育や保健といった分野への関与を減らす結果となり,貧困層の生活を悪化させ政府への不満を招き,当初想定されたような経済成長を達成することはできなかった。

　それへの反省から,1990年代後半から2000年代には,教育や保健分野といった社会セクターへも配慮した貧困削減が主要な課題として取り上げられるようになった。具体的には,世界銀行や IMF といった国際金融機関の融資の前提として,「貧困削減戦略書（Poverty Reduction Strategy Paper,以下 PRSP）」の策定が行われた。これは当時,途上国の経済発展を阻害している大きな要因と考えられた途上国の莫大な借金（重債務問題）への国際的な対応であり,また西暦2000年（ミレニアム）という節目を迎えたということも関係していた。

　そこでは債務削減を認める代わりに,新たな融資の使い道として貧困対策を重視した,教育や保健などの社会セクターへの配慮を盛り込んだ PRSP を策定することを条件とした。また同時期の動きとして2000年9月には貧困削減を第一の目標とする MDGs が国連総会で承認され,それが2015年以降の SDGs へと受け継がれている（MDGs,SDGs の詳細は第7章参照）。

4　経済成長と社会開発の意義

（1）教育から見る人的資源開発の重要性

　一般的な認識として,貧困を減らすためには経済成長が必要とされてきた。そして,経済成長は生産の増加であると単純に仮定すれば,経済学においては生産要素と呼ばれる労働力（ヒト）,資本（カネ）をそれぞれ追加的に投入することで生産量は増えるであろう。しかし,それだけでは生産の増加は続かない

可能性が高い。労働者は無限には存在しないし，土地や施設・設備の規模や能力にも制約がある。そこで重要とされるのが，第三の生産要素である技術革新（イノベーション）による生産性の向上である。

　ではどのようにすればそれは起こるのか。「モノ」への投資やその重要性に変わりはないが，新たな知識や技術を生み出すのはヒトである。ゆえにヒトが新しいアイデアや工夫を生み出す環境を整える必要がある。それは教育や訓練といったヒトへの投資である。なお，教育や訓練によってその価値が高まる可能性があることから，ヒトは人的資本（human capital）と呼ばれる。またインフラ設備，工場や機械といった物的資源や天然資源と同様に経済活動にとって重要な資源として考えれば，それは人的資源ともされ，その価値を高めていくことが人的資源開発（Human Resource Development）となる。

　以下では貧困削減の方策としての人的資源開発の例として，教育の役割について述べていく。

（2）教育の役割と社会への貢献

　教育が重要であることに異を唱える人は少ないであろう。そして教育においては，学校という存在が大きな役割を果たす。そもそもなぜ学校へ行くのか。小学校など初等教育の場合は，「読み，書き，そろばん」（読む，書く，計算する）といった基礎学力を習得し，あるいは学校での集団生活の中で社会へ出る前に規律を学ぶためかもしれない。大学などの高等教育なら専門性を身につける，あるいは最先端の知識を学び，それらを基に新しい知識やアイデアを生み出すことが期待される。

　いずれにしても学校という制度は，教育を受ける本人や社会にとって将来的に役立つものであると考えられる。ただ上に述べたように初等教育と高等教育では期待される役割が異なり，それぞれの効果についても，社会全体の視点で考えるか個人レベルで考えるかで相違がある。初等教育で極めて基礎的な知識や社会生活のルールを学ぶことは，社会・経済活動の基盤となり社会全体の利益にもなる。他方，高度かつ専門的な高等教育を受けた場合，それが広く社会の人々の生活を向上させる発明や発見をもたらすかもしれない。あるいは個人

的な視点で考えれば，高等教育を受けた人は将来，収入といった面で有利とな
る可能性が高い。

　以上のように教育の重要性は理解できるが，教育の効果を具体的に測定する
ことは簡単ではない。それは教育の成果が出るまでには，長い期間が必要とな
るという特徴による（今，新しい知識を得たからといって明日から収入が増えるわけ
ではない）。そのような限界はあるが，教育の効果は長期的に見て社会全体にど
れほどインパクトがあるのかを社会的収益率（social rate of return），個人的に
（多くの場合，生涯年収で見る）どれほど影響があるのかは私的収益率（private
rate of return）として計測される。

　初等教育では社会・経済生活の基礎となる知識・経験が得られることから，
社会全体に寄与し社会的収益率は高い。例えば学校で保健・衛生の知識を得る
ことで，自分や家族だけでなく周囲の環境・衛生状況へより配慮するようにな
り，結果として伝染病の広がりが抑えることができれば，その効果は極めて大
きい。なお，このように直接当事者だけでなく間接的に広く周囲へも影響を与
えることを「外部性」があるという。ただ基礎教育は日本では義務教育とされ
るように，対象となる年齢者がほぼ全員受けることができるため，ほかの人と
差が出ることはあまりなく，ゆえに私的収益率は低い。他方で高等教育は費用
もかさむが，皆が進学するわけではなく，それを受けた人が将来の高い収入を
期待できることから私的収益率が高くなる傾向がある。

　それを貧困削減との関係でいえば，まず社会全体の人々の生活向上のために，
初等教育を充実させるべきであろう。そのため SDGs にも見られるように開
発援助では基礎教育の充実が大きな目標として掲げられる。そして社会全体に
寄与することから，日本の義務教育のように国などが無償で教育機会を提供す
る場合が多い。他方で高等教育については私的収益が高いことから個人での負
担が適当とも考えられる。ただ，大学などで貧困削減へも寄与する新たな知
識・技術が生み出される可能性を考えれば，初等教育と同様に公的部門による
支援が行われる理由はあり，その是非は政治的な判断ともなる。

5　現代の貧困問題へのアプローチ

　MDGs，SDGs に見られるように貧困の削減は国際社会にとって最大の課題の一つである。近年，その目標を達成するために様々な試みが行われてきた。本節では，その中でマイクロ・ファイナンス，ベーシック・インカム，条件付き現金供与（CCT），そしてそれらの有効性を証明するために近年用いられているランダム化比較試験（RCT）といった手法を概説する。

（1）ベーシック・インカムとマイクロ・ファイナンス

　ベーシック・インカムは経済状況にかかわらず，対象となるすべての人々へ政府などが一定額の現金を給付する仕組みである。その要点は，所得面での制約を緩和することで，失業中あるいは職探しの間の余裕をもてるなど人々が生活する上での可能性を広げることにある。実際，部分的かつ実験的段階ではあるが先進国，途上国問わず実施もされてきた。なお2020年のコロナウィルス感染拡大の際，日本でも政府が一律10万円を日本に住む人々へ支給したが，それもベーシック・インカムの一種といえる。

　しかし，多くの指摘がされてきたようにその問題点は，就業あるいは求職への意欲を低下させること，財源はどのように確保するのかという点である。これまでの実験では，給付によって労働時間を減らすことができた人は，育児，教育・訓練にその時間を廻した例が報告されている。また後者については，従来の社会保障制度（生活保護，失業手当，年金）などを縮小しそれを財源とすることが想定されているが，現実的にどこまで可能かはなお検討が必要である。

　また，「条件付き現金給付（CCF）」という手法も実施されている。これは一定の条件を満たした場合に現金などの支給を行うものであり，例えば子どもを学校へ行かせる，乳幼児に予防接種を受けさせるといった条件が設定されてきた。ブラジルで実施されてきた「ボルサ・ファミリア（Bolsa Familia = Family Fund）」は，子どもの通学，妊婦の予防接種などを条件に貧困家庭へ現金を給付するプログラムであり，最大の CCF といわれる。しかし，この種のプログ

ラムはその後の政権交代によって内容が変更されるなど，政治的な動向で影響
を受けるものでもある。

　マイクロ・ファイナンスとは，貧困層を対象として少額の融資を行う金融制
度であり，バングラデシュのグラミン銀行の試みが成功例として世界中に広
まったことから一般にも馴染みがある用語かもしれない。なお資金の貸付のみ
を行うのがマイクロ・クレジット，貯蓄，送金なども含む金融サービス全般を
扱うのがマイクロ・ファイナンスとされる。

　世界各地へ広がったマイクロ・ファイナンスであるが，グラミン銀行の経験
から，次のような要素が「成功」のための必要条件であるとされた。

　　・担保等は求めないが融資額は少額かつ毎週の返済を課す
　　・借り手をグループ化し集団責任をとらせる
　　・銀行職員が毎週借り手を訪問し状況をモニタリングする

　しかし，その後，マイクロ・ファイナンスの問題点も次々と指摘されるよう
になった。金融機関である以上，貸付は返済される必要がある。そのことから
結局は最も資金を必要とする最貧困層は利用できない，それとの関連で比較的
経済的余裕のある人々が借り手となり，資金がバイク，テレビ，スマートフォ
ンなどの奢侈品（ぜい沢品）の購入に廻される，などである。そしてこのよう
な現実を明らかにしたのが，次に述べる RCT であった。

（2）インパクト評価と「ランダム化比較試験（RCT)」

　これまで貧困削減を目的として様々な介入（プログラム，プロジェクト）が行
われてきたが，その効果（インパクト）を測り失敗の原因を明らかにすること
は，将来の政策への貴重な情報となる。

　従来のインパクト評価では，事後的にどれだけの成果（アウトカム）が達成
されたかを見る「事前・事後（before-after）」評価，あるいは介入を行った対
象と行わなかった対象の変化を比較する「with-without」評価が中心であった。
なおアウトカム（outcome）とは評価において重要な概念であり，介入の量的
な結果（アウトプット）ではなく，質的な成果を指す。例えば学校教育向上プ

ロジェクトでいえば，学校の建設数や教員数の増減がアウトプットであり，就学率や生徒・学生の成績の変化がアウトカムとなる。

　「事前・事後」評価は，ある介入の前と後の数値（就学率，乳幼児死亡率など）を比較し，介入の効果があったかどうかを検証するものである。「with-without」評価は，介入を行ったグループと行わなかったグループの差を見て介入の効果を確かめる手法である。ただ，これらの方法の問題として，双方とも観察された効果が介入によるものかどうか判断できない点がある。

　つまり，介入以外にも様々な要因が結果に影響を及ぼすと考えられる。成績の向上や不登校の減少は，熱心な教師がたまたま存在していたことが大きな要因かもしれない。あるいは比較的裕福で教育に熱心な地域でプロジェクトを実施した場合，そうでない地域との間で差が観察されることは当然に予測されることである。

　そのような介入以外の要因を取り除くためには，全く同じ対象に対し介入を行う場合と行わない場合の結果を観察する必要がある。しかし，そのような実験はクローン人間あるいは時間的に遡ることができるタイムマシーンでも使わなければ不可能である。

　そのような問題を解決する方法が「ランダム化比較試験（Randomized Control Trials：RCT）」である（図6-3）。そもそも RCT は，医療分野において新薬や治療法の効果を測定するために使われてきた手法である。それが，教育や保健分野への支援プロジェクトの評価手法として幅広く使われるようになった。特に，RCT を用いて「世界の貧困削減への実験的アプローチ」を行ってきたA・バナジー，E・デュプロ，M・クレマーに対して2019年度にノーベル経済学賞が授与されたことで，一層の注目を集めるようになった。

　開発経済学および援助プロジェクトの評価において「ブーム」といえるほど一般的となりつつある RCT であるが，それを実施するためには様々な条件を満たす必要があり，その際のキーワードとして「無作為性（randomness）」がある。RCT では，ある地域などの対象全員（母集団）の中から，介入（プロジェクトの実施）を行う「介入群（treatment group）」と行わないグループ「対照群（control group）」を無作為に選ぶ（サンプリング）ことから始まる。

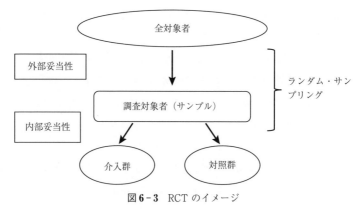

図6-3　RCT のイメージ

出所：Gertler, Paul J., Martinez, Sebastian, Premand, Patrick, Rawlings, Laura B., and Vermeersch, Christel M. J., *Impact Evaluation in Practice second edition,* The World Bank, 2016, p. 73 を参考に筆者作成。

　その際，母集団が十分大きいものならば，無作為に選ばれた両グループには同じような性質の人々が含まれ，一定期間経過後に両グループに十分な差が観察できれば，その介入が何らかの影響を与えるものであったと判断される。

　しかし，仮に選ばれたグループのそれぞれが全く異なる性質を有するものであった場合，介入の効果が本当にあったのかどうかを判断することができない。例えば，一つのグループは身長が高く体重も重い人々から成り，他方は小柄な人のグループである場合，後者で新薬の投与で効果が確認できても，それをもって薬に一般的な効果があるとは言い切れない。

　もし十分な条件を満たして RCT が実施できれば，援助プロジェクトの評価・改善に大きな貢献をすることが期待される。他方で，RCT には様々な問題点も指摘されてきた。例えば，RCT でプロジェクトの効果は確認されたとしても（内部妥当性），それがさらに広範囲の地域，国全体へも効果があると一般化できるのか（外部妥当性）といった指摘がある。また，RCT には通常膨大な手間と費用がかかるし，道路，鉄道，空港などのインフラプロジェクトへの適用も難しい。さらに実験とはいえプロジェクトに含まれる人たちと除かれる人たちが存在することは倫理的に問題ではないのか，といった意見もある。

　以上のような批判はあるにしても，RCT が開発経済学と援助の中で大きな

影響力をもつようになっていることは間違いない。

お わ り に

　貧困とは何かという問いには明確な回答はない。しかし貧困削減が日本国内外を問わず現代における最重要課題の一つであることはたしかであり，それへの対応のために貧困の様々な定義，計測法そして改善のための提案がなされてきた。それでも貧困の解決はならず，今後も闘いは続いていく。

参考文献

アビジット・V・バナジー／エステル・デュプロ（村井章子訳）『絶望を希望に変える経済学——社会の重大問題をどう解決するか』日本経済新聞出版，2020年。
* ＊2019年度にノーベル経済学賞を受賞した二人が，開発経済学が貧困，格差などの課題へどのように対処できるのかを一般向けに解説した書籍である。RCT の具体例を知るのにも適している。

黒崎卓・山形辰史『開発経済学——貧困削減へのアプローチ（増補改訂版）』日本評論社，2017年。
* ＊日本の代表的な開発経済学者2名による著書である。基礎から少し進んだ内容まで解説されており，理解できるまで読むことで開発経済学およびその貧困への対応についての理解が深まる。

トマ・ピケティ（山形浩生・守岡桜・森本正史訳）『21世紀の資本』みすず書房，2014年。
* ＊膨大な過去のデータを基に世界各国の所得格差の変遷とその理由を解説した，世界的ベストセラーになった書籍である。その後，批判も多くなされたが，今でも一読に値する。

マーティン・ラヴァリオン（柳原透監訳）『貧困の経済学』上・下，日本評論社，2018年。
* ＊貧困に関する歴史，理論，具体的な調査方法までを網羅し，詳しく解説した書籍である。高度な内容も含まれるので，基礎的な経済学の知識を習得した後に挑戦することを勧める。

考えてみよう！

① 　近年，開発経済学分野で注目され，開発援助の現場でも援助の効果測定のために実践されているランダム化比較試験（RCT）の利点と問題点について考えてみよう。
② 　貧困問題や所得格差の問題を解決するには政府の役割は重要だが，経済成長を重

　視するか社会保障などの分配を重視するかは議論が分かれる。あなたが政府の立場
だとすれば，どのような政策が適切か，考えてみよう。

コラム2　開発援助の現場から得たもの

　筆者は大学教員になる以前，20年間ほどODA（政府開発援助）を供与するJICA（国際協力機構）という組織で働いていた。その新人時代，いわゆる文科系学部出身の筆者にとり，それまで全くの縁のなかったインフラ（道路，鉄道，空港，港湾）の援助プロジェクトへ関わったことは，援助という文脈を超えて世の中のモノやヒトの流れの仕組みを学ぶ貴重な機会であった。それは経済学の理論が「動いている」場でもあった。

　その後，ベトナム，ラオス，ミャンマーといった旧社会主義圏の国々を担当することになった。特に1990年代後半に3カ月に一度は出張したベトナムは，訪れるたびにビルが，バイクや車が，そして英語を話す人（正確には，何とか話そうとする人）が増えていくことを肌で感じた。それは開発経済学の教科書で学んだ「経済発展」や「市場経済への移行」という言葉をリアルに感じることができた体験であった。

　そのような様々な経験の中でも，特に今の自分にまで影響を与えているのはアフガニスタンでの2年間の滞在である。そこは，「何でもあり」の場所であった。それは治安が安定せず，国の仕組みがまだ整っていない反面，混乱の時代から平和が戻ってきた中で，新たな国造りを始める希望と野心が入り混じった世界であった。

　いまだ地方では戦闘が続き，首都でも自爆テロが起こる中，治安の安定と安全の確保は最優先課題であった。そのため援助関係の会合であっても，当然のように米軍をはじめとした各国の軍関係者と一緒にテーブルを囲むことになる。治安維持と開発支援が混然一体となって進んでいく現場に身をおくと，日本では当然に区別される「べき」とされ，自分でもそう考えていた「軍」と「民間」の間の線引きは，アフガニスタンのような土地では曖昧なものであると気づいた。

　大学時代に漠然と「珍しい場所（外国）」へ行きたいとの思いから，途上国の開発問題や援助について学んだ。その後，様々な国の支援に関わるようになって，「これ本に書いてあったなあ」ということも「講義やゼミで聞いたこととは違うなあ」と思うこともあった。ただ，いずれにしても基礎となる知識がなければ，それらを感じることもできない。

　大学で学んだことですぐに役立つことは少ないかもしれないけれど，案外，無駄にならないかもしれない。とは書いているものの，それは後から気づいたことではあるが。

（嶋田晴行）

第7章
発展途上国の開発問題と持続可能な開発目標（SDGs）

中川涼司

本章のねらい

・発展途上国とは何か，それが発展途上国と呼ばれるようになったのはなぜかを理解する。

・発展途上国がどのように開発を進めようしたのかを理解する。

・国連ミレニアム開発目標（MDGs）および持続可能な開発目標（SDGs）とは何で，それはいかなる成果と課題を残しているのかを理解する。

キーワード

▶発展途上国，開発，南北問題，国連ミレニアム開発目標（MDGs），持続可能な開発目標（SDGs）

は じ め に

第二次世界大戦後，国際経済体制の整備とともに，世界経済は全体としては大きく成長した。しかし，先進資本主義国と一部の発展途上国が大きく成長する一方で，社会主義国の経済は徐々に停滞しはじめ，また，発展途上国の多くは，緩やかな成長ないしほとんど成長がない状態にとどまった。本章は発展途上国がいかなる歴史的経緯で成立し，また，なにゆえに発展途上国と呼ばれるようになったのか，発展途上国はいかに開発を進めようとして，その結果はどのようなものであったのか，2000年から取り組まれている国連ミレニアム開発目標（MDGs）および持続可能な開発目標（SDGs）とは何で，それはいかなる成果と課題を残しているのかを明らかにする。

1　発展途上国の開発問題とその背景

　第二次世界大戦後，1940～60年代において，枢軸国の敗戦および植民地の独立闘争により，多くの植民地が政治的には独立した。しかし，これらの諸国は政治的には独立したもの，経済的には発展しておらず貧困にあえいでおり，経済開発問題が強く意識されるようになった。また，冷戦の下で，両陣営とも途上国を自陣営に取り込みたいと考えたこともこの問題を強く意識させる要因となった。これらの国は「後進国（Backwards Country）」，「未開発国（Undeveloped Country）」，さらには「低開発国（Underdeveloped Countries ないし Less Developed Countries：LDC）」と呼ばれた。しかし，1962年の UNCTAD（国連貿易開発会議）の設立以降，それらの表現は差別的であるとして，発展途上国（ないし開発途上国または途上国，developing countries）という表現に変えられた。

　ただし，発展途上国の概念は，種々の条約や国際機関において使われているにもかかわらず，その基準として国際的合意があるわけではない。比較的使われるリストとしては経済協力開発機構（OECD）の開発援助委員会（DAC）が作成する「援助受取国・地域リスト（DAC リスト）」第Ⅰ部に記載されている国および地域がある。

　DAC の2020年時点での基準は2016年の一人当たり GNI（国民総所得）が1005ドル以下である低所得国，1006～3955ドルである低位中所得国・地域，3956ドルから１万2235ドルまでの高位中所得国・地域が ODA（政府開発援助）としてカウントされる発展途上国とみなされる。なお，GNI はある国・地域の「居住者」（国籍ではない）によって一定の期間に生み出された付加価値の総額である GDP（国内総生産）に国外所得の純受取（受取－支払）を加えたものである。

　「後発開発途上国（Least Developed Countries）」は国連開発計画委員会（CDP）が認定した基準に基づき，国連経済社会理事会の審議を経て，国連総会の決議により認定された開発の遅れた国々である。認定基準は一人当たり GNI（過去３年平均，2020年現在1025米ドル以下），HAI（人的資源開発の程度を表すために CDP が設定した指標），EVI（外的ショックからの経済的脆弱性を表すために CDP が設定

表7-1　DAC 統計上の ODA 対象国・地域（2018～20年）

後発開発途上国（LDC）	低所得国：一人当たりGNI（2016年）1,005ドル以下	低位中所得国：一人当たりGNI（2016年）1,006-3,955ドル	高位中所得国：一人当たりGNI（2016年）3,956-12,235ドル	
アフガニスタン	朝鮮民主主義人民共和国	アルメニア	アルバニア	セント・ビンセント・グレナディス
アンゴラ	ジンバブエ	ボリビア	アルジェリア	サモア
バングラデシュ		カーボベルデ	アンティグア・バーブーダ	セルビア
ベナン		カメルーン	アルゼンチン	南アフリカ
ブータン		コンゴ共和国	アゼルバイジャン	スリナム
ブルキナファソ		コートジボワール	ベラルーシ	タイ
ブルンジ		エジプト	ベリーズ	トンガ
カンボジア		エルサルバドル	ボスニア・ヘルツェゴビナ	トルコ
中央アフリカ共和国		エスワティニ	ボツワナ	トルクメニスタン
チャド		ジョージア	ブラジル	ベネズエラ
コモロ		ガーナ	中国	ウォリス・フツナ
コンゴ民主共和国		グアテマラ	コロンビア	
ジブチ		ホンジュラス	クック諸島	
エリトリア		インド	コスタリカ	
エチオピア		インドネシア	キューバ	
ガンビア		ヨルダン	ドミニカ	
ギニア		ケニア	ドミニカ共和国	
ギニアビサウ		コソボ	エクアドル	
ハイチ		キルギスタン	赤道ギニア	
キリバス		ミクロネシア連邦	フィジー	
ラオス		モルドバ	ガボン	
レソト		モンゴル	グレナダ	
リベリア		モロッコ	ガイアナ	
マダガスカル		ニカラグア	イラン	
マラウィ		ナイジェリア	イラク	
マリ		パキスタン	ジャマイカ	
モーリタニア		パプアニューギニア	カザフスタン	
モザンビーク		フィリピン	レバノン	
ミャンマー		スリランカ	リビア	
ネパール		シリア	マレーシア	
ニジェール		タジキスタン	モルディブ	
ルワンダ		トケラウ	マーシャル諸島	
サントメプリンシペ		ウクライナ	モーリシャス	
セネガル		ウズベキスタン	メキシコ	
シエラレオネ		ベトナム	モンテネグロ	
ソロモン諸島		西岸地区・ガザ地区	モントセラト	
ソマリア			ナミビア	
南スーダン			ナウル	
スーダン			ニウエ	
タンザニア			北マケドニア	
東ティモール			パラオ	
トーゴ			パナマ	
ツバル			パラグアイ	
ウガンダ			ペルー	
バヌアツ			セント・ヘレナ	
イエメン			セント・ルシア	
ザンビア				

出所：OECD, *DAC List of ODA Recipients*, http://www.oecd.org/dac/financing-sustainable-development/development-finance-standards/DAC_List_ODA_Recipients2018to2020_flows_En.pdf（2020年7月30日アクセス）より作成。

した指標）も付け加えられて認定されるものである。

2 地位向上を目指す発展途上国の運動

（1）「第三世界」運動（非同盟・中立運動）の展開と「南北問題」の認識

　第二次世界大戦後の冷戦体制の中で，資本主義陣営と社会主義陣営の双方の自陣への取り込みの働きかけが行われた。しかし，そのような取り込み合戦にもかかわらず，両方から独立した「第三世界」の動きが勃興した。インド首相ネルーは東西冷戦下における軍事同盟・軍事ブロックに加わることを拒否する外交姿勢を示し，1954年のネルーと中国の国務院総理周恩来との会談で「平和五原則」に合意した。それは①領土・主権の相互尊重，②相互不可侵，③相互内政不干渉，④平等互恵，⑤平和共存の五つである。翌1955年にアジア・アフリカ29カ国が集まって開催されたアジア・アフリカ会議（バンドン会議）で，これをさらに拡張した「平和十原則」が採択された。その後，中印間の関係悪化などにより，第2回アジア・アフリカ会議は開催されなかったが，その精神は1961年9月に開催された第1回非同盟諸国首脳会議以降の非同盟運動に継承された。

　先進国・途上国間の経済格差問題を指す「南北問題」という用語の概念は，イギリスのロイズ銀行会長職にあったオリヴァー・フランクスが，1959年にアメリカ合衆国で行った講演「新しい国際均衡——西欧世界への挑戦」に端を発するものである。フランクスは東西問題（＝米ソ冷戦）に比肩する重要課題として，この南北問題を捉えた。

　発展途上国は国際機関に自らの活動拠点を作ろうとし，それは，1964年のUNCTADの第1回総会に結実した。その準備事務局長に任命され，さらに会議後，UNCTAD常設事務局の初代事務局長に任命されたのは，ラウル・プレビッシュである。第1回UNCTAD総会の基調報告である「プレビッシュ報告」はその後南北関係を論じる一つの指針となった。そこでの重要な提起は，一次産品（自然の中で採取・採掘され，加工されていない産出品。主に農産物と鉱産物）の輸出を主とする発展途上国の交易条件（輸出商品と輸入商品の交換比率）が

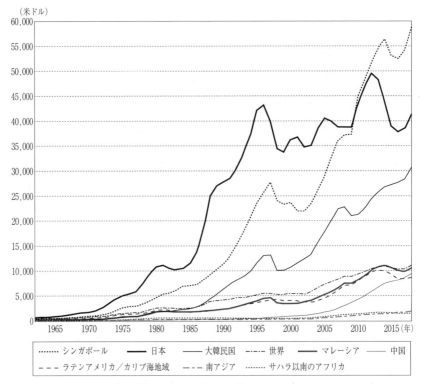

（米ドル）

図7-1　主要「発展途上国」と日本の一人当たり GNI（アトラスメソッド）

注：シンガポール，韓国は現時点では発展途上国には分類されない。
出所：世界銀行データに基づき作成。

傾向的に悪化していること，工業化が必要であるがそのために①一次産品の価
格維持，②途上国に対する特恵的貿易関税，さらに③ODA が必要である，と
いうことである（「援助より貿易を」）。輸入を国内生産に代えていく工業化は輸
入代替工業化路線と呼ばれた。

　また，第一次石油危機（1973年）を契機に NIEO（新国際経済秩序）と呼ばれ
る世界秩序の根本的な再編を求める動きが活発化した。1974年の国連資源特別
総会では途上国のイニシアチブのもと資源の恒久主権の原則を柱に据えた「新
国際経済秩序樹立に関する宣言」が採択された。NIEO は歴史的に形成された
南北間の搾取関係，支配・被支配関係を逆転するものであるとされた。

（2）途上国間の格差拡大

　発展途上国の地位向上のための運動が展開されたが，途上国の現実の発展状況には大きな差異が生まれた。途上国の中で産油国と非産油国の経済格差および利害の対立，非産油国でも韓国，台湾，シンガポール，香港などの工業化（のち，シンガポールと香港はサービス化）に成功した国・地域（新興工業化経済, Newly Industrializing Economies：NIEs）と工業化に失敗したその他の諸国間で格差が広がった。NIEs およびその後 NIEs の路線に追随した ASEAN（東南アジア諸国連合）の諸国，さらに中国などは，欧米や日本の多国籍企業（multinational corporations）をむしろ歓迎し，外国からの資本と技術を利用し，市場も国外に求めていく輸出志向工業化路線をとって成功した。

　しかし，発展途上国の中で発展する国・地域が現れる一方で，サブサハラ・アフリカの諸国などは，「成長しない経済」にとどまった（図7-1）。

3　国連ミレニアム開発目標（MDGs）の作成と諸主体の努力

（1）国連ミレニアム開発目標（MDGs）の作成

　1991年にソ連邦が崩壊，冷戦体制が終結し，西側資本主義国は ODA を減らした。しかし，冷戦のくびきが外れたことなどから，アフリカ諸国を中心に紛争が頻発し，また，重債務国が多く発生した。アフリカ重債務国の債務切捨てを主張するジュビリー2000の運動の成果もあり，IMF・世銀は1996年に債務一部切り捨て等を提起した。

　国連は21世紀を前に，再度この開発問題に立ち向かうこととなった。2000年9月ニューヨークで開催された国連ミレニアム・サミットに参加した147の国家元首を含む189の加盟国代表は，21世紀の国際社会の目標として国連ミレニアム宣言を採択し，極度の貧困と飢餓の撲滅などの国連ミレニアム開発目標（MDGs）を定めた。

　これは以下の諸ゴールからなる。

　ゴール 1：極度の貧困と飢餓の撲滅

ゴール2：初等教育の完全普及の達成

ゴール3：ジェンダー平等推進と女性の地位向上

ゴール4：乳幼児死亡率の削減

ゴール5：妊産婦の健康の改善

ゴール6：HIV／エイズ，マラリア，その他の疾病の蔓延の防止

ゴール7：環境の持続可能性確保

ゴール8：開発のためのグローバルなパートナーシップの推進

また，それぞれについて，より具体的なターゲットが定められた（詳細は外務省 http://www.mofa.go.jp/mofaj/gaiko/oda/doukou/mdgs/about.html#mdgs_list）。

特に中核となったのはターゲット1.A「2015年までに1日1ドル未満で生活する人口の割合を1990年の水準の半数に減少させる」であった。

（2）先進国政府による ODA の拡大

先進諸国は1989年のマルタ会談さらに1991年のソ連崩壊による冷戦終結後，ODA を減らしていたが，その後の紛争の拡大，MDGs の提起などを受けて，21世紀に入って ODA を大きく拡大している（ただし，日本はほぼ横ばいだが，対アフリカについては拡大）（図7-2）。

（3）世界銀行等国際援助機関の取組み

世銀は1990年代末，ジェームズ・D・ウォルフェンソン総裁の下で「包括的な開発フレームワーク（CDF）」を提唱した。CDF を実行に移すために作成されるのが「貧困削減戦略ペーパー（PRSP）」である。2001年，世銀は PRSP に対応し，従来の構造調整貸付の名称を変更し，貧困削減支援貸付（PRSC）を導入した。

その他国際援助機関の援助（譲許的融資を含む）は急拡大している。

（4）国際協力 NGO の活動

1990年代以降，国際協力 NGO（非政府組織）は量的・質的に飛躍的に拡大し

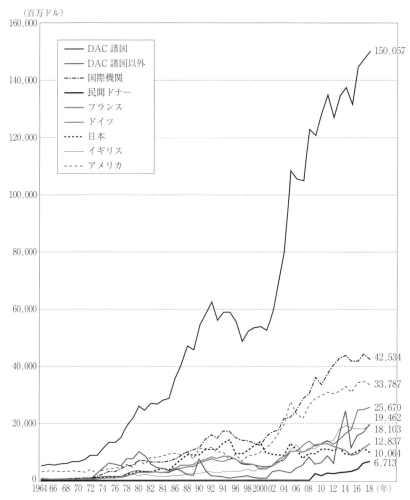

図 7 - 2　分類別・主要国 ODA（1964〜2018年，純支出額ベース，当年価格ドル）

出所：OECD, QWIDS, http://stats.oecd.org/qwids/（2020年 7 月30日アクセス）より作成。

た。*Yearbook of International Organizations* によれば2020年段階で世界に7万3000の国際協力 NGO が存在し，うち4万1000が活発な組織となっている。毎年約1200の新しい国際協力 NGO が設立されている。

　国際協力 NGO のうち，貧困削減支援型の NGO として世界屈指の存在となった BRAC（ブラック，バングラデシュ農村振興団）は年間予算規模9億9000万ドル（2016年時点）を擁するまでに成長した（同組織 HP による）。

　主要 NGO は独自の活動を展開するだけでなく，国連経済社会理事会の協議資格を取得することにより，国連との間で相互利益的な作業関係を構築できる。適格機関は，各国政府および国連事務局の技術専門家，アドバイザーおよびコンサルタントの役割を務めることで，国連の作業プログラムと目標へ貢献することができる。

　日本の外務省も，国際協力に対する国民の理解と支援を得る上で，また，ODA の有効性を高める上で，NGO と積極的に協力している。この外務省と NGO のパートナーシップには大別して「資金協力」，「活動環境整備」，「対話」の3種類がある。「資金協力」は，日本の NGO が海外での事業などの活動の際に必要とする資金を提供するもの，「活動環境整備」は，NGO の能力強化のための協力を行うこと，「対話」は，ODA 政策や NGO との連携策について，NGO の意見を聞き，政策に反映することである。

（5）資源高ブームとサブサハラ・アフリカ等の発展途上国の成長

　諸主体の努力とは別に僥倖ともいえる事情もある。2003年のイラク戦争以降，価格の上下はあるものの概ね資源高が定着した。それとともに，開発資金のサブサハラ・アフリカへの流入が急拡大した。

　石油（ナイジェリア，アンゴラ，赤道ギニア，ガボン，チャド，モーリタニア，ウガンダ，ガーナ等），鉱石（ギニア，モザンビーク），金（タンザニア），ウラン（ナミビア），銅（ザンビア），ニッケル（マダガスカル）などの鉱物資源も需要を高めた。アフリカは「経済大国アフリカ」とまで呼ばれるようになった。ただし，これらの経済成長が乳幼児死亡率低下など社会レベルに還元されていない問題があり，また，資源高ブーム自体が2013年以降は大きく減退している。

4 国連ミレニアム開発目標（MDGs）の達成状況と 持続可能な開発目標（SDGs）への継承

（**1**）国連ミレニアム開発目標（MDGs）の達成度

MDG Report 2015 によれば，最も中核的なターゲットとされたターゲット1.A. に関しては「達成」した。1日1.25ドル未満（この時点での国際貧困線）で暮らす人々は1990年には19億人，人口の47％であったが，2015年には8億3600万人，人口の14％に減少した。ただし，目標自体がやや控えめであったことは否めない。1日1.25ドル未満で暮らす人々が8億人以上存在する中で貧困撲滅を達成したとは到底言い難く，そのことは SDGs に引き継がれた。

その他，発展途上国の初等教育の就学率は2000年の83％から2015年は91％になった。非就学児童は2000年の1億人から5700万人に減少した。女性の就学率は上昇し，途上国全体としては，初等，中等，高等教育のいずれにおいても男女格差はデータ上は解消された。5歳未満児死亡率は1990年から2015年において1000人当たり90人から43人に低下した。妊産婦死亡率は1990年から45ポイント減少し，かつ，その減少のほとんどは2000年以降に起こった。新たな HIVへの感染は2000年から2013年の間で約40％，350万人から210万人に減少した。

しかし，残された問題として①男女間差別の継続，②最富裕層と最貧困層，都市と農村の間の巨大な格差，③気候変動と環境劣化への取組みの遅れと貧困層への被害の集中，④紛争による人間開発の遅れ，⑤依然として続く貧困と飢饉，ベーシックな社会サービスの欠落が指摘されている。

（**2**）2030年アジェンダと持続可能な開発目標（SDGs）の制定

2015年9月25日193カ国の首脳らを招いたサミットが3日間の日程で開幕し，2030年を期限とする新たな共通国際目標「持続可能な開発のための2030年アジェンダ」が採択された。これは極度の貧困や飢餓の撲滅，格差の解消などを含む17分野169目標を明記した持続可能な開発目標（SDGs）を含むもので，2016年以降の15年間にわたって各国が取り組む開発政策の指針となる。MDGs

の残された課題（保健，教育など）と，新たに顕在化した課題（環境，格差拡大など）への対応となっていること，先進国も対象となっていることがその特徴である。

　貧困問題については当時1日1.25ドル未満で生活する人々とされていた（現在は1.9ドル）極度の貧困を2030年までにあらゆる場所で終わらせるとしており，MDGs よりもさらに高い目標となっている。

（3）持続可能な開発目標（SDGs）の達成状況

　国連は毎年 *The Sustainable Development Goals Report* を作成している。ここではその2020年版を中心に SDGs の達成状況を確認する。これまで分野によって差異はありながらも目標達成に向かってきた状況は2019年以降の新型コロナウィルス（COVID-19）の影響により，動きが停滞し，むしろ悪化している。

　以下，目標ごとに発展途上国に特徴的な点を紹介する。

目標1：あらゆる場所で，あらゆる形態の貧困に終止符を打つ。

　1日1.9ドル以下で暮らす人々を2030年までに0％にするという目標に対する到達は2015年10.0％であったものが2019年には8.2％まで進んだ。2020年には7.7％にまで下がる見通しであったが，新型コロナウィルスの影響で逆転し，逆に8.8％に上昇する見込みである（図7-3）。しかも，深刻なのは「働く貧民（working poor）」がトータルで見ても2010年の7.1％から2019年には14.3％，特に若年層においては12.8％から19.8％に上昇している点である。

目標2：飢餓に終止符を打ち，食料の安定確保と栄養状態の改善を達成するとともに，持続可能な農業を推進する。

　栄養不良に苦しむ人々の減少については新型コロナウィルス以前にも前進を見ていない。栄養不足の人々の割合は2019年に9％弱で，率として2014年とほぼ変化ないが，実数としては6億9000万人と6000万増加している。

目標3：あらゆる年齢のすべての人々の健康的な生活を確保し，福祉を推進す

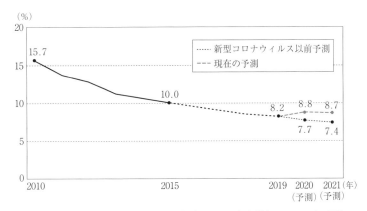

図7-3　1日1.9ドル未満生活者比率（2010〜19年実績と2020，21年予測）

出所：*The Sustainable Development Goals Report 2020.*

る。

　妊産婦死亡率は2000年の10万人当たり342人から2019年に211人にまで減少した。5歳未満乳幼児死亡率は2000年の1000人当たり76人から2005年に42人，2018年には31人にまで減少した。にもかかわらず，依然として5300万人が5歳の誕生日を迎えることなくこの世を去っている。

　新型コロナウィルスはそれ自体が死亡をもたらすだけでなく，世界各国の保健システムを弱体化させており，これまで順調に低下してきた妊産婦死亡率や5歳未満乳幼児死亡率を大きく悪化させる見通しである。予防接種についても3種混合（ジフテリア・百日咳・破傷風混合ワクチン）の接種は2000年72％が2018年に86％に，麻疹2期接種は19％から69％に上昇していたが，この前進は新型コロナウィルスによって大きく損なわれてしまう見込みである。

目標4：すべての人々に包摂的かつ公平で質の高い教育を提供し，生涯学習の
　　　　機会を促進する。

　初等教育修了率は全世界的には2000年の70％から2019年には85％にまで上昇した。しかし，この比率は国ごとおよび各国内の富裕層と貧困層の間で大きな差異がある。低位中所得国ではトータルで86％であるが，最貧困20％では68.4％，最富裕20％では96.5％である。低所得国ではトータル54.8％であるが，

最貧困20％では34.3％，最富裕20％では78.5％である。

　新型コロナウィルスはこれらの状況を悪化させる見通しである。最貧困層はリモート教育の条件がなく，教育へのアクセスにより困難をきたしている。

目標5：ジェンダーの平等を達成し，すべての女性と女児のエンパワーメントを図る。

　女性の地位の低さの結果でもあり，原因でもある年少婚（婚約含む）は全世界的に減少してきた。20〜24歳の女性が18歳未満，15歳未満で結婚した比率は全世界で見て，2009年の23.8％，7.4％から，2019年には20.2％，4.9％に下がった。しかし，この比率は（それぞれの地域で下がっているとはいえ）サブサハラ・アフリカと南アジアは特に高い。サブサハラ・アフリカは2009年それぞれ38.9％，13.7％から2019年34.5％，10.5％に，南アジアは同様に47.1％，17.2％から29.2％，7，6％への減少となっている。

　また，女性の地位の低さを象徴するだけでなく，不衛生な環境で行われるために身体上も問題となる女性器切除は31カ国（その約半数は西アフリカ）に集中するが，そこでは15〜49歳の女性の9割が切除を受けている。SDGsの目標達成には，この習慣がさほど一般的ではない国も含めてこの習慣をなくしていく必要がある。

目標6：すべての人々に水と衛生へのアクセスと持続可能な管理を確保する。

　安全に管理された水を利用している人々の比率は2000年の61％から2017年には71％に増えた。また，管理されたトイレを利用する人々の比率も28％から45％に増えた。逆に水資源管理はラテンアメリカ・カリブ，中央・南アジア，オセアニアにおいて特に十分でなく，水資源枯渇のリスクを抱えている。

目標7：すべての人々に手ごろで信頼でき，持続可能かつ近代的なエネルギーへのアクセスを確保する。

　電気の利用比率は全世界的には2010年の83％から2018年には90％に上昇した。ラテンアメリカ・カリブ，東・南アジアが目覚ましい改善をして98％を超えたのに対し，アフリカは改善が遅れ，利用ができない人々の53％，548万人はサ

ブサハラ・アフリカに集中している。

目標8：すべての人々のための持続的，包摂的かつ持続可能な経済成長，生産
　　　的な完全雇用およびディーセント・ワーク（働きがいのある人間らしい仕
　　　事）を推進する。

　2019年の失業率は世界的にはトータル5.4％，若年層13.6％であるが，北ア
フリカ・西アジアでは10.7％，25.7％，ラテンアメリカ・カリブ8.1％。
17.9％，中央・南アジア5.4％，18.4％と高くなっている。

目標9：レジリエントな（回復力のある）インフラを整備し，包摂的で持続可
　　　能な産業化を推進するとともに，イノベーションの拡大を図る。

　研究開発投資額は，絶対額においてだけでなく対 GDP 比で見ても先進国と
発展途上国で顕著な差異がある。全世界的には2010年の1.62％から2017年には
1.72％に上昇しているが，東・東南アジア2.13％，ヨーロッパ・北アメリカ
2.25％に対し，サブサハラ・アフリカ0.38％，中央・南アジア0.54％，ラテン
アメリカ・カリブ0.67％，北アフリカ・西アジア0.81％，特に後発開発途上国
（LDC）のみでは0.20％にとどまる。

目標10：国内および国家間の不平等を是正する。

　DAC 諸国，国際機関，その他から発展途上国への（投資も含めた）資金移動
総額は2015年の3140億ドル，2017年の4200億ドルから2018年は2710億ドル（う
ち ODA は1660億ドル）と大きく減少した。2015年から大きく減らした地域はラ
テンアメリカ・カリブ（973.8億ドルから593.1億ドルへ），サブサハラ・アフリカ
（713.1億ドルから48.49億ドル），中央・南アジア（348.3億ドルから209.4億ドル）で
ある。これらは世界的な景気後退によるものだが，新型コロナウィルスの影響
でさらに減ることも予想されている。

目標11：都市と人間の居住地を包摂的，安全，レジリエントかつ持続可能にす
　　　る。

　発展途上国のスラムに住む人口は2000～14年には5％減少したのに対し，
2014～18年には都市への人口流入に都市建設が追いつかず逆に0.9％増えてお

り，特に北アフリカ・西アジアにおいて3.6%増えてしまった。

目標12：持続可能な消費と生産のパターンを確保する。

　フードロスを減らすことは食料安全保障上も栄養摂取確保のためにも重要であるが，世界全体で13.8%の食料が失われている。この比率は先進国で高いと思われがちで，実際ヨーロッパ・北アメリカは平均以上の15.7%であるが，同時に中央・南アジアで20.7%，サブサハラ・アフリカでも14.0%と高い。

目標13：気候変動とその影響に立ち向かうため，緊急対策を取る。

　温室効果ガスの排出量は先進国（移行経済含む）においては2007年以降減少傾向にあるが，発展途上国は2005年以降急激に増加し，先進国（CO_2相当約170億トン）よりもかなり多く（約220億トン）なっている。2020年以降のパリ協定の枠組みと新型コロナウィルスはこの動きをとどめる可能性がある。

目標14：海洋と海洋資源を持続可能な開発に向けて保全し，持続可能な形で利用する。

　世界的には2017年の維持可能な漁業資源は2015年から微減するにとどまったが，北西大西洋と北西太平洋では減少が著しい。

目標15：陸上生態系の保護，回復および持続可能な利用の推進，森林の持続可能な管理，砂漠化への対処，土地劣化の阻止および逆転，ならびに生物多様性損失の阻止を図る。

　全世界的に見ても生物の多様性を確保する国家計画が計画通り進んでいる国は3分の1（129カ国中41カ国）しかないが，サブサハラ・アフリカ（35カ国中10カ国）と中央・南アジア（12カ国中3カ国）ではさらにそれを下回る。

目標16：持続可能な開発に向けて平和で包摂的な社会を推進し，すべての人々に司法へのアクセスを提供するとともに，あらゆるレベルにおいて効果的で責任ある包摂的な制度を構築する。

　全世界における殺人は2000年の10万人当たり6.8人から2015年5.9人，2018年5.8人と減少してはいるが，その減少速度は緩慢である。2018年に世界で44万

人が殺人によって命を失っているが，そのうち，サブサハラ・アフリカが36％，ラテンアメリカ・カリブが33％を占める。

目標17：持続可能な開発に向けて実施手段を強化し，グローバル・パートナー
　　　　シップを活性化する。

　DAC 諸国の発展途上国への ODA は2019年1474億ドルでこれは2018年とほぼ同じであった。ただし，アフリカと LDC に対する比率はそれぞれ1.3％増，2.6％増となった。先進国の財政危機の中で ODA の水準を保つことが難しくなってきており，DAC は ODA の水準を守るための声明も出している。

おわりに

　第二次世界大戦後の発展途上国の開発問題は，一部の国々が先進国と密接な関係を築くことで解決していったものの，取り残された国々も多かった。取り残された国々に対して MDGs さらに SDGs により国際社会は対応してきたが，現時点では成果はあるもののかなりまばらさがある。新型コロナウィルスはこの前進を大きく阻害しており，枠組みの再構築が必要となっている。

　また，発展途上国自身の問題もある。1989年に世銀が対アフリカ構造調整政策レビューの中で初めて「ガバナンス」の概念を用いて以来，開発援助における途上国政府自身の「グッド・ガバナンス（Good Governance）」あるいは「主体性（Ownership）」を重視する傾向が顕著になっている。開発問題の解決には国際機関，先進国の政府や民間だけでなく発展途上国自身の自助努力も求められている。

参考文献

大塚啓二郎『なぜ貧しい国はなくならないのか——正しい開発戦略を考える（第 2
　　版）』日本経済新聞出版，2020年。
　＊日本における開発経済学の代表的論者の書かれた定評のある概説本の第 2 版。農業，製造業，
　　環境，ジェンダー等についてアジアとアフリカの現地調査や世界銀行で実務経験も踏まえて
　　書かれている。
アマルティア・セン（石塚雅彦訳）『自由と経済開発』日本経済新聞出版，2000年。

　　＊経済成長最優先の開発に異議を唱え，人間開発アプローチを提唱，人がなしうること，人々が生きる選択の幅の拡大を開発と捉える。ノーベル経済学賞も受賞したアマルティア・センの代表的著作の一つ。

平野克己『経済大国アフリカ』中公新書，2013年。

　　＊アフリカ経済研究の第一人者による書。平野はかつてサブサハラ・アフリカを「成長しない経済」と呼んだが，近年の状況により「経済大国アフリカ」になってきているとしている。

ウィリアム・イースタリー（小浜裕久・織井啓介・冨田陽子訳）『傲慢な援助』東洋経済新報社，2009年。

　　＊善意にあふれた先進国からの援助のうち，たった数パーセントしか本当に必要な人に届いておらず，これまで経済成長に成功してきた国は，援助をそれほど受け入れてはいない国である，という現実を分析し，本当に有効な援助とは何かについて検討するもの。

The Sustainable Development Goals Report. フルペーパー（英語）は https://unstats.un.org/sdgs/report/2020/（2020年版），日本語による概要は国連広報センター，https://www.unic.or.jp/activities/economic_social_development/sustainable_development/2030agenda/sdgs_report/.

　　＊SDGs の進展状況を確認できる。また，国連広報センターのサイトは SDGs の概要を見る上でも便利。

考えてみよう！

①　発展途上国とは何か。その言葉の発生，認定基準およびこれまでに採られた発展方策について考えてみよう。

②　国連ミレニアム開発目標（MDGs）および持続可能な開発目標（SDGs）の到達点と残された課題および今後の方策について考えてみよう。

第8章
グローバル化とジェンダー

鳥山純子

本章のねらい
・ジェンダーと〈ジェンダー〉の基本コンセプトを理解する。
・国際的なジェンダー的課題を説明できるようになる。
・ジェンダー的課題の政治的流用を説明できるようになる。

キーワード
▶格差，分類，フェミニズム，女性問題，移住家事労働者，スカーフ論争

は じ め に

　近年，国際情勢が語られる場で，ジェンダーという言葉を耳にすることが多くなってきた。2015年，国連で採択された2030アジェンダは，SDGs（持続可能な開発目標）という目標において，ジェンダー平等を全17項目の一つに位置づけ耳目を集めた。あるいは2014年，ハリー・ポッターでおなじみ，若者に認知度の高いエマ・ワトソンが，国連本部で「HeForShe」の演説を行ったことを覚えている人もいるだろう。しかし，国際情勢に詳しい人でも，ジェンダーが国際関係を学ぶ上でどのような重要性をもつのか，自信をもって説明できる人はかなり限られるだろう。かくいう私も，学生から突然そんな質問を投げかけられればうろたえること必至である。

　そこで本章では，ジェンダーとはいったい何を意味するどのような概念なのか，またジェンダーには国際関係を学ぶ上でどのような意義があるのかについ

て整理し，国際関係を考える際の一つの重要な視点としてジェンダーを検討していきたい。これはまた，国際社会の当たり前を問い直す批判的考察力を身につける経験にもなるだろう。

1　ジェンダーとは何か

（1）〈分類〉カテゴリーとしての性別

　ところで読者の皆さんは，「ジェンダーとは女性の問題を語るための概念ではない」と聞いたらどのように思われるだろうか。あるいは，「性別とは格差を作り出す装置である」といわれたら，即座に賛同できるだろうか。

　現在日本語で「ジェンダー」といえば，大きく分けて①性別という「モノ」や現象そのものを表す用語として用いられる場合と，②性別が自然化され，当たり前のものとして流通している状態を批判的に検討する学問的眼差しを示す用語として用いられる場合がある。便宜上，本章では②を以下〈ジェンダー〉と表記し区別する。

　試しに辞書でジェンダーとひくと，「社会的性役割や身体把握など文化によってつくられた性差」（『岩波女性学事典』2002年，163頁）と書かれている。この説明の一般的な理解は，性別を，(a)社会文化的（つまり人工的で可変的）なものと，(b)生物（学）的（つまり自然なもので不変的）なものに分け，前者をジェンダーと名づけている，というものだろう。ただしこの簡潔な説明は，過度な単純化ゆえに誤解を生んだようにも思われる。例えば，現代のフェミニズム理論においては，セックスもまたジェンダーの一つと認識されている。上記の辞書的説明を用いて，このことを説明できるだろうか。

　ここで重要になるのが，「生物（学）的」という概念の捉え方と〈分類〉という行為である。「生物（学）的」とみなされる事象の状態ではなく，ある事象を「生物（学）的」とみなす行為に着目してみよう。ある事象が「生物（学）的」として認識されるためには，それに先立ち存在する「生物」という概念が必要である。ただし，その「生物」という概念を作り出す行為も，また特定の事象を「生物（学）的」と認識する行為も，人が行ういわゆる人工的なプロセ

スである。さらに「生物（学）的」と「社会文化的」が対置される際には，前
者が，客観的で科学的であることを理由に主観的で不確実な社会文化的現象に
比べて高く評価される傾向がある。しかし，よくよく考えてみれば，「生物
（学）」，「科学」，「客観的事実」もすべて人間の営為によって生み出されたもの
である。それにもかかわらず，「科学」にことさら高い評価が与えられる傾向
は，私たちが生きる現代社会の（主観的で不確実な）特徴である。

　このように，性別を(a)社会文化的な性差と(b)生物（学）的性差の二つに分け
るという〈分類〉は，何重にも人工的な作業であり，その結果として行われた
分類と，生物（学）的なものに優位性を見出す評価もまた人間が作り出した可
変的な構築物である。つまり，人間が生物（学）的と〈分類〉した性別＝セッ
クスは，人間の営みを通じて創出され，社会文化的なものより確実なものとみ
なされているのであり，この点においてそれもまた，社会文化的に〈分類〉さ
れた性別，すなわちジェンダーといえるだろう（より詳しい議論は，スコット
『ジェンダーと歴史学』平凡社，1999年を参照のこと）。

　こう言うと，「とはいえ，身体には性器という男女で異なる形状の器官があ
り，それは可変的なジェンダーではない」，というお叱りを受けることがある。
誤解のないよういえば，ジェンダーであれセックスであれ，性別という〈分
類〉が人工的で選択的に作られたからといって，その分類が間違った，根拠の
ないものだと主張しているわけではない。ただ，性器が人間を分類する際の重
要な基準の一つに据えられ，集団全体を「男と女」に分けることは，それ以外
のあらゆる分類同様，社会的な価値に基づいて初めて正当性が発揮されるもの
である。ある特徴を基準とすべき正当性は，その他のあらゆる特徴がもつ正当
性と同等でしかなく，人間の主観や予見がない状態においては，どのような特
徴であれ，〈分類〉において他の特徴以上に重視されるべき正当性はない（池
田清彦『分類という思想』新潮社，1992年）。この議論についてさらに知りたい場
合は「みにくいアヒルの子の定理」を調べてみてほしい。私たちが，他の特徴
以上に性器の形状を重視して人間集団を二分する正当性は，私たちがこれまで
生きてきた社会で，そこに重要性が付されてきたからという以上に「客観的」
なものではないのである。どうしても性別を重視する理由を探すとするなら，

それは「これまで性器を基準に男女という区分が重視されてきたから」という社会的経験に根づくものになる。これはすなわち，これまでの社会的慣習に従って身体的性差に特別大きな意味を与えること，つまりジェンダーの問題と言い換えることができるのである。

　このように，性別が当たり前のものとして流通し使用されている様相を批判的に検討する学問的眼差し。それが二つ目に説明する〈ジェンダー〉である。〈ジェンダー〉的に物事を考えることとは，女性差別そのものを問題にする以上に，その差別を正当化する社会のルールを追求し，そのルールについて明らかにすることを指す（加藤秀一『はじめてのジェンダー論』有斐閣，2017年）。つまり〈ジェンダー〉とは，男女という性別分類に特別な意味をもたせ，優劣を振り分ける現行の社会ルールを批判的に取り扱う物の見方なのである。

　〈ジェンダー〉的に考える上で〈分類〉が重要になるのは，性別というカテゴリーが，自分たちの生きる社会の基準に従って，物事を「分ける」という人工的行為によって形作られている点を強調するためである。生物学者の池田は，分類のことを「ある時代と地域の思想・文化を映し出したもの」，「世界観の表明であり，思想の構築なの」だ，と説明する（池田，1992年）。〈分類〉の興味深い点は，ひとたびある〈分類〉が社会的なルールに則り人工的に作られると，その〈分類〉も社会的なルールの重要な一部となり，自然なものとして人々の前に姿を現すことである。性別を例にとるなら，社会が性別という〈分類〉方法を編み出したとたんに，社会の諸現象が男と女という性別の〈分類〉をもって経験されはじめる。そして人々は（自分たちがその〈分類〉を作り出したことを忘れて），いたるところに性別〈分類〉を発見し，ますますその〈分類〉が自然の秩序の下に作り出されたものだという確信を深めていくのである。

（2）性的少数者から見える現代社会の特徴

　それでは，ジェンダーという概念を用いて，近年メディアでも取り上げられ始めた LGBT はどのように考えられるだろうか。LGBT とは，レズビアン（L：女性に性的欲望や恋愛感情を抱く女性），ゲイ（G：男性に性的欲望や恋愛感情を抱く男性），バイセクシュアル（B：両性に性的欲望や恋愛感情を抱く人物），トラン

スジェンダー（T：社会に割り当てられた性別に違和感を抱く人）を指す用語である。しかしこの概念も万能ではなく，男女のカテゴリーだけでなく，LGBTのカテゴリーにも自分が含まれていないと感じる人々もいる。そこで本章では，LGBT に代わり，より包括的な意味をもつ性的少数者（セクシャルマイノリティと呼ばれることもある）を用いていきたい。性的少数者とは，性自認（自分の性別は何か）や性的指向（どのような性別の人間を性愛の対象として求めるか）などにおいて，社会でいう「普通」に異和感を覚える人々を広く表す用語である。

　性的少数者の存在は，「男と女」という分類が必ずしも「自然」な所与のものではないことを示すよい例である。近年では，「ジェンダーはグラデーション」なのだから，それは男や女といった二つのカテゴリーには当てはまらない，という主張も見られるようになった。ただそれにもかかわらず，依然として社会のあらゆる制度が，二つしかない性別を前提に作られている。こうした社会が抱える認識の偏りを，性別という概念を手掛かりに批判的に検討するのが，〈ジェンダー〉である。男と女というカテゴリーも人間が作ったものである以上，男女というカテゴリーが万能でないことは不思議なことではない。むしろ〈ジェンダー〉を議論する上で着目すべきは，男女という偏った，限定的なカテゴリーを実態にあてはめ，そこに上手く合致するかどうかで，多数派と少数派，正常と異常とが判定される，今の社会の偏ったあり方なのである。

（3）男女という権力の不均衡な入れ物

　ところで「男と女」のように，世界全体を二つに切り分ける〈分類〉の思考を二元論という。ジェンダー理論を牽引する哲学者のジュディス・バトラーは，この二元論に注目し，男女の間には，「男とは何か，女とは何か」という定義に先立ち，男性が優位，女性が劣位に結びつけられた不均衡な関係性があると議論した（バトラー，1999年）。

　二元論的表現には，「男と女」のほかにも「善と悪」，「白と黒」，「明と暗」などがあり，対となり反発し合う二つの概念，すなわち二項対立関係から成っている。こうした二元論的カテゴリーには，意味の内部に優劣の関係があらかじめ織り込まれている。先ほどの「善と悪」，「白と黒」，「明と暗」を考えてみ

よう。一方に優位が，もう片方に劣位が配置されているのがわかるだろう。中には「白より黒の方が好き」，「善人より悪人の方がいい」という人もいるだろう。たしかに個人の好みとしてはそうかもしれない。しかしそれは，社会で用いられる様々な表現において「白」や「明」がより好ましく，肯定的なものとして用いられていることを否定するものではない。これは男女という二元論でも同様である。男女という二元論で物事を切り分けた時から，その価値判断には優劣が内包されている。つまり，「男と女」を素朴に尊重することは，「優位な存在としての男」と「劣位な存在としての女」という優劣関係を，無意識に追認していることになる。私たちが普段何気なく使っている性別は，二元論的優劣関係を土台に成立する概念であるため，意識するしないにかかわらず，性別を等閑視して物事を考えたり，発話したりすることは，性別格差を許容するだけでなく，格差を自然化（当たり前のものとして不可視にすること）し，格差を誘発する効果を生み出しているのである。

　もちろん現代社会において，男女の間に「優劣をつけてはいけない」ことや，「誰でも同じように尊重されなければならない」ことは常識である。しかし他者の尊重という文脈での優劣の否定には，男女という関係性を根本から検討することや，そこに含まれる優劣を問題視することまでは含まれていない。〈ジェンダー〉を学ぶこととは，こうした，男女をはじめとする〈分類〉が生み出す優劣関係や，特定のグループのみに優位性が与えられる社会の不思議なルールがどのように機能し，どのように維持されているのかを明らかにし，どのようにそこから抜け出すことができるのか考えることなのである。

2　作られた格差としての女性差別

（1）ジェンダーギャップ指数が表すもの

　すでに明らかなように，〈ジェンダー〉を学ぶことは，女性の問題や男女差別について学ぶことではない。〈ジェンダー〉を学ぶこととは，いかに男女という〈分類〉が社会的ルールの一部，すなわち常識として人々に格差を押し付けているのかを明らかにすることである。そして，その押し付けがいかに人々

に生きにくさを強いているのかを解明することである。ここからも，ジェンダーを問題化する際の対象が，女性に限られるものではないことは明らかである。しかし現実には，いまだ多くの研究関心が女性に向けられている。その理由の一つは，劣位に位置づけられた女性には，より多くの社会的しわ寄せが押し付けられているからである。例えば，国際指標の一つに世界経済フォーラムが発表するジェンダーギャップ指数（GGI）がある。「ギャップ」という言葉に示される通り，男女の処遇には一般的に男性優位の傾向があり，この指数は，男性優位に偏ったそうした不均衡の大きさを可視化させるものである。

　2019年，このジェンダーギャップ指数（GGI）2020において，日本は153カ国中121位と過去最低順位を記録した。ジェンダーギャップ指数とは，世界経済フォーラムが2006年から発表しているジェンダー格差の大きさを示す指数で，①経済活動への参加と機会，②政治的エンパワーメント，③健康と寿命，④教育の到達度からなる，4分野14項目の数値をもとに格差の深刻さを数値化したものである。2020年度の日本の数値は0.652（1に近いほど男女の格差がない社会となる）であり，0.877となった1位のアイスランドとは，0.225ポイントの大差をつけられている。日本においては，健康と寿命，教育の到達度において男女格差があまり見られない一方，女性が閣僚に占める比率（139位），国会議員に占める比率（135位），そして管理職に占める比率（131位）が低いという特徴がある。格差が最も少ないと評価されたアイスランドのカトリーン・ヤコブスドッティル首相（執筆時）は，1976年生まれの女性である。

（2）男女共同参画の難しさ

　日本政府も決してここまで無策で男女格差を放置してきたわけではない。1985年には女子に対するあらゆる形態の差別の撤廃に関する条約（CEDAW）を批准し，男女雇用機会均等法を制定するなど男女格差の是正への取組みが行われてきた。しかし厚生労働省の「賃金構造基本統計調査」によれば，2018年の日本の男女間賃金格差は73.3（男性100に対し女性が73.3）であり，依然として格差は大きい。また管理職総数に占める女性の割合は課長級11.2%，部長級6.6%にとどまり，安倍政権の看板政策でもあった「女性活躍」で目標とされ

ていた「2030」の到達には程遠い状態である。2020年までに管理職の30％以上を女性にすることを約束した「2030」の達成は，2012年の衆議院選挙では自民党の公約として提示され，さらに2014年世界経済フォーラムの年次総会では安倍首相がその達成を国際社会に約束した「国際公約」となっていた。

　公式に男女平等を目指すと表明しながら男女格差がなくならない理由の一つには社会的慣行がある。あからさまな男女差別が禁止されたとはいえ，社会の隅々に残る性別に関連する人々の価値観を変えていくことは難しい。例えば職場において業務遂行上の難易度の差はなく，重要性も変わらない二つの別の仕事がある場合，外回りや深夜業務が男性に，内勤で定時に終わる仕事が女性に振り分けられることはいまだに珍しくない。するとその結果，それぞれの業務に難易度の差はない場合でも，男性に任された仕事が高く評価され，より多くの報酬が与えられるようになる。ところが同じ仕事を女性が担当すると，仕事の難易度は低く評価され，比較的少ない報酬が与えられるようになる。こうした「成果」の積み重ねは，男性優位の給与体系や昇進機会が能力主義の結果であるかのように見せかける根拠となり，装置として機能する。こうした「成果主義」は一見すると公正なようでいて，根本にある公正概念そのものに男女に関わる先入観と優劣の評価が含まれているという点で，根の深い問題である。

　職場における性差別は，総合職，一般職といった職務分類を通じて行われる場合だけでなく，日常的な業務遂行における配慮として現れるものもある。「女性に無理をさせない」といったやさしさの形で，女性に同等の仕事や機会を与えないものはその典型である。さらに，女性が管理職や指導的立場にだけは昇進できない「ガラスの天井現象」（男性と同じ景色が見えているにもかかわらず女性にはある一定以上の昇進機会が与えられないこと）という昇進における性別格差など，幾重にも折り重なる形で同時進行的に行われている。たとえバリキャリ的キャリアプランを選び「男並み」に仕事に生きることを望んだとしても，多くの働く女性たちには，同じ仕事をこなしても同僚男性が常に高く評価される，やりきれない不公平な現実がつきまとうのである。

（3）仕事と家庭の両立という難題

　また結婚・出産も，職場での評価では男女で異なる結果をもたらすことがわかっている。男性にとって結婚と子育ては「一人前の大人」であることの証であり，職場での信頼感を高める効果がある。一方女性にとって，子どもをもつことは物理的にも精神的にもキャリア形成上の試練となっている。国立社会保障・人口問題研究所「第15回出生動向基本調査（夫婦調査）」(2015年）によれば，日本ではいまだ約半数の女性が第一子の妊娠出産を機に退職を選んでいる。子どもの就学などを契機に，再度働きに出る傾向はあるものの，一度離職した女性たちが再就職できる仕事のほとんどは非正規職であり，正社員になれる機会は限られている。妊娠出産を経てなお離職しない女性も増加傾向にはあるが，ワンオペ育児や，都心部を中心とした保育所の待機児童問題，さらにはマタハラ問題など，仕事をもつ女性にとって，子育てにまつわる問題は山積みである。また，3歳までは母親による養育が理想とされる「三歳児神話」をはじめとして，女性にとって仕事よりも母役割を優先すべしとの社会認識も強固に存在し，出産と同時に家庭に入ることが促されているかのような社会環境もある。

　では，独身のまま仕事に打ち込む覚悟なら格差と無縁かといえば，統計的に見る限り，やはりそこにはバラ色の未来とは言い難い現実がある。近年，若者世代の婚姻率が顕著に減少するなどライフコースの多様化が進んでいるといわれている。とはいえ，未婚や離婚により社会標準から外れる人々への風当たりは依然として強い。2012年のデータによれば，シングル女性は三人に一人（約33％），シングルマザーの場合はそれ以上（35％）が相対的貧困状態にある。中でも，夫との離別を経験した女性たちの貧困率（36％）は高く，とりわけ64歳以上になると，離別を経験した女性の42.3％が相対的貧困状態にある（阿部彩「女性のライフコースの多様性と貧困」『季刊・社会保障研究』51(2)：174-180，2015年）。

（4）国家制度に支えられるサラリーマン・専業主婦モデル

　なかなか改善の兆しが見えない日本の男女格差だが，これを時代遅れの性差別主義者のせいだと切って捨てることは難しい。むしろ日本の男女格差の根本

は，日本の諸制度設計に用いられる家族モデルが，いまだに高度経済成長期に
確立された，男性の新卒完全雇用，年功序列と終身雇用システムを基盤とする
サラリーマン・専業主婦スタイルに根差していることにある。

　1990年代を境に，日本では共働き世帯数が専業主婦世帯数を上回るように
なった（内閣府『平成23年度版男女共同参画白書』2011年）。しかし現在に至るまで，
例えば社会保障制度には，配偶者控除，配偶者特別控除，遺族年金，第3号被
保険者の年金支払い免除があり，また団信（団体信用生命保険）の住宅ローンに
は夫の死亡時には返済免除があるなど，諸制度において専業主婦世帯がより多
くの優遇措置を受けられる制度設計になっている。制度設計が専業主婦世帯モ
デルを脱し，格差是正を目指したものにならない限り，男性を稼ぎ手，女性を
ケアの担い手と見る意識の変革は難しい。

　専業主婦世帯モデルの弊害は，実態が変化しているにもかかわらず，ケア労
働のほとんどがいまだに女性の負担とされる風潮にも表れている。家庭のケア
労働は，女性が1日の中で賃金労働を終えた後に担う別の労働という意味で
「セカンドシフト」と呼ばれることもある。2016年には，愛情の名の下に行わ
れてきた，ケアワークにおける労働搾取をテーマにしたテレビドラマ，『逃げ
るは恥だが役に立つ』が大きな話題を呼んだ。主人公森山みくりに寄せられた
共感の背後には，主人公の恋の行方だけでなく，ケアワークがこれまで当たり
前のように女性のものとされてきたことに対する違和感と，そこに主人公が向
き合う爽快感があったと考えられるだろう。

3　なぜ国際関係学でジェンダーを扱うのか

（1）国民国家につくられる「男と女」

　サラリーマン・専業主婦家庭の形は，社会福祉等の制度設計を通じて，いわ
ば国家に規定されてきたものである。このように，現在私たちが当たり前に生
きる「男と女」のあり方も，その多くが国民国家創出，あるいは「近代化」の
過程において，国家主導で作り出されてきたものである。

　19世紀末から20世紀初頭，当時国作りを担っていた知識人たちは，欧米列強

による植民地化を避け，独立した国家として自分たちの国民国家の創出を目指すにあたり，国際社会で渡り合える資質としての文明度と，欧米列強とは異なる主体として独立する根拠になる独自性という二つの資質を示す必要に迫られた。この二つの役割のうち男性たちには文明度が，女性たちには独自性を証明する役割が与えられ，男性たちは国の発展の象徴となり，女性たちは国／民族の象徴となった。例えば今日においても，首脳会談の席などにおいて男性はスーツ，女性は民族衣装といった組み合わせを目にすることがある。またこの時期女性には，未来の国民の母として，次世代に独自の文化を継承させる教育者の役割が新たに付与された。男性が司る公的空間としての学校では世界基準の教育が行われ，女性が司る私的空間である家庭では「伝統」や「慣習」の継承が目指されるという役割分担が行われた。民族意識が，料理，寝食を行う居住空間，家族の形に強く紐づけられるのは偶然ではない。こうして形作られた男女の形は，今の私たちが生きる男女の原型となり，国家を支える基礎として，現在に至るまで脈々と「常識」として生きられている（アブー＝ルゴド，2009年）。

　日本においても「欧米なみ」を目指して社会制度が一夫一婦制へとシフトされ，結婚と家族とが分かちがたく結びつけられ，女性に子どもの養護者としての母役割が与えられたのはこの時期であった（加藤秀一『〈恋愛結婚〉は何をもたらしたか』筑摩書房，2004年）。1万円札でおなじみ，日本の近代化の祖とされる福沢諭吉が，一夫一婦制こそが「天の道」にかなうものだとして盛んにその重要性を主張したのも，日本が近代国家となるために，日本の道徳性を列強諸国に示す必要があったからにほかならない（加藤，2004年）。

（2）性差別主義的抑圧に反対するフェミニズム

　ジェンダーはそもそも，性別を理由とした格差の押し付けに反対するフェミニズム運動から生まれた概念である。フェミニズムはこれまで「女性のための運動」，あるいは「男女平等を目指した運動」と理解されてきた節がある。ただし本章では米国の黒人フェミニストのベル・フックスにならい，フェミニズムを「性差別主義的な抑圧をなくすための闘いである」と定義しておきたい

（フックス，2003年）。

　1960年代から80年代にかけて盛り上がりを見せた第二波フェミニズムでは，第一波フェミニズムが求めた政治参加や法的平等といった公的な平等に加え，日常の様々な局面で求められる「女性らしさ」に対し異議が唱えられた。そんな第二波フェミニズムを代表するスローガンが，「個人的なことは政治的なこと」である。このスローガンには，これまで公に語られる機会のなかった一つひとつの違和感こそが，社会的な問題に由来するものだとのメッセージが込められている。〈ジェンダー〉視点で社会のルールを議論の俎上に上げるためには，これまでの政治枠組みから排除されてきたものも問題化する必要がある。「個人的なこと」という表現には，これまで政治から排除されてきたものをあえて問題視するという，社会的ルールに対する挑戦が含まれていた。

　ただし，「個人的なこと」はいうまでもなく多様である。「女性」が作られた存在である以上，「女性」全員が，同じ経験を共有する均一な集団であるはずはない。「女性」という集団内部に存在する多様性は，当初，アメリカの黒人フェミニストらによって糾弾された。初期の北米フェミニズムはアメリカの中産階級白人女性の問題を取り上げる運動でしかなく，労働者階級の白人女性や非白人女性の苦境は，フェミニズムの議論の対象にされてこなかったことが明るみに出されたのである（Angela Y. Davis, *Women, Race & Class*, Random House, 1981）。さらに，旧植民地の女性たちからは，「女性」であることの問題に加え，植民地統治が終わったはずの現在においてなお，新たな欧米支配の下で重層的な差別の対象とされることへの抵抗が叫ばれた。

　こうした重層的な抑圧構造は，グローバル化の進む現代においてさらに複雑化を見せている。近年では，シンガポールやニューヨークで活躍する女性たちは，インドネシアやメキシコ，東欧から出稼ぎにきた女性たちを家事労働者として雇用し仕事と家庭の両立を目指している。しかし，そこで家事労働者として働く女性たちはどのように自分たちの仕事と家庭を両立させているのだろうか。彼女たちの「女性」としての苦難や葛藤は，彼女たちの雇用主が「女性」として感じる葛藤と同じものなのだろうか。大都市でキャリア女性の育児を担う家事労働者の育児はいったい誰に担ってもらえばいいのだろうか。今日のグ

ローバルな環境にあって，「女性の問題」を論じるにあたっても，すべての「女性」を同じものとみなすことはすでに不可能であり，そこに存在する重層的な格差を丁寧に考察することが求められている。

（3）政治問題の女性化，「女性問題」の流用

また，国家の発展度を「女性」という指標でランク付けする傾向にも気をつける必要がある。第2節で触れたジェンダーギャップ指数をはじめとして，こうした指標が数値以上にランキングによって多くの関心を惹きつけるのはなぜなのだろうか。こうした現象からは，男女格差が国家の民度を示す尺度として，優劣の基準にされてきたことが透けて見える。このような，国際政治の文脈における「女性問題」の利用には非常に危険な側面がある。

指標として「女性問題」が利用される事例としてここでは，欧州における「スカーフ問題」を取り上げてみよう。21世紀に入り欧州では，各国が続々と女性が頭部に纏うスカーフなど特定の衣類の着用を公共の場所で禁止する法律を施行した。そうした法律は，いずれも社会的安全がスカーフによって脅かされているという前提の下，その脅威を取り除くことが目的とされている。また特定の宗教を対象にしたものではなく，顔がはっきりと認識しづらいという衣類の形状や，公共の場における宗教的シンボルのあからさまな見せびらかしといった行為が禁止の対象となっている。しかし，そうした法律が成立するまでに交わされた議論からは，衣類の機能や宗教の社会的重要性以上に，「女性にスカーフを纏わせるイスラーム教」が遅れた危険な宗教として問題にされてきたことも明らかになっている。

例えばフランス都市部のジェンダー問題を研究する森によれば，当初，宗教問題に正面から向き合うことに消極的だったフランスの政治家たちをスカーフ禁止法支持に回らせたのは，イスラーム教に対する社会的危機感だった。そこで中心的役割を果たしたのは，イスラーム教に敵対的な国際情勢を背景とした，イスラーム教を女性抑圧と結びつけた宗教理解と，女性抑圧に反対する世論の盛り上がりだったのである（森千香子「現代フランスにおける『スカーフ論争』とは何なのか——レイシズムと女性の身体をめぐって」越智博美・河野真太郎編著『ジェ

ンダーにおける「承認」と「再分配」——格差，文化，イスラーム』彩流社，2015年）。
問題の争点は女性が纏うスカーフであったにもかかわらず，この議論では女性
抑圧的なイスラーム教徒男性が諸悪の根源として糾弾対象となったのである。
つまり反スカーフ法では，「男性に無理やりスカーフの着用を強いられる女性
を救う」，という女性解放の思想が大きな役割を果たしたのである。

　しかしその結果として，欧州各国では，スカーフの着用を自分の意思に反し
て無理やり禁止される女性が現れた。このように，女性を犠牲者としてのみ眼
差し，当人の意思を無視するやり方には大きな問題がある。こうした当事者不
在の議論を可能にした背景には，進んだ欧州ヨーロッパ世界と遅れた中東イス
ラーム世界という対立構造がある。「スカーフ論争」において争点とされたの
は，欧州社会におけるイスラーム教の位置づけであり，実際にスカーフを纏う
女性たちの生きやすさにはほとんど関心が払われなかった。

　こうした構造は，これまでも「白人男性が有色男性の手から有色女子を救い
出す」ことを口実にした，人種や植民地差別の女性問題へのすり替えとして批
判の対象とされてきた。こうした構造が問題含みなのは，白人と有色人種とい
う人種差別的見解が前提にあることに加え，当の女性たちの声を無視する形で，
女性の問題が政治的対立にすり替えられるからである。女性の抑圧をきちんと
議論したいのであれば，スカーフを着けようが着けまいが，女性一人ひとりに
選択が許され，何であれ無理強いされない社会こそが目指される必要がある。

　「スカーフ論争」に限らず，現在「女性問題」はとりわけ国際情勢の動きに
詳しい人々の耳目を集めるテーマの一つである。それだけに，政治的衝突の
「女性問題」へのすり替えには厳しい目が向けられる必要がある。人気取りや
国際的な評価を得るためだけに「女性問題」が利用される場合はなおさらであ
る。例えば2012年に発足した第二次安倍政権では「女性活躍」が掲げられ，女
性の地位向上に尽力する10人のグローバルリーダーの一人として安倍晋三元首
相が UN women の「HeForShe」の「インパクト・チャンピオン」にもなっ
ている（https://www.heforshe.org/en/node/81#）。しかし国内において「女性活
躍」の成果はほとんどあがらず，世界的な動きに取り残されつつあることは第
2節で指摘した通りである。また近年では，性的少数者に配慮した政治を外交

に用いる動きも活発化している。こうした動きの中には，内実を伴わないパフォーマンスでしかないもの，別の問題から人々の関心をそらす煙幕として大々的に利用されるものもあり，それらは「ピンクウォッシング」と名指され，批判の対象となっている。

お わ り に

　〈ジェンダー〉は，一般に思われているような「女性問題」だけを扱う視点ではない。〈ジェンダー〉という眼差しが問題化するのは，性別を理由に押し付けられる格差や不平等や差別である。中でもこれまで無視されてきた格差や不平等や差別を可視化させ，そこに名前を付けることこそ，ジェンダーを考える上で重要な営みである。ジェンダーはもともとフェミニズム思想に基づき男女格差に問題提起をする概念であったが，近年では，男女に先立って存在する優劣の関係に着目し，必ずしも性別に限られない様々な差別を問う視点としても援用されている。そこで重要なのは，当たり前なものとして見えなくなっている格差に気づき，向き合い，それを乗り越えた社会の形を考えていくことである。そもそも〈ジェンダー〉を学ぶ意義，あるいは学ばなければいけない理由とは，〈ジェンダー〉が注目する格差や不平等や差別が，社会の最も弱い部分に押し付けられた社会全体のしわ寄せとして生じるものであることによる。そうしたしわ寄せは，システムの機能障害というよりはむしろ，社会システムが正常に機能している結果として生まれるものである。言い換えれば〈ジェンダー〉を学ぶこととは，ある社会システムが正常に機能することで生まれる犠牲に着目し，その犠牲の存在を明るみにし，是正を訴えることで社会システムそのものに変革を迫ることを意味するものなのである。

参考文献
ライラ・アブー＝ルゴド編著（後藤絵美ほか訳）『「女性をつくりかえる」という思想——中東におけるフェミニズムと近代性』明石書店，2009年。
　＊国民国家創出というプロジェクトの中で「男と女」が作られた過程を丁寧に追い，非西欧諸国における「女性」のあり方が，いかに国際政治の文脈でつくられてきたのかを学ぶことが

できる。

石田仁『はじめて学ぶ LGBT——基礎からトレンドまで』ナツメ社，2019年。

　＊性的少数者への配慮について記すだけでなく，日常的に生きられる「男と女」の経験を起点
　　としながら，そこに内包される二元論の限界と，そこからの距離の取り方が具体的に示され
　　た一冊。読みやすいが，載録された議論の充実度は高い。

ジュディス・バトラー（竹村和子訳）『ジェンダー・トラブル——フェミニズムとア
　　イデンティティの攪乱』青土社，1999年。

　＊なぜ女性は男性と同等になれないのか，というフェミニズムの問いに，男女の経験に先立ち，
　　優劣関係が男女の概念の根幹にあると議論した，フェミニズム理論の金字塔。

ベル・フックス（堀田碧訳）『フェミニズムはみんなのもの——情熱の政治学』新水
　　社，2003年。

　＊黒人フェミニストとして知られるフックスが，フェミニズムは男嫌いや自然／神に反する運
　　動ではなく，「性にもとづく差別や搾取や抑圧をなくす」ためのものであることを平易な文章
　　で解説した，フェミニズムを知るための基本の一冊。

考えてみよう！

①　国際情勢においてジェンダー的課題として取り上げられる問題に，女性を対象に
　　したものが多いのはなぜか，考えてみよう。

②　人種差別，性差別，宗教差別といった異なる差別が同時に出現する時，「複雑な
　　問題」として突き放すのではなく，どのように身近な問題として解決を模索する方
　　法があるか，考えてみよう。

第**9**章
グローバル化とメディア

大山真司

本章のねらい

・メディアを国際関係学における主要なテーマの一つとして考えるための基本的な
　知識と問題設定について理解する。

・メディアと媒介された経験について理解する。

・メディアの効果に関して同質化と異質化の言説を理解する。

・メディアのグローバル化の複雑さを理解し，グローバルメディアという言説を理
　解する。

キーワード

▶メディアの媒介作用，グローバル化，メディア効果，同質化，メディア生産の準
　中心地，グローバルメディア

は じ め に

　本章ではグローバル化するメディア経験を，学術的な議論の変遷を整理しな
がら，いくつかの事例を通じて考察する。まずメディアのグローバル化——リ
ビングルームにいながら世界を経験すること——を，アメリカ中心の西洋メ
ディアによる世界各地のローカル文化の破壊である，とする文化帝国主義とい
う学説を紹介する。続いてこの学説の問題点を挙げながら，より現代的なメ
ディアのグローバル化に関する考え方を紹介する。

　次にメディアの受容プロセスの多様性に関する研究を概観してメディアによ
る影響という概念そのものを再検討し，続いて西洋からその他のエリアに流れ

ていたグローバルなメディアの流れが脱中心化し，多方向化・複雑化していることを，東アジア域内のメディア交通を事例に挙げて論じる。さらに21世紀に誕生したグローバルメディアが，どのようにグローバルなメディア経験を変容させているかを，動画配信サービスやソーシャルメディア企業の事例を分析しながら論じる。

1　メディア，コミュニケーション技術，領土化

（1）メディアとは何か

　グローバル化とメディアについて理解するためにはまず，メディアとは何か，という問いから始める必要がある。メディア（media）とは，媒介する，間に入るという意味をもつ。メディアにはテレビ，ラジオ，雑誌，新聞のようないわゆるマスメディアやインターネットだけでなく，書き言葉や話し言葉，自動車からファッションまでを含んでいる。私たちが一生の中で，直接的，物理的に経験出来る事象は極めて限られている。私たちが知っていると考えること，真実であると考えている現実と社会的リアリティは，圧倒的にメディアを媒介にした経験によって構成されているのである。

（2）メディア・コミュニケーション技術の発達

　メディアはそれぞれの時代のコミュニケーション技術を基盤にしてきた。文字の書かれた紙のようなメディアを手にし，時間と空間を隔てた人々，つまり何世代も後世を生きる人々，また離れた土地の人々に，意思を伝え，知識を伝達する方法を手に入れた。15世紀にはグーテンベルグによる活版印刷技術の完成により，大量の印刷とその伝播が可能になった。その後19世紀には電信や写真，電話に蓄音機のようなメディア・コミュニケーション技術が生まれ，大きな発展を遂げる（伊藤守「グローバル化とメディア空間の再編制」『社会学評論』57（4），2007年）。

　20世紀のメディアである新聞，ラジオ，テレビは，グローバルな移動を可能にした基本的なインフラの一つであり，それ自体がグローバル化の最も重要な

推進力となってきた。こうしたメディアは常に国境に限定されない越境的な性格・技術的可能性をもっていたが，その生産・流通・消費は，国民国家が画定した空間に，おおむね限定されてきた。とりわけ，ラジオとテレビは，商業放送，公共放送等の形態を問わず，国民国家の領土の枠内に住む国民に受容され消費されることを前提としたナショナル・メディアとして機能してきた。ベネディクト・アンダーソンが『想像の共同体』で明らかにしたように，メディアのナショナルな機能が，「想像された政治的共同体」としての「国民国家」とその成員のナショナル・アイデンティティを形成・維持する上で極めて重要な役割を果たしてきた。メディアのナショナルな性格は，1960年代初頭に衛星による国際的な放送が開始されて以降も基本的には変わらなかった。

　この状況が変化したのは，放送衛星・通信衛星を経由して伝送された放送をオーディエンスがケーブルテレビ等を通じて受信する仕組みが整備され，欧米で放送・通信業界の規制緩和が本格化した1980年代後半のことである。1989年にヨーロッパで初の衛星放送が開始され，91年には香港に拠点を置くスターテレビが，アジア全域をカバーする国際衛星放送サービス「スター TV」を始める。また1990年代半ばにはインターネットの急速な普及が始まる。個人が安価でデータをやりとりすることを可能にするインターネットは，グローバルな情報のやりとりを爆発的に拡大させた。1995年に2000万人だった世界のユーザー数は2019年末には41億人に達している。現在私たちが経験している爆発的なメディアのグローバル化とは，過去40年間ほどの間に生じた比較的最近の現象なのである。

（3）媒介された経験について

　新しいコミュニケーション技術に下支えされたメディアは，時間と空間を超えたグローバルな伝達を可能にする。しかし，実際にそうして国境を越えて流通するメディアテクストを受容・消費する私たちの「グローバル化するメディア経験」とはどのようなもので，それは私たちの文化にどのような影響を与えるのだろうか。

　メディアには，遠く離れた他者や出来事や社会的・文化的コンテクストと私

たちを結びつける力がある。私たちがたとえ物理的には住んでいるローカルな場所から一歩も動かなくても，「空間的経験の中身そのものが変化し，前の時代にはほとんど類型のないようなかたちで近い場所と遠い場所が結びつけられている」（ギデンス，1990年，14頁 in トムリンソン，2000年，190頁）のである。私たちが自宅のテレビ，パソコン，スマホで，中国やイタリアで起きている感染症のニュースや韓国のアーティストのビデオを視聴する。あるいはアメリカのセレブのインスタグラムを眺める。こうした時空間を超えたグローバル化したメディア経験——リビングルームにいながら世界を経験すること——は直接的に顔と顔をつき合わせた，物理的な意味でのローカルな相互行為や「直接的な」経験とは，種類の異なる，「特殊な結合性の様式」（トムリンソン，2000年）と理解できる。直接的な経験と，メディアによって得られる経験は，現実を経験する重層的な世界の異なる構成要素なのである。

　ラテンアメリカの文化研究を行ってきたガルシア＝カンクリーニは，グローバル化するメディア経験を「脱領土化」と呼び，文化と地理的・社会的領土との「自然な」関係の喪失（トムリンソン，2000年）であると理論化した。例えば京都に住んでいながら，アメリカ，韓国，イギリスのメディア消費を通じて，身の周りの京都の文化とは全く違った文化を生きることが可能である。場所と文化の自然な関係が，グローバルなメディア体験によって複雑化＝脱領土化されていく。グローバルなメディア経験によって私たちの考え方，感じ方は程度の差はあっても変化せざるをえない。もはや見慣れた京都の光景は，同じには見えず，感じられないだろう。

　本章の問題意識の一つは，まさにこのグローバル化するメディア経験が，ローカルな文化にどのような影響を与えるのかという問題である。グローバル化するメディアの流入によって，ローカル文化の独自性がなくなり，同質化＝均質化されてしまうという懸念が強く存在する。こうした懸念に対しては，グローバル文化はむしろローカル文化の活性化＝異質化につながるという，楽観的な見方も存在する。多くの学術的な議論ではこうした極端な意見の間に，より現実的な答えを探すことが試みられている。それでは，こうした構図を押さえつつ，グローバルなメディア経験に関する議論の推移を，いくつかの実例を

見ながら考えてみよう。

2　文化帝国主義とアメリカの時代

グローバル化するメディア経験の様相，つまりメディアが文化，社会，国家の境界を超えた時，受け手である社会・文化に何が起こるのかに関しては，長い間議論が行われてきた。こうした議論は，異なる文化・社会間の文化的な序列や権力関係と密接に関連し，また文化の同質化と異質化，そして文化的な影響という概念そのものに関するものである。

（1）文化帝国主義と文化の同質化

まず確認しておく必要があるのは，メディアが多くの場合，政治経済的に優勢な社会から，そうでない社会に向かって一方的に発信されてきたという歴史的な事実である。こうしたグローバルなメディアの流れは，帝国主義，植民地主義の時代から現代まで一貫として一方通行であった。外国製メディア商品の流通と消費は，多くの国では，国際文化交流の平和な出来事ではなく，お互いの社会の序列を可視化し，それに対する様々な反応を刺激する，極めて政治的な出来事なのである。

20世紀のメディア市場を，その圧倒的な制作能力と配給力で支配したのはアメリカであった。したがってメディアのグローバル化をめぐる多くの議論は，圧倒的な魅力をもつアメリカ映画やドラマが，脆弱なメディア制作能力しかもたない南米やアジアの小国に侵入するという構図で行われてきた。競争力の強いグローバルメディアによってローカル文化の自律性が失われ，その多くは姿を消していくというのである。こうした議論の中で最も代表的なのが，1970年代以降に研究者たちが唱えはじめた文化帝国主義と呼ばれる批判的な学説である。

この学説によれば，ポピュラー文化とメディアは，20世紀前半以前に主流であった軍事力と暴力にかわるアメリカ帝国の新しい道具とみなされる。映画やテレビ，音楽，広告などは，多国籍企業の資本主義的イデオロギーを第三世界の市場に浸透させ，支配する装置なのである（Schiller, H. I., *Mass communica-*

tions and American empire, Westview Press Inc., 1992)。メディアは，無防備な受容者に対するその強大な操作力によって，生活様式としての資本主義の文化を第三世界の人々に植えつけ，多国籍企業の商品のための「よき消費者」をつくりあげ，均質な文化をつくっているという。

　文化帝国主義の議論は，研究者だけでなく，国際機関でも一定の支持を得た。ユネスコのコミュニケーション問題研究国際委員会が1980年に発表したマクブライド報告書では「一部の強力で，テクノロジーの進歩した国々が，その優越性を利用して，他の国々の国家的独自性を脅かす，ある種の文化的，イデオロギー的支配を行っている」と指摘し，先進国と途上国の情報発信力の均衡が取れた国際情報新秩序を目指すことが宣言された。この報告書は加盟国の広範な支持を得たが，アメリカとイギリスは内容に強く反発し，ユネスコを脱退している。

（2）文化帝国主義の問題点

　文化帝国主義の議論はグローバルなメディア市場に存在する大きな格差の問題に関心を惹きつけるきっかけになったが，グローバルなメディア経験を理解する上で，いくつかの重要な問題点も指摘されてきた。文化社会学を専門とするトムリンソンは，文化帝国主義の問題点として，①文化の受容プロセスと読みの多様性に関する無理解，②西洋文化の遍在と文化的ヘゲモニーの脱中心化の過少評価，③ハイブリッド文化という視点の欠如という特徴を挙げている。

（3）文化の受容プロセスと読みの多様性について

　文化帝国主義は，メディア受容のプロセスにおける多様性や複雑さを考慮しないメディアテクストの送り手を中心にした発想であり，受け手である発展途上国の文化を，純粋で固有なものとみなす文化の本質主義的理解に囚われているとして批判されるようになった。トムリンソンによれば文化帝国主義は「文化的商品が存在するという単純な事実だけから，より深い文化的あるいはイデオロギー的な影響力がそこにあるという飛躍的な推論」（トムリンソン，2000年）を行っている。『セックス・アンド・ザ・シティ』がアジアで視聴されていて

も，アジアの視聴者がセクシャリティや結婚観などのイデオロギーに影響され
ているかは，決して自明ではない。ここには文化的，地理的な領域間の移動に
伴うメディアテクストの解釈の多様性に関する理解が欠落している。メディア
テクストの解釈は例えば，視聴者自身の経済状況，ジェンダー，人種や民族と
いった社会的属性と無関係ではありえないが，それに自動的に決定されること
は決してないような矛盾に満ちた多様性と能動性をもつ。外国製メディアの消
費とは，特定のイデオロギーによる影響の程度といった単純なものではなく，
描かれる価値観や生活様式への批判的消費，自らの文化・社会への再評価など，
非常に多様な形態がありえるのである。

　文化帝国主義の議論では，グローバルと対置されるローカルは，多くの場合，
国民国家と同一視され，その内部では均質な国民によって均質な文化が共有さ
れていることが前提とされてきた。こうした前提は，文化本質主義的であると
いう批判にさらされるようになる。グローバルと対置される国家内部の，例え
ば性差，経済的状況，エスニシティなどの差異や多様性，矛盾，複雑性に目を
向けることが必要であるという批判である。例えば，シンガポールで『セック
ス・アンド・ザ・シティ』が，アジア的価値観と相容れないと批判したのは，
主に中高年で権力をもったシンガポールの男性たちだった。しかしドラマを視
聴したのは若い女性たちであり，ドラマで描かれる自由奔放な生活には距離を
おきつつ，それをアジア的価値観という名前で押し付けられる家父長制的な男
性中心的価値観を脱構築するものとして「抵抗的」に視聴したのである。文化
帝国主義は，このようなメディア消費の複雑性と矛盾を十分説明することがで
きなかった。

3　複雑化するメディアフロー

（1）メディア生産の準中心地の誕生

　西洋文化の遍在と文化的ヘゲモニーの脱中心化とは，メディアのグローバル
化を，アメリカという絶対的な中心から，世界の周縁へ流れるプロセスと考え
ることが困難になってきた事実を指す。世界中に遍在し，熱心に消費されてい

たアメリカ製のメディア商品は，唯一の選択肢ではない。世界中でローカル，そしてリージョナルなコンテンツが生産され，人気を博しているのだ。

　アメリカの代表的なメディアである音楽ビデオ専門局 MTV は，1984年に誕生するや瞬く間にアメリカを席捲し，すぐに海外進出を始めた。MTV Europe が1987年，MTV Asia が1991年に設立され，この時すでに本家の MTV は衛星を通じて42カ国で視聴可能になっていた。しかし，当時のスローガン「One World, One Music」に象徴されるアメリカの楽曲中心の番組構成は，アメリカ国外では振るわなかった。視聴者はローカルな楽曲をより強く望んでいたのである。MTV は戦略を変更。MTV Asia はすぐに MTV Japan, MTV Korea, MTV Taiwan, MTV India になった。2003年には MTV のスローガンは「ローカルに考え，行動するグローバルブランド」に変更されていたが，その頃にはすでにチャンネルⅤのようなローカルな音楽チャンネルも誕生していた。文化帝国主義の論者が想定した以上に，アメリカ文化商品の一人勝ち状況は終わりを迎えていたのである。

　アメリカという絶対的なメディア生産・流通の一極集中が終焉を迎える中で，日本やメキシコなど複数の準中心地が誕生した。そしてこれは，準中心地から周辺の地域へ，準中心地から他の準中心地，あるいは準中心地から欧米へというメディアコンテンツの逆の流れ（コントラフロー）が始まり，メディアの流れは，多方向化かつ，複雑化してきたことを意味していた。複雑化するグローバルなメディア経験を考える上で一つの鍵になるのが，リージョナルという単位だろう。本節ではリージョナルという単位を検討しながら，メディア経験のグローバル化の一様相を検討してみる。

（2）リージョナル

　グローバルメディアの議論の中で，ローカルとナショナルを同一視する構図が強調されることで見えづらくなるのが，グローバルとローカル＝ナショナルの間に存在するリージョナルという単位の重要性である。リージョナルなメディア文化は，例えばラテンアメリカのように，スペインによる植民地の歴史，言語や宗教などの共通性を土台にしている場合もあるが，ここで焦点をあてた

いのは，現代のメディアが国境を越えて流通・消費される中で輪郭を現してき
た，より現代的なメディア空間としてのリージョナルである。

　リージョナルなメディア文化の例として，メキシコの大手テレビ局テレビス
タなどで制作され，ラテンアメリカ全土から南欧にまで流通するメロドラマで
あるテレノベラ。ハリウッドをもじってノリウッドと呼ばれるナイジェリアの
ラゴスの映画産業集積地で生産され，アフリカ各地と世界中のアフリカ系移民
で消費されている映画やドラマなどの映像メディアなどが挙げられる。この項
で焦点をあてるのは，世界最大の人口を有する東アジアのリージョナルなメ
ディア文化である。東アジアの文化流通においては，近年韓国のポピュラー文
化が大きな存在感を誇っているが，少なくとも1970年代から，日本で生産され
た映画，ドラマ，雑誌，音楽，ファッション，アイドル，さらには消費ブラン
ドなどのメディア文化は，台湾，香港，韓国，中国，さらにシンガポール，タ
イやインドネシアなど東南アジアを含む広い地域で，熱心に消費されてきた。
言い換えると，一部のアニメ・マンガを除く日本のメディア文化のグローバル
化は，歴史的にアジア地域では大いに進展したが，その他の地域では停滞する
という，極めて不均衡なものであった（岩渕，2017年）。

　例えば日本の雑誌は30年以上アジア各国で大量に流通してきた。1995年の台
湾の書店における調査では，日本から輸入されていた女性誌『ノンノ』は，欧
米誌の輸入版や現地版，ローカル誌などを押さえて最も人気のあるファッショ
ン誌だった。1990年後半から日本の出版大手各社は香港，台湾，中国，韓国そ
していくつかの東南アジア市場でライセンス契約を通じた現地版の出版を始め
た。2016年には講談社の女性ファッション誌である『ViVi』の日本での部数
は35万部であったが，中国では100万部，そして台湾でも11万部を販売した。
そうした雑誌のコンテンツの65〜90％は，日本版のコンテンツをそのまま翻訳
して使用しており，広告から記事に至るまで，日本のファッション情報で埋め
尽くされ，日本のスタイルだけでなく，そこに埋め込まれた価値観や生活様式
を伝えていた。数十年にもわたる日本からアジア諸国への大量のメディア文化
の流入は，東アジアのメディア文化の大きな一部となってきたのである
(Oyama, S., "The emergence of Pan-Asian brands: Regional Strategies of Japanese

Cosmetics Brands" *Media International Australia* 133, Nov. 2009)。

　1970年代以降，日本が（そして2000年以降に韓国が）アジアのメディア生産の準中心地として台頭した事実は，アメリカのメディア領域における絶対優位性の脱中心化が進行していることを示す一例である。注意が必要なのは，そうした準中心地で生産され，世界各地に流通しているメディアコンテンツは，西洋の影響を全く受けない土着コンテンツではないという事実だ。もちろん日本のメディアコンテンツは，（アメリカとは違う）日本の生活様式，価値観などを表象した他のどこにもないものだ。しかしアジアで消費される日本のファッション誌，クイズ番組やリアリティ番組，J-POP やヒップホップなどは，アメリカの文化帝国主義によって脅かされるどころか，逆にその影響を深く取り込み，土着化し，かつ市場性を高めたハイブリッド文化なのである。

　脱中心化するメディアのグローバル化を，アメリカ支配や文化帝国主義からの解放として賞賛する言説も多い。しかし例えば日本や韓国が作ってきたリージョナル文化は極めて商業的な文化商品の継続的な消費を前提としており，メディアコンテンツの徹底的な商業化と市場化を土台にしている。各国で生産されるコンテンツの標準化は進んでおり，アメリカの商業コンテンツから，自国生産の商業コンテンツに替わることが，どれだけ本質的な意味で開放的で進歩的なのか，文化の自律性と関連があるのかには議論がある。またアメリカとローカルの関係だけでなく，例えば日本と韓国のように新しいローカルな緊張関係，序列が再編制されることも忘れてはならないだろう。

4　グローバルメディアの時代

　2000年の時点で，インターネットに接続していたのは，世界人口の1％未満だった。2019年にはその数は40億人を超える。その多くはスマートフォンをはじめとするパーソナルなデジタル機器を使って，音楽，動画などを消費しており，メディア視聴の習慣は劇的に変化した。グローバルなメディア消費を，メディア企業や政府が管理することは難しくなっている。またソーシャルメディアはメディア生産に必要なスキルとコストを劇的に減少させ，世界中の数多く

の消費者は，ますますメディア生産・発信にも関与するようになった。コンテンツの数と多様性は爆発的に増加し，国境を軽々と越えて流通している。これまでの文化的序列や空間的な境界線は溶解しつつあり，文化帝国主義の時代には一定の説得力のあった，一国のグローバルメディア市場の支配という言説は過去のものになりつつある印象がある。一方で同じ時期に，FAANG（Facebook, Amazon, Apple, Netflix, Google）と呼ばれる巨大ハイテク企業がアメリカに誕生し，文化帝国主義の時代でさえ想定できなかったメディア市場支配を強めている。本節では，こうした企業に焦点をあてながら，21世紀のグローバルなメディア経験について考える。

（1）Netflix：グローバルメディアの誕生

　2016年1月6日，アメリカの動画配信企業 Netflix は，すでに展開していた60カ国に加えて，外国メディアが規制される中国，アメリカ政府の制裁対象であるクリミア，北朝鮮，シリアを除く全世界190カ国での動画配信サービスの開始を発表された。共同創業者兼 CEO のリード・ヘイスティングスは以下のように述べている。「本日，グローバル規模のオンラインストリーミングネットワークが新たに誕生しました。今回のサービス開始によって，世界中の皆様，すなわちシンガポールからサンクトペテルブルクまで，あるいはサンフランシスコからサンパウロまで，各国にお住まいの人々が，映画やドラマを同時に楽しめるようになったのです。もうお待ちいただく必要はありません。インターネットにさえ繋がっていれば，好きな時に，好きな場所から，どんなデバイスでも映画やドラマを楽しむことができます。」（Netflix, 2016, https://about.netflix.com/ja/news/netflix-is-now-available-around-the-world）

　講演の中で，ヘイスティングスは，歴史上例を見ないグローバルメディアに短期間で成長した Netflix のグローバル化の道のりが平坦で，そして世界で統一されたグローバル・コンテンツが提供されているようなイメージを振りまいた。実際，日本国内の報道の多くでは，Netflix はグローバルメディアの代表として取り上げられる。「黒船」という言葉を使って描かれるのは，莫大な予算を使って制作されたアメリカ製コンテンツを世界中で提供し，ローカルメ

ディアを圧倒するというイメージだ。しかし実際の Netflix のあり方は，グローバルメディアという言葉・概念自体が抱える矛盾や緊張関係を示している。

（2）人気と浸透度

　グローバルに視聴可能であることは，グローバルに統一されたサービスや，グローバルな人気と同じことではない。Netflix は，CNN やそれ以前の国際的なテレビと同じように，ローカルな好み，価値観，文化的規範意識，視聴習慣，収入レベル，そしてネット接続環境などに根ざす根本的な差異に対応している。Netflix の人気には，各国でそれぞれに違いがある。一部の英語圏の国（カナダやオーストラリア）では既存のテレビ局を脅かすほどの存在感がある一方，それ以外のヨーロッパ，ラテンアメリカと一部の東アジアの国々では，既存のテレビ局と本格的に競合するにはほど遠いニッチな成功にとどまっている。アフリカと中東ではほとんどインパクトがない。Netflix は世界中でアメリカと同水準，月15ドル程度の定額料金を適用しており，大多数の低収入国家では，一部の富裕層向けのニッチなプレミアムサービスである。テレビ市場の主流になるローカル言語でのニュース，トークショー，リアリティ番組などは，視聴者を熟知した地元テレビ局が独占し，その地位を Netflix が脅かすことはないだろう。つまりローカルとグローバルの関係は，どちらかではなく，どちらも，という補完的な関係であり，共存状態にあるといえる。

（3）カタログについて

　同社が保有するカタログ（視聴可能作品）は，国ごとに大幅にローカル化されている。おおむね80％程度のカタログはアメリカ製である。ここには自社制作のオリジナルと，自社制作でないライセンス作品が含まれる。また英語だけでなくスペイン語，日本語，韓国語等，多くの言語でオリジナル作品が制作され，それらも世界中の視聴者に届けられている。日本サイトの「今日の総合トップ10」を見れば「愛の不時着」（1位），「梨泰院クラス」（2位）そして「サイコだけど大丈夫」（4位）という3つの韓国ドラマが上位を占める（2020年7月25日）。オリジナルの日本アニメ「日本沈没2020」（3位）に加えて「あひ

るの空」（5位）「鬼滅の刃」（6位）「Re：ゼロから始める異世界生活」（7位）と計4本の日本アニメ。Netflix が力を入れるアメリカ制作のオリジナルドラマは「ニミュエ：選ばれし少女」（9位）1作品，アメリカ映画が「チャイルドプレイ」（10位）のみである。こうして見れば，歴史上最もグローバル化したメディアの日本での消費のされ方は，黒船という言葉でイメージされるアメリカによる文化支配では語れない，より複雑なものであると気づくだろう。

　こうしたカタログのローカル化の背景には，視聴者の嗜好だけではなく，ネット配信に対する規制がある。フランスのように，EU のメディア法の厳格な運用によってローカルコンテンツ保護を行っている国家では，動画配信企業は，視聴可能作品の60％がヨーロッパ制作であることが求められる。しかもこうした規制は，視聴可能作品全体の中の数字上の割合ではなく，「発見可能性（discoverability）」という考えに基づき，トップページに表示される作品のローカル作品割合にも適用される。他国でも議論が見られるこうした国家によるグローバルメディアの規制は，トップページにどんな作品が表示されるのか，特定のユーザーにどのような作品が推薦されるのかを規定するアルゴリズムに及んでおり，グローバル化するメディア経験に重要な影響を与えることになる。

（4）新しい国際的メディア生産分業体制

　視聴データを徹底的に分析することで有名な Netflix は，世界的なコンテンツ戦略の中で日本アニメを重視し，数多くのオリジナルアニメを制作している。例えば，2018年に永井豪原作の『DEVILMAN crybaby』を全世界で配信開始。2019年4月には，円谷プロ原作のテレビシリーズで広く知られるウルトラマンのアニメシリーズ『ULTRAMAN』13話を世界同時独占配信した。また整理整頓で有名になった近藤真里氏の『KONMARI』を制作・配信し，世界中で大きな話題を呼んでいる。こうした事例に典型的に現れているように，メディア産業間の国境を越えた連携はますます加速・深化しており，新しい国際的文化生産分業体制（Miller, T., *Global Hollywood 2*, BFI Publishing, 2005）が築かれている。

　こうして Netflix を分析すると，グローバルメディアという意味がますます

複雑化していることに気づかされる。デジタル空間は境界線がない平滑なグローバル空間ではない。Netflix はしばしばグローバルな黒船として描かれているが，視聴者にとっての意味やメディア経験は，各国の様々な規制や市場特性によって差異化されている。つまり Netflix は，グローバルメディアであるというより，「様々な差異を持つナショナルサービスの集合体が，一つのプラットフォームにまとめられている」（Lobato, R., *Netflix Nations: The Geography of Digital Distribution,* New York University Press, 2019）と考えた方がより正確であるように思われる。文化帝国主義はもちろん，国民国家とグローバルとの二項対立では，実際に起こっているグローバルな文化・経済の複雑なプロセスを理解できない。

（5）ソーシャルメディアとアルゴリズム

　株式市場で高い評価を得ている FAANG といわれる企業群の中には Netflix 以上に多くの人々の生活に浸透している企業が存在する。Facebook（創業2004年），Amazon（1994年），Apple（1976年），Netflix（1997年），Google（1998年）というアメリカのハイテク企業は，それぞれ Instagram（Facebook），Amazon Prime（Amazon），iTunes, Apple TV（Apple），YouTube（Google）などをもつメディア企業でもあり，圧倒的なグローバル化を成し遂げた，歴史上に例を見ない巨大企業である。大きな特徴はこうした企業が，メディアではなく，プラットフォームと定義されていることだ。例えば世界最大の動画投稿サイトである YouTube は自らを「何億もの人がオリジナル動画を発見，視聴，共有し，つながり，教えあい，インスパイアすることのできるフォーラムであり，大小のオリジナルコンテンツの制作者と広告主のためのデジタルプラットフォームである」と規定する。

　多くのプラットフォーム企業は，個人ユーザーに発言の手段と場所を与え，力を与えると謳っている。YouTube は「世界中のユーザーに声を与えるプラットフォーム」であり，「あなたが放送局だ」と主張する。これはインターネットの民主的な可能性に関する古いレトリックそのもので，権威的で一方向の放送，映画，あるいは出版といった古いメディアとは対極にあるという主張

が込められている。プラットフォームという自己定義は、ゲートキーパー、あるいはキュレーターとしての役割を後景化し、むしろ中立で透明な空間であることを強調することになる。

　プラットフォーム企業は古いメディアとは根本的に異なるコミュニケーション時代特有の生産様式をもつ。例えば Facebook は、テレビや新聞などの従来のメディアと全く異なり、面倒で金のかかるコンテンツ制作を、27億人ともいわれるユーザーに、報酬を支払うことなく、全面的に「丸投げ」している。ニューヨークタイムズ紙が「史上最も大規模な無報酬の労働力」(Laney, D., "To Facebook, Your're worth $80.96," *The Wall Street Journal*, 2012) と表現した Facebook のユーザーたちは、自らコンテンツを生成し、ウェブサイトにアップする。Facebook は無尽蔵のコンテンツと、ユーザーの詳細なプロフィールを手に入れ、それを広告に変換するというビジネスモデルである。そしてこれは SNS、ウェブ2.0と呼ばれる YouTube, Instagram などに共通する生産様式である（大山真司「ニューカルチュラルスタディーズ5：プラットフォームの政治学」『FIVE：Designing Media Ecology 5』2016年）。

（6）アルゴリズムの権力

　放送メディアや新聞とは異なり、プラットフォーマーが自らを中立的な空間として表象することで、こうしたメディア企業が行っているコンテンツへの介入や選択、新しい文化権力の作用は、見えにくくなっていく。放送や新聞のようなメディアは、限られた人数のプロの制作者が、何を作り、作らないのかという意志決定に関わっていた。権威をもつ制作者がアジェンダ設定を独占し、彼らのもつイデオロギーが意識的、無意識的にコンテンツに埋め込まれることがメディア文化の権力作用の形だった。例えばアメリカであれば大卒の白人男性が、どのようにアフリカ系アメリカ人を表象するのかを決め、それが世界中に配給されて、黒人のイメージを決定するという古い形の文化権力作用だった。

　プラットフォーム上では、こうした従来型の文化生産の論理は、アルゴリズムの論理へと置き換えられていく。Facebook のニュースフィード、Instagram のフィード、Twitter のタイムラインは、SNS の最適化の仕組み＝

アルゴリズムによって，ユーザデータを元に個別に異なる内容が表示される。プラットフォーム企業は巨額の投資を行って開発したアルゴリズムを使って，私たちが「見るべき」「最適な投稿」をニュースフィードに届けている。よく指摘されるように，アルゴリズムによってパーソナライズ化されたインターネットでは，人は見たいものだけ，読みたいものだけを消費し，そうした状態は情報フィルターによって閉ざされたシャボン玉という意味で「フィルターバブル」と呼ばれている。

　Instagram や YouTube 上で母国語のコンテンツを，能動的に楽しむ（まされる）世界中の視聴者を見れば，文化帝国主義の議論はいかにも時代遅れに聞こえる。しかしこうしたプラットフォーム企業は，すべてアメリカ企業であり，アルゴリズムはインターネット上の知識の生産と流通に決定的な影響を及ぼす。広告主や有名人関連のコンテンツの優先は容易に想像がつくが，それ以外にも性的，政治的，宗教的コンテンツなど，有害や信頼性が低いと判断されたコンテンツの規制は強化され，軒並み自動的に検索ランクを落とされている。こうした判断はいうまでもなくイデオロギー的なものである。そうした介入が戦略的であれ偶然であれ，あるいは有害であっても無害であっても，それは意識的な選択であり，オンラインの言説空間の形態——何が可視化され，不可視化されるか——を形作ることになる。最近アルゴリズムの設計にいかにアメリカの人種主義が組み込まれているかに注目が集まったが，アルゴリズムは特定の文化的な価値観，規範意識や偏見とともに設計され運用されているのである。アルゴリズムに駆動されたプラットフォーム企業の独占的地位が，グローバルなメディア経験にどのような影響を与えるかという研究は始まったばかりである（大山真司「ニューカルチュラルスタディーズ4：デジタル文化の価値創造」『FIVE：Designing Media Ecology 4』2015年）。

おわりに

　本章の大きな問いは，グローバル化するメディア経験が，ローカルな文化・社会の中で生活する人々に，どのような影響を与えるのかというものだった。

本章の議論をまとめれば，グローバル化するメディア経験によってもたらされる脱領土化は，アメリカ文化にローカル性が破壊されるなどといった単純なものでなく，人々が住むローカルな場所が，より複雑で矛盾に満ちた重層的な文化的空間へと変容していくプロセスであるというものだ。私たちはメディアの量が爆発的に拡大し，新しいストーリーやイメージが今まで以上に多くの場所から，絶え間なく流れてくる世界を生きている。グローバル化するメディア経験とは，ますます複雑化するグローバルな世界の中で，そうしたグローバルなメディアテクストやイメージを資源に，自分にとって意味のあるアイデンティティや物語を産み出そうとする，ささやかで，日常的な，無数の試みであるといえるかもしれない。言い換えるとグローバルなメディア経験とは，想像されたグローバルを参照点としながら，ローカル性，ローカル文化という概念や意味そのものが不断に再構成されていくような，相互作用的なプロセスなのである。

参考文献

ジョン・トムリンソン（片岡信訳）『グローバリゼーション――文化帝国主義を超えて』青土社，2000年。

＊社会理論からカルチュラル・スタティーズまで，数多くのグローバル化理論を文化という視点から領域横断的に検討している。特に文化の同質化という議論を批判的に検討し，文化のグローバル化の帰結として多元的連帯（コスモポリタリズム）の可能性に言及している。

アルジュン・アパデュライ（門田健一訳）『さまよえる近代――グローバル化の文化研究』平凡社，2004年。

＊グローバル化を，民族・情報・技術・資本・思想の五つのフローが「想像力」を介して再編成される，重層的かつ乖離的な運動として定式化した非常に影響力のある著作。グローバルとローカルを超える複雑性を把握する理論的道筋を示している。

藤田結子『文化移民――越境する日本の若者とメディア』新曜社，2008年。

＊メディアは国境を消滅させるかという仮説を，ロンドンとニューヨークにデザイナーなどの「文化的」な夢をもって移民した日本の若者の，メディア消費とアイデンティティの変容の関係を通じて分析している。長期的な聞取り調査・参与観察は，グローバル化するメディア経験の研究手法としても参考になる。

岩渕功一『トランスナショナル・ジャパン――ポピュラー文化がアジアをひらく』岩波現代文庫，2017年。

＊日本のポピュラー文化のグローバルな生産・流通・消費を検討したカルチュラル・スタ

　　ディーズの研究。ドラマや音楽などの日本文化が，特にアジアでどのように生産・消費され，そして日本文化の市場としてのアジアの台頭は，緊張の残るアジアの歴史的文脈の中で，どのように日本で受容されたかを検討する。

ニック・クドリー（山腰修三監訳）『メディア・社会・世界——デジタルメディアと
　　社会理論』慶應義塾大学出版会，2018年。
　＊イギリスを代表するメディア研究者による，デジタルメディアと権力および社会秩序との関
　　係性についてのメディア理論。主に社会理論を参照しながら，メディアを，日常生活，権力，
　　社会秩序，民主主義との関係の中で分析するための新たな視座やツールとしてのメディア理
　　論の発展を目指している。

考えてみよう！

①　現在の国境を越えるメディアのグローバル化を，文化帝国主義という枠組みで理
　　解することの問題点を考えてみよう。

②　一日に消費したメディアコンテンツの種類，プラットフォーム，デバイスをメモ
　　してみよう。そして，自分のメディア消費が，どのようなグローバルな生産・配給
　　ネットワークによって可能になっているかを考えてみよう。

第Ⅲ部

現代世界を読み解く

第10章
紛争はなぜ起こるのか
——シリア内戦と「イスラーム国」から考える——

末近浩太

本章のねらい
・現代の紛争の特徴と傾向を知る。
・紛争，特に内戦の発生原因を理解するための理論を学ぶ。
・2011年からのシリア内戦を事例に，21世紀の新しい紛争の特徴と課題を把握する。

キーワード
▶紛争，中東，シリア内戦，破綻国家，テロリズム

は じ め に

　人類が存亡の危機に瀕した二つの世界大戦，そして，世界を敵味方に二分し，核兵器の抑止力によってかろうじて「長い平和」が保たれた冷戦を経てもなお，現代の世界では数多くの紛争が続いている。スウェーデンのウプサラ大学平和・紛争研究学部の「紛争データ・プログラム（UCDP）」によると，2018年の時点で世界では52の紛争が起こっており，特にアジア，アフリカ，中東でその数は上昇傾向にある（図10-1）。

　紛争は，あらゆるものを破壊する。人々の生命や財産はもちろんのこと，政治・経済・社会の仕組み，文化や芸術，自然環境，さらには，人と人とのつながりや信頼関係——これらはすべて，一度破壊されたら二度と取り戻すことのできないもの，また，そうでなくとも，再建に多大なコストがかかるものである。私たちは，このことを，歴史的に，経験的に痛いほど知っている。

167

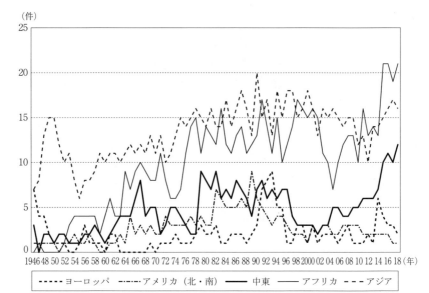

図10-1　「国家が主体となる武力紛争」の件数の地域別推移（1946〜2018年）

出所：Uppsala Conflict Data Program（http://www.pcr.uu.se/research/UCDP/）.

　にもかかわらず，なぜ，紛争は起こってしまうのか。世界から紛争はなくならないのか。そして，その紛争は，今日においてどのようにその姿を変えているのか。本章では，これらの問いについて考えてみたい。

　まず，第1節では，そもそも紛争とは何か，その定義について確認した上で，現代の世界におけるその発生状況やタイプを概観する。第2節では，紛争，特に内戦がなぜ起こるのか，その発生原因の解明を目指してきた社会科学の知見を紹介する。第3節では，今日の紛争の事例として，中東のシリアにおける内戦を取り上げ，その背景，発生原因，長期化の原因について考える。そして，第4節では，そのシリアを中心に勢力を急拡大させた過激派組織「イスラーム国（Islamic State：IS）」の動向を手がかりに，21世紀の新しい紛争の特徴と課題を論じることとする。

1　紛争の定義・タイプ・発生要因

（1）「紛争」とは何か

　まず、「紛争（conflict）」という言葉の意味を確認してみよう。『広辞苑』の定義を見てみると、「もつれて争うこと。もめごと。」とある。そこには、暴力による紛争以外にも、例えば、お金の貸し借りや土地の所有権をめぐる法的な争い、あるいは、貿易摩擦のような経済的な争いなど、非暴力のものも含まれる。

　しかし、本章で取り上げる紛争は、対立する勢力間の武力衝突という狭い意味に限定する。こうした紛争は、上記のような暴力を必ずしも伴わない広い意味での紛争と区別するために、「武力紛争（armed conflict）」と呼ばれることもある。

　対立する勢力間の武力衝突と聞くと、「戦争（war）」のことが頭に浮かぶかもしれない。しかし、武力を伴う紛争は、一般的に次の二つのタイプに分けられる。

　第一は、国家間の紛争のことであり、「国家間戦争（inter-state war）」と呼ばれる。これがいわゆる戦争であり、一般的には、対立する諸国の政府が宣戦布告をし、それぞれの国家の正規軍同士が戦火を交えるという形をとる。例えば、国家間の「総力戦（軍人と市民が一体となった国民総動員の戦争）」が展開された第一次、第二次世界大戦、インド・パキスタン戦争（1947〜49年、1965〜66年、1971年）やイラン・イラク戦争（1981〜88年）などが挙げられる。

　第二に、ある国家の中で対立する勢力間の武力衝突である。これを一般に「内戦（intra-state war）」という。内戦では、正式な宣戦布告がなされるとは限らず、異なる社会集団間の対立がエスカレートすることでなし崩しに武力衝突へと発展することが多い。この場合の社会集団とは、その国家の政治家や政党であったり、民族や部族、宗教や宗派を単位としたエスニック・グループであったり、政府と反政府のそれぞれの担い手であったり、多種多様である。大規模な内戦を経験した国家としては、グアテマラ（1960〜96年）、アフガニスタ

ン（1979〜2001年），ルワンダ（1990〜93年），ユーゴスラヴィア（1991〜2000年）などが挙げられる。

（2）紛争のタイプと件数

　では，どのタイプの紛争が，どのくらいの件数起こってきたのだろうか。再びUCDPのデータベースを見てみよう（図10-2）。そこでは，世界の紛争が，①内戦，②国際化された内戦，③国家間戦争，④独立戦争，の四つのタイプに分類されている。うち，①内戦と③国家間戦争の件数を見ると，第二次世界大戦後の世界において③が減少傾向にあるのに対して，①は高止まりが続いていることがわかる。

　加えて，近年，増加傾向にあるのが，②国際化された内戦である。これは，UCDPでは「国外からの関与を伴う内戦」と定義されている。「国外からの関与」には，それが国家アクターか非国家アクターか，中立的関与か偏った関与か，軍事的関与か政治的関与か，といった様々な違いがある。中でもよく知られているのが，国際連合が主導する関与であり，特に冷戦終結以降，「平和維持活動」や「人道的介入」，「保護する責任」の名の下で，内戦の終結や被害の拡大防止のためにたびたび実施されてきた。

　ただし，こうした関与がたとえ「善意」によるものであったとしても，停戦の失敗や戦火のさらなる拡大といった予期せぬ事態を生むこともある。例えば，1996〜98年のコソヴォ紛争では，「人道的介入」の名目で北大西洋条約機構（NATO）が空爆を実施したが，結果として国内のインフラの破壊と政治的な対立の助長をもたらした。また，関与を受けた国家の国内アクターやそれを快く思わない国外アクターによる「逆恨み」を買い，第3節で後述するようなテロリズムの発生やその国際的な拡散をもたらす場合もある。つまり，国内のアクターに加えて国外のアクターが内戦へと関与・参入することで，紛争の争点や構図が複雑になり，その結果として紛争の解決への道筋を定めることが難しくなることがある（なお，④独立戦争については，アジア・アフリカ諸国が独立を果たした1970年代以降発生していないので，現代の紛争をテーマとする本章では扱わないこととする）。

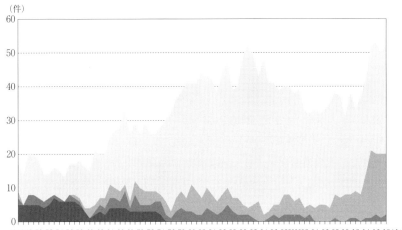

図 10-2　「国家が主体となる武力紛争」の件数のタイプ別推移（1946～2018年）

出所：Uppsala Conflict Data Program (http://www.pcr.uu.se/research/UCDP/).

　総じて見ると，21世紀の今日における紛争について，国連のような国際機関や国際法の整備，戦争を悪とする国際規範の確立によって，国家間の戦争の発生は抑制されるようになった反面，特定の国家の中で起こる戦争である内戦は発生しつづけている。そして，内戦は近年では「国際化」する傾向を見せており，いわば国家間戦争と国内での戦争の中間形態として複雑な争点と構図を伴う紛争となっている。

　では，紛争はなぜ起こるのだろうか。紛争の発生原因は，社会科学における一大テーマである。紛争には必ず争点（対立点）があるが，それを平和的に解消する仕組みがあれば，暴力に訴える必要はない。だとすれば，紛争が武力を伴う場合には，武力でしかそれを解決できない（と思わせるような）状態があるものと考えることができる。次節では，近年増加傾向にある特定の国家内の政治勢力間の紛争，すなわち，①内戦について，その発生原因を考えてみよう。

2　内戦はなぜ起こるのか

（1）内戦の争点

　内戦とは，UCDP の定義によると，武力衝突による「その年の年間死者数が1000人以上」となった状態を指す（対して，「その年の年間死者数が25人以上999人以下」の紛争は「小規模武力紛争」として区別される）。

　内戦における典型的な争点は，国家権力（中央政府）や天然資源，領域の独占である。権力や富をめぐって，様々な勢力が武力による争奪戦を繰り広げる。こうした権力や富の争奪戦の構図には，体制派と反体制派との戦いだけではなく，分離独立を求める集団とそれを阻止しようとする集団との間の戦い，異なる民族集団間の戦い，あるいは異なる宗教や宗派を単位とした集団間の戦いなどがある。そのため，それぞれの構図を反映する形で，特定の内戦については民族紛争や宗教紛争と呼ばれることが多い。

　しかし，ここで注意しなくてはならないのは，人種，民族，宗教，宗派などすべての人間がもつ固有の属性の違い自体を紛争の原因として捉えることの危険性である。その理由は二つある。

　第一に，私たちは，こうした属性にこだわりが強ければ強いほど，他の属性をもつ人間（集団）に対して妥協できず，「敵」として憎悪を抱くようになる，と考えがちである。たしかに，現実の内戦においてはこうした属性が対立を助長することはあるが，このことを強調しすぎると世界中で紛争が頻発してしまうことになる。だが，現実には，人種，民族，宗教，宗派を異にする人々が平和に共存・共生している場所が地球上には数多く存在している。人種や民族，宗教や宗派が異なるからといって，宿命的に紛争が起こるわけではない。

　第二に，多くの内戦においては，兵士だけではなく一般市民が武器を取る（あるいは取らざるをえなくなる）ことから，組織された正規軍同士が対峙する国家間戦争と異なり，誰と誰が戦っているのかが必ずしも自明ではなく，また，戦局の推移とともに変化する傾向にある。「昨日の味方は今日の敵」，「敵の敵は味方」と内戦の構図はめまぐるしく変わっていくことが多く，人種や民族，

宗教や宗派の違いが常に対立構図を形成しつづけるとは限らない。

（2）内戦発生のメカニズム

　実際には，内戦発生の原因は，こうした人間の属性ではなく，政治や経済の条件にあることが多い。つまり，内戦とは，社会集団間の対立が平和的かつ公正・公平に解消する制度や仕組みがないために，不満（grievance）と強欲（greed）のいずれを満たすにせよ，武力による手段が横行してしまうような状態である。

　まず，政治的側面については，非民主的な制度は民主的な制度よりも内戦を引き起こしやすい，と想定できる。非民主的な制度は人々の不満を醸成しやすい。民主的な制度，例えば自由で公正な選挙が実施されていれば，人々はたとえ今の政治に不満をもっていたとしても，次の首相や大統領を自らの意思（投票）によってすげ替えることができる。そのため，それができない場合には，武力に訴える動機が発生しやすくなるのは道理であろう。

　ただし，非民主的な支配が非常に強い場合には，内戦の発生確率は統計的に低下するとされる。人々は敗北が予想されるため蜂起を躊躇しがちとなり，また，仮に蜂起したとしても圧倒的な戦力差によってただちに鎮圧されてしまうからである。むしろ，近年の研究では，民主化の移行期のような，制度が民主的と非民主的の中間にある時に内戦が起こりやすくなることが統計的に明らかにされている。

　では，経済的側面はどうだろうか。いくつかの研究において，所得水準が低い場合に，人々は武力に訴えやすくなると考えられている。これは，いわゆる「機会費用（opportunity cost）」の概念によって説明される。すなわち，武装闘争に参加するということは，通常の経済活動から得られる所得をあきらめることになる。高所得の人は武装闘争をするコストが高くなるが，低所得の人は失うものが少ないためにコストが低くなる。

　ただし，このコストの計算を相対的なものと捉えた場合には，「持てる者」が「持たざる者」である自分よりもどれだけ多くのものを持っているか，言い換えれば，経済格差が不満と結びつくことになる。そのため，所得水準が高く

とも，格差が大きければ「相対的価値剥奪感（relative deprivation）」から武装闘争に参加しやすくなる，と考えることができる。

　このような内戦発生のメカニズムに関する様々な考え方は，社会科学における内戦研究の成果のごく一部にすぎない。内戦研究は，現実の内戦がいっそう複雑化している中，注目されている分野であり，平和構築や国際支援などの実務の側からも，今後のさらなる発展が期待されている。

　以上のことを踏まえ，次節では，2011年半ばに始まった中東のシリア（正式な国名はシリア・アラブ共和国）における内戦を取り上げ，その発生原因を検討してみよう。

3　シリア内戦の発生・長期化・国際化

（1）内戦はなぜ発生したのか

　シリア内戦は，発生から10年で，50万人ともいわれる膨大な数の死者を出し，総人口（2140万人）の約4分の1にあたる560万人もの難民を生んだ。さらには，760万人もの一般市民が家を失うか，戦火を逃れるために国内避難民となることを余儀なくされた（UNHCR Syria のウェブサイトより）。この未曾有の被害こそが，シリア内戦が「21世紀最悪の人道危機」と呼ばれるゆえんである。

　シリア内戦は，なぜ，どのようにして始まったのか。2011年3月，ハーフィズとその息子バッシャールの親子二代にわたるアサド大統領による長年の独裁政治に対して，市民が民主化を求める声を上げた。アサド政権とそれを支える支配エリートたちは，政治権力だけではなく，経済利権も牛耳っていた。しかし，非民主的な体制ゆえに，大多数の国民は，その政治的・経済的な発展の停滞や格差に対する不満を表明することもできず，また，自らの手で政治のあり方を変える術ももっていなかった。

　こうした状態が続いていた2011年初頭に起こったのが，中東各国における民主化運動の高まり，通称「アラブの春」であった。チュニジア，エジプト，リビア，イエメンなどで独裁に対する市民による抗議デモが起こり，独裁者たちを退陣に追い込んだ。この民主化のうねりはシリアにも波及し，市民が民主化

を求めて次々に立ち上がった。

　しかし，シリアで始まった抗議デモは，開始当初こそ一般市民による非暴力の形をとっていたものの，アサド政権の軍や治安部隊による武力弾圧にさらされることで，徐々に自衛のための武装を進めていった。そして，抗議デモの開始からわずか半年足らずで，市民による武装闘争が組織されるようになり，民主化よりもアサド政権を軍事的に打倒することが目指された。こうして，シリアにおける「アラブの春」は，アサド政権と反体制派との間の国家権力の争奪戦としてのシリア内戦へと変貌していった。

　このようなシリア内戦の発生過程を見てみると，前節で述べたような内戦発生のメカニズム，すなわち，社会集団の間の関係を調整する制度や仕組みがないこと，そして，対立のもととなる不満や強欲を解消するために武力が横行してしまうことが確認できるだろう。

（2）内戦はなぜ長期化したのか

　内戦をめぐるもう一つの問いは，一度始まった内戦がなぜ終わらないのか，である。シリア内戦は，10年以上にわたって続いてきた。

　2011年3月の内戦発生当初には，欧米のマスメディアや政策決定者を中心に，アサド政権が早期に崩壊するとの見方が優勢であった。事実，アサド政権を支えていたシリアの軍・治安部隊からは，下級兵士を中心に多くの離叛者が出た。しかし，軍組織を全体として見れば，アサド大統領への忠誠も組織的な一体性も大きく揺らぐことはなく，重装備の精鋭部隊をシリア全土に展開しながら，市民に対する弾圧と反体制派武装組織との戦闘を忠実に実行した。

　にもかかわらず，反体制派は敗北しなかった。それどころか，時間の経過とともにアサド政権に対する攻勢を強め，首都ダマスカスや第二の都市アレッポを舞台に互角の戦いを演じるようになっていった。こうした反体制派の快進撃については，「彼らが民主主義と自由を愛する『正義』や『善玉』であるから負けるはずはない」といった希望的な観測もなされたが，現実の紛争は善意や精神力では勝てない。反体制派の快進撃を支えていたのは，他ならぬ大量の武器であった。

　実はこれらの武器のほとんどは，シリア国内で流通していたものではなく，
国外から流入したものであった。具体的には，内戦発生後，国外の様々なアク
ターが反体制派を軍事的に支援した。

　シリア内戦に関与した国外のアクターは，次の三つに大別できる。

　第一は，アメリカ，EU，そして，湾岸アラブ諸国やトルコなどの一部の中
東諸国であった。これらの諸国は公式にアサド政権の打倒を訴え，反体制派を
政権崩壊後の新たなシリアの支配者にするべく支援した。

　第二は，アサド政権の弾圧によってシリア国外での長年の亡命生活を強いら
れてきたシリア人たち，「反体制在外シリア人」であった。彼らにとって，
2011年に始まった内戦は祖国への帰還と権力奪取のチャンスであり，国内の反
体制派を支援することでアサド政権の打倒を目指した。

　第三は，過激なイスラーム主義者であった。彼らは，アサド政権との戦いを
イスラームの教えの一つである「ジハード（信仰と共同体を護るための戦い）」と
位置づけ，世界中から武器や資金をもってシリアへと流入した。

　これらの三つの国外アクターは，目的をそれぞれ異にするものの，「アサド
政権の打倒」という点で奇妙な一致を見せた。

　国外アクターの関与によって軍事力を増強した反体制派は，豊富な武器，資
金，戦闘員を駆使してアサド政権の正規軍や治安部隊と激しい戦闘を繰り返し，
一進一退の攻防を続けた。これは，つまるところ，アサド政権と反体制派が軍
事的な膠着状態に陥ったことを意味した。こうして，勝敗が決まらないまま戦
闘が続くことで，内戦は長期化していったのである。

（3）内戦はなぜ「国際化」したのか

　内戦が長引けば長引くほど，被害の規模も大きくなる。その一方で，被害が
大きくなればなるほど，国際社会はその内戦を無視することができなくなり，
終結に向けた働きかけをせざるをえなくなる。

　内戦はどのように終わらせることができるのか。内戦の「終わらせ方」には，
軍事的解決と政治的解決の二つがある。前者は，ある特定の勢力が対立する勢
力を圧倒する状態，後者は，対立する勢力間の停戦ないしは和平合意が実現す

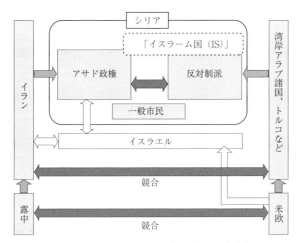

図 10-3　シリアにおける「国際化した内戦」

出所：筆者作成。

る状態が想定される。国際社会による内戦への関与は，通常，特定の勢力を支
援（ないしは敵対する勢力を直接攻撃）して軍事的な決着をつけるか，国際会議
や和平会議を開催することで勢力間の対立を政治的に解決するか，いずれかの
形を採ることになる。

　しかし，シリア内戦では，国際社会それ自体が足並みを乱した結果，様々な
アクターがそれぞれの利益にしたがって独自の「終わらせ方」を追求する事態
となってしまった。前述のように，アメリカ，EU，湾岸アラブ諸国，トルコ
などは，反体制派の軍事的勝利による「終わらせ方」にこだわった。これに対
して，アサド政権の存続を前提とした「終わらせ方」にこだわったのが，ロシ
ア，中国，イランなどの諸外国であった。つまり，シリア内戦の解決の鍵を
握っていたはずの国際社会が分裂したことで，その長期化を招いたのである。

　それにしても，なぜ国際社会は一致団結できなかったのか。その背景には，
次の二つのレベルにおける国家間のライバル関係があった。すなわち，中東政
治のレベルにおいては，湾岸アラブ諸国・トルコとイランが，そして，国際政
治のレベルにおいては，アメリカ・EU とロシア・中国が，それぞれ互いを牽
制し合うような関係にあった。その意味では，シリアの国内政治のレベルで起

177

こった内戦は，中東政治，そして，国際政治の対立構造に絡め取られた「代理戦争」としての性格をもっていたのである（図10-3）。

　本節を通して見てきたように，シリア内戦は，2011年の民主化運動「アラブの春」をきっかけに発生し，その後，長期化，「国際化」の様相を呈するようになった。こうした中で，長引く戦闘に疲弊したアサド政権と反体制派を尻目に「漁夫の利」を得る形で急速に力をつけ，その残虐かつ狡猾な方法で瞬く間にシリアと隣国イラクの領土の一部を実効支配するに至ったアクターがあった。過激派組織「イスラーム国」である。

　実は，「イスラーム国」は，様々な面において現代の紛争の特徴を有している。次節では，この「イスラーム国」を手がかりに，21世紀の紛争の特徴と課題を見てみたい。

4　「イスラーム国」から見る21世紀の紛争の特徴と課題

（1）破綻国家を「宿主」とする「イスラーム国」

　「イスラーム国」は，国際法上の国家ではなく，一方的に「国家」を名乗った過激派組織である。その源流は，2003年のイラク戦争——米英を中心とした「有志連合」諸国による侵攻——後のイラクにあった。彼らは，戦後の政治的混乱の中で，アメリカの占領軍およびその協力者・傀儡とみなされた者たちに対する武装闘争を繰り返したが，徐々に劣勢へと追い込まれていった。

　その時，彼らを結果的に救ったのが，2011年に始まった隣国シリアの内戦であった。内戦による混乱の中で，過激派組織が自由に活動できる「統治されない空間（ungoverned spaces）」ができてしまったのである。彼らは，国外から豊富に流入する武器，資金，戦闘員を享受することで急速に台頭し，2014年1月，イラクとシリアに跨る地域を固有の領土とする「イスラーム国」の建国を一方的に宣言した。

　「イスラーム国」が実効支配する地域では，独善的なイスラーム解釈による恐怖政治が行われ，異教徒や「裏切り者」とみなされた人々が銃殺や斬首などの残忍な方法で次々に殺されていった。そして，シリアとイラクの両国の政権

を敵視するだけではなく，それらと対立する様々な勢力との間でも激しい武力衝突を繰り返した。

　この「イスラーム国」が，この時期に，そして，シリアとイラクに跨る形で誕生したのは，決して偶然ではない。すなわち，2014年の時点で，両国はともに「破綻国家（failed state）」（ないしは「脆弱国家［fragile state］」）と呼ばれる状態に陥っていた。破綻国家とは，政治学者ウィリアム・ザートマンの定義によれば，近代国家の基本機能である，①主権に基づく権威，②意思決定のための有形の組織，③アイデンティティのための無形の象徴の三つが停止した国家を指す（「国家性［stateness］」の喪失と呼ばれる）。簡単にいえば，国家機能が麻痺することで主権的・領域的な統治が弛緩し，国民が国民としての自覚を失うことで分裂した状態を指す。

　イラクは2003年のイラク戦争の後に，シリアは2011年の「アラブの春」の後に政治的な混乱の度合いを強め，破綻国家へと転落していった。アメリカのNGO「ファンド・フォー・ピース（Fund for Peace）」が毎年出している世界の脆弱国家ランキング（順位が高いほど破綻の度合いが高い）の2015年版では，イラクが11位，シリアが８位となっており，両国が世界でも有数の破綻国家であったことがわかる。それが，「イスラーム国」のような過激派組織の台頭を許し，翻って，彼らの台頭がさらなる破綻国家化を加速させる悪循環を生み出した。シリアもイラクも，「イスラーム国」の「宿主」となってしまったのである。

（2）国際社会に挑戦する「イスラーム国」

　現代世界において，破綻国家はその国家だけの問題ではなく，周辺諸国，さらには国際社会全体にとっての安全保障上の問題となっている。この問題について，再び「イスラーム国」の事例から見てみよう。

　「イスラーム国」は，彼らの独善的なイスラーム解釈に基づいた「国家」の建設および領土の拡大を目指したが，国際社会の側から見た時に，それは，次の２つの側面において大きな挑戦となった。

　第一に，民族（ネイション）を単位に領域と主権を有した国家（ステイト）を築くという国民国家の原理の否定である。「イスラーム国」が重視するのは，

民族間の差異ではなく，どの宗教を信奉しているかという宗教間の差異である。また，中東諸国の国境線は，国民国家の原理に基づいていることに加え，第一次世界大戦後に西洋列強によって一方的に画定されたものであるとし，これらを抹消し西はモロッコ，東は中国の一部までを版図とする巨大国家を建設するという理想を掲げた。

　第二に，彼らの理想の実現にとって障害になる国々を力で排除しようとしたことである。「イスラーム国」は，組織の構成員だけではなく世界中の支持者に対して対立する国々への攻撃を呼びかけた。それは，言い換えれば，彼らが拠点としていたイラクやシリアだけではなく，国際社会全体を戦場に変える行為であった。「イスラーム国」の構成員や支持者の誰が，いつ，どこで，どのように暴力を行使するのかが，国際社会にとっての脅威となった。

　この二つの国際社会に対する挑戦は，それぞれ争点と手段の面から21世紀の紛争の特徴を如実に示していた。以下，順番に見てみよう。

（3）「新しい戦争」

　まず，第一の紛争の争点について見てみよう。第2節で述べたように，紛争の多くは，領土や資源，国家権力の争奪戦として起こる。古典的な国家間戦争においては領土や資源であり，内戦においてはその国の国家権力や天然資源，領域であった。これに対して，「イスラーム国」が掲げた争点は，彼らが考えるイスラームに基づく「国家」の実現であり，それを阻止しようとする者たち，他の宗教の信者を「敵」とする戦いであった。つまり，彼らが引き起こす紛争は，人と人との差異や人間の属性，言い換えれば，「自分は何者か」＝「自分とは違うあいつらは何者か」というアイデンティティを争点としているのである。

　こうしたアイデンティティを争点とした紛争は，国際政治学者メアリー・カルドーが提唱した「新しい戦争（new wars）」の大きな特徴である。国益をめぐる国家間の「旧い戦争」に対して，1980年代末頃からはこの「新しい戦争」が世界各地（例えば，ボスニア・ヘルツェゴビナやルワンダの内戦）で頻発するようになったという。「新しい戦争」は，民族，宗教，宗派などの人間の属性

──アイデンティティ──に基づいた権力や領土の独占という「アイデンティティ・ポリティクス」によって発生する。そして，紛争のアクターは，準軍事組織，ゲリラ，軍閥，犯罪集団，傭兵を主とし，紛争の資金はグローバル化の中で越境的に調達される。

　この「新しい戦争」は，一般に「旧い戦争」に比べて解決が難しいと考えられている。それは，争点がアイデンティティという主観的な動機にあるため，対立する勢力の間の妥協や交渉が成立しにくいためである。領土や資源といった客観的・物質的に扱えるものであれば，それぞれの「取り分」をめぐって交渉することが可能だが，人間の属性は変えることができないため，いったん顕在化したアイデンティティを変化させることは容易ではない（そのため，しばしば「敵」を絶滅するまで戦うことになる）。

（4）国際テロリズム

　第二の手段については，テロリズムの世界的な拡散が顕著となっている。テロリズムは，1789年のフランス革命後の旧体制派に対する恐怖政治をその語源とすることが象徴するように，かつては国内政治の権力争いにおける暴力の一手段であったが，今日では国際テロリズムが目立つようになっている。

　国際テロリズムでは，「イスラーム国」に見られたように，その資金，武器，人員がグローバルに調達されるだけではなく，実行場所も紛争地（拠点）だけではなく，「敵」とその関係者が存在するすべての国や地域となる。

　世界中から「イスラーム国」に参集した「義勇兵」たちは，その後も自らの出身国や第三国で「敵」への攻撃を敢行することも少なくない。また，「イスラーム国」に直接組織的な接点がなくとも，その思想や「アイデンティティ・ポリティクス」に共鳴した時，自発的な「ホームグロウン（地元育ち）」ないしは「ローンウルフ（一匹狼）」のテロリストになることもある。こうして，国際社会全体が戦場になっていく。

　ただし，このテロリズムという用語の使い方には注意が必要である。テロリズムは，基本的には他称・蔑称である。すなわち，自らの行為をテロリズムと呼ぶ者はおらず，他者の行為をテロリズムとラベリングして批判や取締りの対

象とするのが普通である。その意味において，テロリズムとは善悪や敵味方を恣意的に区別するために用いられる政治的な概念なのである。私たちは，ひとたびそれが使われた時には，誰が，どのような立場で，何のために使っているのか，テロリズムの用語が孕む主観的な意図に対して注意を払わなくてはならない。

　政治学者アレックス・シュミットは，テロリズムをあくまでも客観的に存在する暴力の一つのタイプと捉え，次のように定義している。「テロリズムとは，暴力行使を繰り返し，不安をかき立てる方法である」。その上で，「攻撃者」（国家および非国家アクター），「被害者」，「働きかけの対象」の三つの関係を考えることが重要であるとする。

　すなわち，通常の暴力においては，AがBを攻撃した場合，Aが「攻撃者」でBが「被害者」である。しかし，テロリズムの場合は，この暴力を通した威嚇，強制，宣伝の標的としてのCが存在する。これを「働きかけの対象」という。つまり，攻撃者Aにとって，被害者Bはそれ自体の破壊や殺害が目的ではなく，本来の標的である働きかけの対象Cを畏怖状態（テロル）に陥らせるための道具にすぎない。

　例えば，2015年1月に発生した「イスラーム国」による日本人人質殺害事件において，「イスラーム国」（攻撃者A）が標的にしたのは二人の一般の日本人（被害者B）であったが，その無辜な生命を残忍な方法で誰の目にも見える形で破壊することで，「敵」である日本とその同盟者である欧米諸国（働きかけの対象C）に恐怖を抱かせた。

　今日の国際テロリズムは，国境を自由に横断しながら世界の各地で展開されうる可能性をもつ。21世紀に入ってから加速したグローバル化，とりわけインターネットに代表される情報・コミュニケーション技術（ICT）の革新は，人類史上最も活発にヒト，モノ，カネ，情報が飛び交う世界をつくりだした。その副作用として，テロリズムも，いつでも，誰でも，どこでも，簡単に実践できるようになった。

お わ り に

　以上見てきたように，現代の紛争はその激しさと複雑さを増しつづけている。それに伴い，紛争を終わらせるための方法も防ぐ方法もいっそう難しくなっており，これに対応するために，従来の国連主導の活動のほかに，「対テロ戦争」，「戦争の民営化」，「戦争の無人化（ハイテク化・機械化）」など，様々な新しい方法が編み出されてきた。

　とはいえ，現時点では，どれも紛争に対する万能薬にはなりえず，むしろ，その新しさゆえに法制面での曖昧さを残すことで，「正統な暴力の独占」という近代国家の機能を相対化・低下させ，結果的に紛争を終わらせるためのシナリオを混乱させてしまっている。いずれにしても，紛争解決のための答えを出すことは容易ではなく，第一次，第二次世界大戦，そして冷戦と存亡の危機を乗り越えた今日の人類にとっての大きな課題でありつづけている。

　しかし，確かなことは，本章で論じてきたように，紛争の発生原因や特徴，課題を正確に理解することなしに，その解決のための糸口を探ることはできない，ということである。世界には「民族紛争」，「宗教紛争」，「テロリズム」といった過度に単純化された「わかりやすい説明」が溢れている。しかし，これらを無批判に受け入れることは，「イスラーム国」のような人間の属性それ自体を争点とする「アイデンティティ・ポリティクス」に荷担することになりかねない。

　凄惨な紛争の様子を伝えるニュースは，私たちに激しい悲しみや怒りを抱かせる。ある人は，自分の無力さを嘆き，また，ある人は自分に何ができるのか考えるかもしれない。しかし，どれだけ激しく感情が揺さぶられたとしても，複雑な紛争の実態を捉えるための冷静さを失ってはならない。本章で論じたように，紛争をあくまでも政治の問題として捉え，持てる知識と知恵——社会科学の考え方——を動員してその複雑さに向き合うことが，世界から紛争をなくしていくための不可欠な第一歩なのである。

参考文献

青山弘之編『「アラブの心臓」に何が起きているのか——現代中東の実像』岩波書店，
　　2014年。

　　＊シリア，レバノン，ヨルダン，パレスチナ／イスラエル，エジプト，イラクの政治の仕組み
　　や現状を知ることができる一冊。

久保慶一・高橋百合子・末近浩太『比較政治学の考え方』有斐閣，2016年。

　　＊民族はなぜ対立するのか，民族政党がなぜ生まれるのか，紛争はなぜ起こり，なぜ終わるの
　　か。こうした問いに対する比較政治学からのアプローチを知ることができる一冊。

多湖淳『戦争とは何か——国際政治学の挑戦』中公新書，2020年。

　　＊戦争や内戦の原因を，国際政治学の最前線，特に計量データや数理分析（ゲーム理論）によ
　　る研究成果から探求する異色の一冊。

藤原帰一・大芝亮・山田哲也編『平和構築・入門』有斐閣，2011年。

　　＊平和構築学の入門書。「新しい戦争」，「破綻国家」，「人道的介入」といった今日の紛争を考え
　　る上での重要概念を詳しく解説。紛争解決のための法整備，経済発展，ジェンダーや人権へ
　　の配慮などもカバー。

ポール・コリアー（甘糟智子訳）『民主主義がアフリカ経済を殺す——最底辺の10億
　　人の国で起きている真実』日経BP社，2010年。

　　＊原題は *Wars, Guns, and Votes*。一部の国では，民主主義の導入が経済成長を阻害し，その結
　　果，経済システムの破壊や独裁，内戦などが生じることを論証。開発経済学からの紛争論。

考えてみよう！

① 　世界で起こっている（起こった）紛争を一つ取り上げ，なぜそれが発生したのか，
　　そして，なぜ終結した／しないのか，考えてみよう。

② 　ある国で起こった内戦について，「国家」と「国際社会」がどのように関わるべ
　　きなのか，考えてみよう。

　紛争（武力紛争）は，国家をその根底から破壊することがある。中央政府が機能不全となるだけでなく，国民としての意識が共有されなくなることもある。国際社会は，こうした事態を受けて，「国家建設」や「平和構築」の名の下で，紛争前の国家を「本来の姿」に戻すための取組みを続けてきた。そこで想定されるのは，今日の世界における理念型としての国家，すなわち，主権国家／国民国家にほかならない。

　とはいえ，世界で起こっている数々の紛争においては，こうした理念型としての国家とは異なる，「経験的な国家」が立ち現れる場合が少なくない。例えば，軍閥や武装勢力による暴力を通した実効支配，民族や宗教に基づく分離独立の試み，紛争における戦局の膠着がもたらす国土の分裂など，「本来の姿」とは異なる姿の「国家」が生まれることがある。それを象徴したのが，シリアとイラクに跨る地域に一方的に「建国」を宣言した「イスラーム国」であり，あるいは，ソマリアの中で紛争を通して一定の自治を確立したプントランドや自ら独立を宣言したソマリランドであろう。これらの「経験的な国家」は，シリアやイラク，ソマリアにおける中央政府と国民の両方に挑戦する存在であり，理念型としての国家からの逸脱とみなされる。

　しかし，中央政府による治安維持機能が停止した時，住民は自らの生命や財産を誰に守ってもらうのか。あるいは，医療，福祉，教育といった行政サービスが提供されなくなった時，住民は誰を頼ればよいのか。紛争国家では，軍閥，武装勢力，宗教組織，部族集団などの様々な非国家主体がこれらを積極的に担い，中央政府と同様の機能を果たしたり，それに伴って国民よりも宗教や部族といった新たな帰属意識が強まったりする。

　重要なのは，これらの「国家」が，統治機構や政治共同体として実際に機能してしまっている現実である。住民にとってすれば，機能しない理念型としての国家よりも，機能する「経験的な国家」の方が大事かもしれない。そのため，近年の紛争研究や紛争解決に向けての取組みにおいては，これを「限定された国家性（limited statehood）」や「反乱軍によるガバナンス（rebel governance）」などと捉えることで，「国家建設」や「平和構築」にとっての意義を見出そうとする議論も盛んになっている。

　紛争の解決のためには，これらを理念型としての国家からの逸脱であると安易に否定するのではなく，紛争が生み出す複雑な現実をしっかり見据えることが重要となる。そして，その先には，「そもそも国家とは何か」という根源的な問いも広がっているのである。

（末近浩太）

第 11 章
地球温暖化と人類の選択

林　大祐

本章のねらい
・地球温暖化の仕組みと影響および脱炭素化の必要性を理解する。
・地球温暖化に関わる先進国と途上国の対立構造を，各国の歴史的責任と対処能力
　の違いに着目して説明できるようになる。
・地球温暖化をめぐる国際的対応の到達点を踏まえた上で，今後の脱炭素化への取
　組みのあり方を論じられるようになる。

キーワード
▶地球温暖化，共通だが差異ある責任，京都議定書，パリ協定，脱炭素化

は じ め に

　2015年に採択されたパリ協定には，地球温暖化の深刻な影響を避けるために，
21世紀後半に人為起源の温室効果ガス排出量を実質ゼロにするという目標が掲
げられている。現在の私たちの生活は化石燃料に依存して成り立っているが，
これからは脱炭素化という環境制約の下で社会経済構造を再構築していく必要
がある。本章では，地球温暖化はどの程度進行しているのか，国際社会はどの
ような温暖化対策を講じてきたのか，脱炭素社会の実現のためには何が求めら
れるのかを論じる。第1節では，地球温暖化の仕組みを説明した上で，地球温
暖化による様々な影響と，脱炭素化のために必要となる二酸化炭素の排出経路
を示す。第2節では，地球温暖化をめぐる国際的対応の到達点を，国連気候変
動枠組条約，京都議定書，パリ協定に焦点を当てて説明する。ここでは，温暖

化防止のための国際制度を中心に論じるが，各国の国内対策については参考文献などを参照されたい。最後に，温暖化対策における多国間主義の意義とコロナ禍からの復興のあり方に言及して結びに代える。

1　地球温暖化の科学

（1）地球温暖化の仕組み

　地球温暖化の仕組みを理解するために，まず，地球に大気がなかった場合を想定する。太陽エネルギーは可視光線などの形で地球に入ってきており，その約 7 割が地表面に達して地表を温めている。この温まった地表から，今度は赤外線の形で宇宙空間にエネルギーが放出される。これらの吸収・放射のエネルギー量は釣り合っており，この条件下では地球の平均気温は約 -19℃になってしまう。それが，現在の約 14℃の温度を保っているのは，大気中に温室効果ガスが存在するからである。大気成分の中には，太陽からの可視光線は通すが，地表から放出される赤外線は通しにくいという性質をもった温室効果ガスが存在する。この温室効果ガスによって，赤外線の一部は吸収され，再度放出される。これによって，地表面と下層大気が温められ，地表の平均気温は 14℃という温度を保っていられる。つまり，大気の温室効果そのものは，地球の生命維持に必要不可欠である。ところが，温室効果ガスが増加すると赤外線の吸収量が増加し，地球が過度に温められることになる。この現象を地球温暖化と呼ぶ。

　地球の大気の組成は，窒素が 78％，酸素が 21％を占め，残りのおよそ 1 ％に二酸化炭素などの様々な温室効果ガスが含まれている（この組成比は水蒸気を含まない乾燥大気を想定している）。これに，季節的・地域的な変動が大きい水蒸気が加わる。これらの温室効果への寄与度で見ると，その約 6 割が水蒸気，約 3 割が二酸化炭素によるものである。ただし，大気中の水蒸気の量は自然の仕組み（主に気温）によって決まるところが大きく，人為活動によって変化することはほとんどない。したがって，水蒸気は人為起源の温室効果ガスには含まれない。地球温暖化防止のための国際協定である京都議定書で規制されているのは人為起源の温室効果ガスであり，二酸化炭素（CO_2），メタン（CH_4），一酸化

表 11 - 1　京都議定書の規制対象となっている温室効果ガスの特徴

温室効果ガス	寿命（年）	地球温暖化係数 （100年値）[注2]	主な用途・排出源
二酸化炭素（CO_2）	n/a [注1]	1	化石燃料の燃焼や工業プロセスなど。
メタン（CH_4）	12.4	28	稲作，家畜の糞尿・腸内発酵，廃棄物の埋め立てなど。
一酸化二窒素（N_2O）	121	265	農業（窒素肥料の使用），化学工業（硝酸などの製造）など。
ハイドロフルオロカーボン類（HFCs）	222（HFC-23）など	124,000（HFC-23）など	スプレー，エアコンや冷蔵庫などの冷媒，化学物質の製造プロセスなど。
パーフルオロカーボン類（PFCs）	50,000（PFC-14）など	6,630（PFC-14）など	半導体の製造プロセスなど。
六フッ化硫黄（SF_6）	3,200	23,500	電気の絶縁体など。
三フッ化窒素（NF_3）	500	16,100	半導体の製造プロセスなど。

注 1 ：二酸化炭素は時間スケールの異なる様々な過程で海洋や陸域生態系に取り込まれるため，大気中の寿命を一つの値で示すことができない。

注 2 ：地球温暖化係数は，一定の体積でどれだけ温室効果を引き起こすかを示す指標で，二酸化炭素を基準にして表される。温室効果ガスの種類によって寿命が異なるので，ここでは100年間の温室効果を考えた場合の数値を示す。また，ハイドロフルオロカーボン類とパーフルオロカーボン類には様々な種類のガスが含まれるので，代表的な値（HFC-23 と PFC-14）を示す。

出所：IPCC, *Climate change 2013: The physical science basis. Contribution of Working Group I to the Fifth Assessment Report of the IPCC*, 2013, pp. 731-738 および JCCCA「温室効果ガスの特徴」2020年，https://www.jccca.org/chart/chart01_02.html（2020年 8 月 6 日アクセス）より作成。

二窒素（N_2O），ハイドロフルオロカーボン類（HFCs），パーフルオロカーボン類（PFCs），六フッ化硫黄（SF_6），三フッ化窒素（NF_3）の 7 種類を含む。地球温暖化に関する科学的な評価を行う「気候変動に関する政府間パネル（IPCC）」が2013年から2014年にかけて発表した『IPCC 第 5 次評価報告書』では，人為的な影響が20世紀半ば以降に観測された気温上昇の支配的な原因であった可能性が極めて高い（95〜100％）としている。

　京都議定書の規制対象となっている温室効果ガスの特徴を表11 - 1 に示すが，ここから以下の三つがわかる。第一に，多くの温室効果ガスは，いったん排出されると百年から数万年の時間スケールで大気中に留まる。つまり，今すぐ温室効果ガスの排出をゼロにしても，少なくとも今後数世紀は気温上昇が続くことになる。第二に，それぞれのガスの温室効果の度合いには大きな差がある。地球温暖化係数は，二酸化炭素を基準にして，その他の温室効果ガスが一定の体積でどれだけ温室効果を引き起こすかを示すための指標である。二酸化炭素

は，地球温暖化係数は小さいが，排出量が非常に多いため，地球温暖化に対して最大の寄与を示す。ただし，その他の微量ガスには地球温暖化係数が極めて大きいものがあり，これらの削減も喫緊の課題となっている。第三に，温室効果ガスは人為活動の様々な側面から排出されている。例えば，二酸化炭素は化石燃料の燃焼や工業プロセスから，メタンは農業（稲作，家畜の糞尿・腸内発酵など）や廃棄物の埋め立てから，一酸化二窒素は農業（窒素肥料の使用）や化学工業（硝酸などの製造）から排出される。温室効果ガスの排出源が多岐にわたるため，抜本的な温暖化対策のためには社会経済構造の転換が必要となる。

（2）地球温暖化の影響

　2018年10月に発表された『IPCC1.5℃特別報告書』によると，地球の平均気温は産業革命前に比べてすでに約1℃上昇し，このままのペースで気温上昇が続けば2030年から2052年の間に1.5℃上昇する見込みである。現在までの約1℃の気温上昇でも，世界各地で大雨による洪水や干ばつなどの災害が頻発している。日本においては，平成30年7月豪雨，令和元年東日本台風（台風第19号），令和2年7月豪雨などが記憶に新しい。個別の気象現象と地球温暖化の関連性については，科学的不確実性が残ることが多い。ただし，一般的には地球温暖化が進むと空気中に含むことのできる水蒸気の量が増えるため，大雨の頻度の増加や強度の増大につながるとされている。海外では，数万人の死者を出した2003年の欧州熱波に関して，地球温暖化が熱波のリスクを少なくとも倍増させたとする研究報告がある。南太平洋の島嶼国キリバス共和国では，平均海抜2メートル以下の環礁（環の形をしたサンゴ礁）から成る国土に約11.6万人が暮らしている。地球温暖化による海面上昇でいずれ国土が失われるという危機感から，2014年にキリバス政府は自国民の将来の移住先として，フィジー共和国から約22平方キロメートルの土地を購入した。

　『IPCC第5次評価報告書』では，以下の五つの包括的な懸念材料（integrative reasons for concern）という指標を用いて，地球温暖化のリスクを評価している（図11-1）。

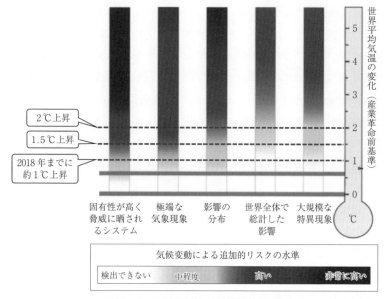

図11-1　地球温暖化による追加的リスク

出所：IPCC『IPCC 第5次評価報告書 第2作業部会報告書 政策決定者向け要約（環境省訳）』
　　　2014年，16頁に加筆・修正。

① 固有性が高く脅威に晒<ruby>晒<rt>さら</rt></ruby>されるシステム：このようなシステム（生態系や文
　 化など）には，すでに地球温暖化によるリスクに直面しているものがある。
　 地球温暖化の影響への適応能力が限られている多くのシステム（北極海氷
　 やサンゴ礁など）は，2℃の気温上昇で非常に高いリスクに晒される。

② 極端な気象現象：熱波，豪雨，洪水などの極端な気象現象に関連するリス
　 クはすでに中程度であり，2℃の気温上昇で高水準となる。いくつかの種
　 類の気象現象（猛暑など）に伴うリスクは，2℃以上の気温上昇でさらに
　 高くなる。

③ 影響の分布：地球温暖化のリスクは，恵まれない境遇にある人々やコミュ
　 ニティーにとってより大きくなる傾向がある。不均一に分布する地球温暖
　 化の影響のリスクは，2℃以上の気温上昇で高水準となる。

④ 世界全体で総計した影響：地球上の生物多様性および世界経済への影響を
　 総計したリスクは，1～2℃の気温上昇で中程度となる。広範な生物多様

性の損失に伴うリスクは，約3℃の気温上昇で高水準となる。経済損失は気温上昇に伴い拡大する傾向にある。

⑤　大規模な特異現象：地球温暖化の進行に伴い，いくつかの物理システムあるいは生態系は，急激かつ不可逆的な変化のリスクに晒される可能性がある。例えば，ある閾値（いきち）を超えた気温上昇（現在の推定では1〜4℃）が続くと，グリーンランド氷床のほぼ完全な消失が千年あるいはそれ以上かけて起こり，世界の平均海面水位を最大7メートル上昇させる可能性がある。

　地球温暖化の深刻な影響を避けるためには，世界の長期的な気温上昇を産業革命前（すなわち人為的な地球温暖化が起きる前）に比べて2℃未満に抑える必要があるとされてきた（以下，2℃目標とする）。ただし，2℃の気温上昇でも高いリスクを伴う可能性が明らかになったため，近年では1.5℃目標の検討が本格化している。

（3）危険な地球温暖化を避けるためには

　『IPCC第5次評価報告書』において，人為起源の二酸化炭素の累積排出量と世界平均地上気温の上昇量はほぼ比例関係にあるとの重要な見解が示された。地球温暖化を止めるためには，いずれは人為起源の二酸化炭素（およびその他の温室効果ガス）の純排出量をゼロにする必要があり，目標とする気温上昇の水準が野心的であるほど早急な脱炭素化が求められるのである。地球が許容できる二酸化炭素の累積排出量に限りがあることから，これを炭素予算（carbon budget）と呼ぶ。炭素予算に限りがあるということは，今私たちが温暖化対策を怠れば，将来世代にツケを回すことになる。

　『IPCC 1.5℃特別報告書』では上記の分析を発展させ，1.5℃および2℃目標の達成に残された炭素予算を推計している。同報告書によると，50％の確率で1.5℃目標を達成するためには，人為起源の二酸化炭素の累積排出量を約2800GtCO$_2$（1Gt＝10億トン）に抑える必要がある。また，2℃目標の場合は約3720GtCO$_2$となる。2017年末までに，すでに約2220GtCO$_2$の二酸化炭素を排出してしまっており，1.5℃目標に残された炭素予算は580GtCO$_2$，2℃目標の

場合は1500GtCO$_2$となる。50％の確率で気温上昇を1.5℃未満に抑えるためには，世界の二酸化炭素の排出量を2030年までに2010年比で45％削減し，2050年頃に実質ゼロにしなければならない。また，2℃目標の達成には，2030年までに2010年比で20％削減し，2075年頃に実質ゼロにする必要がある。

　脱炭素社会の実現のためには化石燃料からの脱却が必要不可欠で，そのためには，再生可能エネルギーで電力や熱を供給すること，省エネルギーを徹底してエネルギーの消費量を減らすことが重要である。原子力発電もたしかに低炭素技術ではあるが，1986年のチェルノブイリ原子力発電所事故や2011年の福島第一原子力発電所事故からわかるように，もし事故が起きれば甚大かつ不可逆的な損害をもたらす。また，火力発電所や産業プロセスから二酸化炭素を回収し，地中（油田や天然ガス田）や海底などに閉じ込める炭素隔離貯留技術の開発も進んでいるが，いまだにコストが高く，将来の二酸化炭素漏出のリスクが残る。重大なリスクを伴う技術に頼らざるをえなくなるまで温暖化対策を遅らせることなく，すでに利用可能な技術・施策を総動員して，早急に対策を講じることが重要である。今後20〜30年間の私たちの行動が地球と人類の未来を決めるといっても過言ではない。

2　地球温暖化防止のための国際制度

（1）地球温暖化に関わる国際協調が困難である理由

　地球温暖化は人類共通の課題であるため，すべての国々が問題解決に取り組む必要がある。ただし，超国家的な世界政府が存在しない国際社会において，地球環境という共有資源（コモンズ）を扱う際には「ただ乗り（フリーライド）」の問題が発生する。共有資源は，利用者を特定の人々に限定することが困難で（排除不可能性），ある人が消費すると他の人の消費量が低下する（競合性）という二つの性質をもつ。所有権が明らかな私的財であれば，所有者がその財を適切に管理するインセンティブが働く。しかし，不特定多数が利用できる共有資源については，資源管理の規則が定められていなければ，各自が好きなだけ資源を消費して環境破壊を引き起こしてしまう。このことを，ギャレット・ハー

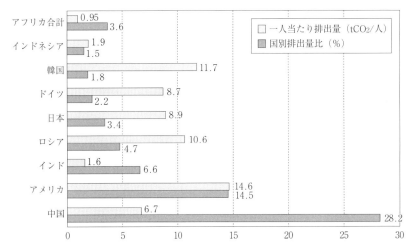

図 11 - 2　世界の化石燃料由来の二酸化炭素排出量に占める主要国の排出割合と
　　　　　　各国一人当たりの排出量の比較（2017年）

出所：日本エネルギー経済研究所『EDMC/エネルギー・経済統計要覧（2020年版）』2020年，235・248
頁に基づき筆者作成。

ディン著 *The tragedy of the commons* にちなんで「コモンズの悲劇」と呼ぶ。

　世界政府が存在しない国際社会においては，関係各国が地球環境保全の約束
を取り交わし，お互いの約束遵守を担保するような制度を構築する必要がある。
ところが，環境対策は費用がかかるため，国際制度から離脱しようとする国も
出てくる。地球環境は排除不可能性という性質をもつため，環境対策の費用を
避け，資源利用の便益だけを享受することが可能だからである。また，国際社
会においては，国家主権の尊重から，ある国が国際制度に参加するか否かは自
由であり，フリーライダーに対して罰則を設けることも困難である。

　地球温暖化に関わる国際協調をさらに難しくしているのは，地球温暖化に対
する歴史的責任と対処能力の違いである。これまでに温室効果ガスを大量に排
出してきた，つまり，地球温暖化に対する歴史的責任を負っているのは先進国
である。ただし，近年，中国やインドなどの新興国からの排出量が急増してい
るため，これらの協力なしでは効果的な温暖化対策は不可能である（図11‒2）。
しかし，温暖化対策を経済発展の足かせと捉えている国は多く，これから経済

発展を遂げたい国は温暖化対策に消極的になりがちである。また，多くの途上
国は経済発展の遅れから，地球温暖化の影響に対して脆弱であり，国際的な支
援を必要としている。例えば，2017年におけるアフリカ諸国の一人当たりの二
酸化炭素排出量の平均値は$0.95\,tCO_2$/人であったのに対し，日本は$8.9\,tCO_2$/
人と約9.4倍であった（図11 - 2）。さらに，日本一国のみでアフリカ諸国全体
と同程度の二酸化炭素を排出している。先進国が経済発展の恩恵を享受してき
た結果，地球温暖化が進行し，脆弱な途上国で極端な気象現象，生態系の損失，
海面上昇などの被害が深刻化している。複雑に利害が絡み合った地球温暖化の
国際交渉では，特に先進国と途上国の間での対立が絶えない。

（2）地球温暖化をめぐる国際的対応

国連気候変動枠組条約 　1988年の国連総会で地球温暖化が初めて取り上げられ
てから，現在に至るまでの約30年にわたり，地球温暖
化に関する国際制度の議論がなされてきた。この議論における最初の到達点は，
1992年に採択され，1994年に発効した国連気候変動枠組条約である。2020年 8
月現在，米国を含むほぼすべての国（196カ国と EU）が加入する普遍的な条約
である。条約 2 条は，気候系に対して危険な人為的干渉を及ぼすこととならな
い水準で，大気中の温室効果ガスの濃度を安定化させることを究極の目標と定
めている。条約では，具体的に大気中の温室効果ガス濃度をいつまでに，どの
水準で安定化すべきかまでは踏み込んでおらず，後の科学的知見の蓄積と政治
交渉に判断を委ねることとなった。この究極の目標は，後に採択される京都議
定書やパリ協定にも適用されている。条約 3 条には，究極の目標を達成する上
で考慮すべき諸原則が掲げられている。例えば，「共通だが差異ある責任」と
いう原則は，地球温暖化は人類共通の課題だが，問題への寄与度と対処能力は
国ごとに異なるため，各国（特に先進国と途上国）の責任は差異化されるべきだ
としている。また，「予防原則」は，地球温暖化が重大ないし不可逆的な損害
を及ぼす恐れがある場合，科学的不確実性があっても予防的に対策を講じる必
要があるとしている。地球温暖化のメカニズムは非常に複雑であり，現在の科
学でも十分に解明できていないことは多くある。ただし，完全な科学的知見が

得られるまで対策を遅らせた場合，すでに手遅れになってしまう可能性もあるため，利用可能な最善の科学的知見に基づいて予防的に対策を講じる必要がある。

　国連気候変動枠組条約は，究極の目標と上記の諸原則を規定した点では評価できるが，締約国の具体的な義務に関しては不十分な制度となった。締約国の義務については，附属書Ⅰ国（OECD 加盟国と市場経済移行国），非附属書Ⅰ国（途上国），附属書Ⅱ国（附属書Ⅰ国のうちの OECD 加盟国）に分けて様々なものが規定されている。最も重要な温室効果ガス排出削減については，附属書Ⅰ国は「人為的な温室効果ガス排出量を1990年代の終わりまでに従前の水準（筆者注：1990年の水準）に戻すこと」とあるが（4条2項 (a)），この排出目標に法的拘束力はない。条約交渉の際に，EU は，先進国の排出目標として2000年までに1990年比で10％削減することを主張していた。島嶼国や多くの途上国も，先進国に対して，法的義務のある具体的な削減目標を設定すべきであるとした。しかし，米国やサウジアラビアなどの産油国が強く反対した結果，「法的義務」は「努力目標」に，排出目標は「削減」ではなく「1990年の排出量に戻す」という，極めて不十分なものになってしまった。実は，1990年に発表された『IPCC 第1次評価報告書』では，大気中の二酸化炭素の濃度を当時の水準で安定化させるためには，二酸化炭素の排出量を直ちに60％以上削減する必要があるとしていた。つまり，条約の目標程度では地球温暖化を防げないことは明らかであった。

京都議定書　国連気候変動枠組条約を踏まえて，先進国の排出目標をより野心的で拘束力の強いものにしたものが京都議定書である。1997年に日本の京都で開催された第3回締約国会議で採択された議定書であるため，京都の名を冠している。京都議定書は2005年に発効し，2020年8月現在，米国とカナダを除く191カ国と EU が加入している。京都議定書には，先進国の温室効果ガス排出目標や，目標達成のための柔軟性措置（京都メカニズム）などが規定されている。まず，排出目標について述べると，もともと京都議定書で規制対象とされた温室効果ガスは，二酸化炭素，メタン，一酸化二窒素，ハイドロフルオロカーボン類，六フッ化硫黄の6種類であった（三フッ化窒素は，第二

表11-2　京都議定書の第一約束期間における附属書B国の排出目標

国・地域	排出目標（1990年比）
EU 15カ国[注1]，ブルガリア，チェコ，エストニア，ラトビア，リヒテンシュタイン，リトアニア，モナコ，ルーマニア，スロバキア，スロベニア，スイス	-8%
米国[注2]	-7%
カナダ[注2]，ハンガリー，日本，ポーランド	-6%
クロアチア	-5%
ニュージーランド，ロシア，ウクライナ	±0%
ノルウェー	+1%
オーストラリア	+8%
アイスランド	+10%

注1：EU 15カ国は，オーストリア，ベルギー，デンマーク，フィンランド，フランス，ドイツ，ギリシャ，アイルランド，イタリア，ルクセンブルク，オランダ，ポルトガル，スペイン，スウェーデン，英国を指す。
注2：米国は京都議定書を締結せず，カナダは同議定書から離脱したので，これらの排出目標は実質的な意味をもたない。

約束期間［2013〜20年］に追加された）。これら6ガスを一括して，第一約束期間（2008〜12年）に先進国全体で1990年の排出量から少なくとも5％削減することが法的拘束力のある義務とされた。各国の排出目標は議定書の附属書Bに定められ，1990年比で，日本は-6％，米国は-7％，EU 15カ国は全体で-8％などとなっている（表11-2）。米国は，京都議定書に署名はしたものの，2001年にブッシュ（Jr.）政権が，中国やインドなどの途上国に排出削減義務が課されていないこと，米国経済に深刻な影響を与えうることなどを理由に，京都議定書からの離脱を表明した。また，カナダは，温室効果ガスの二大排出国である中国と米国が入っていない京都議定書では地球温暖化を解決できないとして，2012年に京都議定書から離脱した。

　京都議定書では，先進国内での削減努力による排出目標達成を前提としながらも，目標値に不足する分については，京都メカニズムと呼ばれる柔軟性措置を補完的に用いることが認められている。京都メカニズムには，共同実施（joint implementation：JI），クリーン開発メカニズム（clean development mechanism：CDM），排出量取引がある（図11-3）。それぞれの制度の詳細は異なるが，これらの共通点は，温室効果ガスの排出（削減）に対して国連が炭素

共同実施（JI） （議定書6条）	クリーン開発メカニズム（CDM） （議定書12条）	排出量取引 （議定書17条）
先進国同士が共同で排出削減事業を実施し，その削減分を投資国（先進国A）が自国の目標達成に利用できる制度	先進国と途上国が共同で排出削減事業を実施し，その削減分を投資国（先進国A）が自国の目標達成に利用できる制度	先進国同士が排出量を売買し，投資国（先進国A）が自国の目標達成に利用できる制度

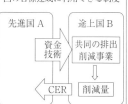
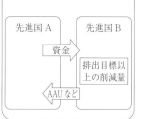

図 11-3　京都メカニズムの概要

出所：環境省『京都メカニズムの仕組み』2014年に加筆・修正。

　クレジットを発行し，各国が市場もしくは相対取引（あいたい）で炭素クレジットを売買することで，費用効率的な排出目標達成が可能になることである。

　京都メカニズムのうち最大の市場規模を誇る CDM は，先進国（附属書Ⅰ国）と途上国（非附属書Ⅰ国）の間での炭素クレジットの売買を対象とし，先進国の費用効率的な排出目標達成と，途上国の持続可能な発展を支援することを目的としている。例えば，ある途上国で再生可能エネルギーや省エネルギー事業を実施して温室効果ガスの排出を削減すれば，達成された削減量に見合った分の炭素クレジット（certified emission reduction：CER）が国連によって発行される。CDM 事業によって温室効果ガスが1万トン削減された場合，1万 CER が発行される。炭素クレジットの売買契約の成立後，途上国（売り手）から先進国（買い手）に炭素クレジットが移転され，相応の削減量が先進国の目標達成に計上される。一般的に，物価が安く，安価な温暖化対策の選択肢が多い途上国で排出削減事業を実施した方が費用を抑えられるため，CDM 事業から得られる炭素クレジットを購入した方が，先進国にとって費用効率的となる。JI は CDM に類似する制度だが，排出削減事業を先進国（附属書Ⅰ国）で実施する点が異なり，JI の下では，emission reduction credit（ERU）と呼ばれる炭素クレジットが発行される。排出量取引は，先進国（附属書Ⅰ国）の間での炭

素クレジットの売買を対象としている。ある先進国の実際の排出量が，京都議定書に定められる排出目標値を下回っている場合，余剰分の排出枠（assigned amount unit：AAU）を他の先進国に売却することができる。また，保有している CER や ERU などを売買することも可能である。

　2020年8月現在，国連に登録済みの CDM 事業は7831件に上り，98の途上国で排出削減事業が実施または計画されている。1件目の CDM 事業が登録された2004年から現在までに，二酸化炭素換算で20億2720万トンの削減量に相当する炭素クレジットが発行された。これは日本の2018年度の温室効果ガス排出量（二酸化炭素換算で12億4000万トン）の約1.6倍に当たる。事業数と炭素クレジット発行量で見る限りは，CDM は大きな成果を挙げたことになる。ただし，炭素クレジットの移転を通じて途上国での排出削減分を先進国の目標達成に計上するということは，CDM は世界全体で見て純排出量の削減をもたらすものではなく，あくまで先進国の目標達成の費用対効果を高めるためのメカニズムであることに留意する必要がある。一方，CDM がなければ，排出目標が課されていない途上国で，これだけの数の排出削減事業が実施されることはなかったであろうし，CDM 事業実施に伴い，途上国でのグリーン産業の成長を促したことは高く評価される。JI に関しては，主要なホスト国（ロシアなど）で JI に参加するために必要な国内制度の設立に遅れがあったことなどから，事業数が少ないことが課題である（2020年8月現在の JI 事業数は604件）。排出量取引では，1991年の体制崩壊の影響で経済活動が停滞し，結果的に排出量が減った旧ソ連・東欧諸国から，実質的な削減努力を伴わない排出枠（ホットエアー）が大量に供給されて問題となった。

　京都議定書には，以上のほかに，各国の温室効果ガス排出量に関する国家目録，国家目録の報告・審査を含む遵守確保のための制度，先進国から途上国への資金・技術支援，地球温暖化の影響への適応策などが含まれ，包括的内容となっている。京都議定書には，途上国に対して排出削減義務が課されていないなど，いくつかの課題があることは確かである。しかし，完全ではないにしても，地球温暖化防止のための，初めての具体的かつ法的拘束力のある国際協定であり，その意義は大きい。京都議定書の第一約束期間（2008〜12年）におい

ては，すべての先進国が排出目標を達成した。しかし，米国，カナダ，日本，
ニュージーランド，ロシアは，京都議定書の第二約束期間（2013〜20年）には
不参加となった。日本政府は，「京都議定書は世界全体の排出量の27％しかカ
バーしていない，公平性，実効性に欠ける枠組みであり，こうした枠組みの中
で第二約束期間を設定することは，（筆者注：米中を含む主要経済国が参加する）
新たな国際枠組みの構築につながらない」としている（外務省「京都議定書に関
する日本の立場」2010年，https://www.mofa.go.jp/mofaj/gaiko/kankyo/kiko/kp_pos_
1012.html ［2020年 8 月28日アクセス］）。一方，EU 27カ国は，「2020年までに1990
年比 −20％」を第二約束期間の目標に掲げ，地球温暖化の国際交渉を牽引しつ
づけている。そのほかにもオーストラリアやスイスなどの先進国10カ国が第二
約束期間の排出目標を掲げている。ただし，第二約束期間の排出目標が法的拘
束力をもつには，京都議定書の締約国のうち144カ国以上の合意が必要だが，
2020年 6 月までに140カ国の合意しか得られていない。地球温暖化が進行する
中で，国際社会は京都議定書に 8 年間の空白期間を作ろうとしている。

パリ協定　京都議定書の経験から，先進国のみならず，すべての国を含む新
たな国際制度が必要であることは明らかであった。2020年以降の
新たな枠組みに関する議論は2012年に開始し，2015年にフランスで開催された
第21回締約国会議でパリ協定が採択された。パリ協定は2016年に発効し，2020
年 8 月現在，米国と中国を含むほぼすべての国（188カ国と EU）が加入してい
る。パリ協定は，産業革命前に比べて世界の平均気温の上昇を，2℃を十分に
下回る水準に抑制し，さらに1.5℃に抑制するよう努力することを目標としてい
る（2 条）。そのために，できるだけ早く世界の温室効果ガスの排出量を
ピークアウトさせ，21世紀後半には温室効果ガスの人為的な排出量と人為的な
吸収量を均衡させることを目指すとしている（4 条 1 項）。ここで注意すべきは，
温室効果ガスの吸収量に関しては，陸上生態系や海洋などによる自然の吸収量
ではなく，植林などによる人為的な吸収量を指している点である。つまり，
『IPCC 第 5 次評価報告書』にある最新の科学的知見を踏まえて，人為活動に
伴う排出量を実質ゼロにすることを長期目標として掲げている。
　パリ協定は，歴史上初めて，すべての国が温室効果ガス削減への取組みを約

束する国際制度である。米国や中国などの参加を促すために，排出目標の達成に法的拘束力をもたせることはできなかったものの，各締約国には，①排出目標を国連に提出すること，②目標達成のための国内施策を導入すること，③目標の達成状況を国連に報告し，国際的な審査を受けること，④5年ごとに目標を引き上げることなどが義務づけられている。先進国は，経済全体にわたる温室効果ガス排出量の絶対量での削減に取り組むことが求められ，途上国は，排出削減への取り組みを強化しつつ，将来的には経済全体からの排出削減または抑制に移行することが推奨されている。また，先進国は，途上国に対して資金・技術支援を行うことも義務づけられている。このように，共通だが差異ある責任の原則を踏まえつつ，各国の異なる事情に照らした取組みを可能にすることで，先進国と途上国の二分論からの転換を実現したのである。

　パリ協定に合意できたことは歴史的な快挙であるが，2020年8月現在，その詳細ルールの多くは交渉中であるため，今後の国際交渉で効果的な制度を作り上げる必要がある。また，排出目標の策定を含めた主な温暖化対策は各国に委ねられているため，国内での対策強化が重要である。しかし，パリ協定の下で2019年12月までに提出された各国の排出目標では，2100年には産業革命以前に比べて約2.8℃の気温上昇が見込まれている。米国はパリ協定に署名したものの，2017年にトランプ政権がパリ協定からの離脱を表明した。米国の離脱は約0.3℃の気温上昇を招くとされているが，米国が実際にパリ協定から脱退できるのは，最短で2020年11月4日（米大統領選の翌日）である。また，気候変動分野の研究者で組織する Climate Action Tracker によると，石炭火力発電所の新増設を推し進める日本の温暖化対策は，下から2番目の「極めて不十分（highly insufficient）」と評価されている。

お わ り に

　脱炭素化の要請に対して，これまでの温暖化対策は不十分であると言わざるをえない。京都議定書の下での先進国と途上国の二分論は様々な批判を招き，米国や日本を含む複数の先進国が第二約束期間に参加しないという事態に至っ

た。国連気候変動枠組条約と京都議定書に基づく国連プロセスに対する信頼が揺らいだ時期もあったが，パリ協定は，多国間主義に基づく温暖化対策の道筋を改めて示してくれた。国連は一国一票制を採っているため，意思決定に時間がかかるという欠点はある。しかし，地球温暖化の被害者である途上国の意見が反映されやすい国連プロセスは，公正な国際制度を作る上で重要である。今後，パリ協定の下で先進国が主導的な役割を担い，すべての国が早急に対策強化に取り組む必要がある。

　国際エネルギー機関によると，新型コロナウィルス感染拡大の影響で，2020年の世界の二酸化炭素の排出量は前年比で約8％減となる見込みであるが，この傾向を定着させなければならない。EU は，コロナ禍からの緑の復興（green recovery）を成長戦略の要として位置づけ，2020年7月に通常予算とは別枠で7500億ユーロ（約95兆円）の復興基金を創設し，温暖化対策とデジタル化への取組みを優先的に支援することを決定した。この決定では，復興基金の少なくとも30％は温暖化対策に充てられること，その他の支出に関しても，2050年までに温室効果ガスの実質排出ゼロを達成するという EU の目標と整合的であることが求められている。人の命や健康が脅かされる状況からの脱却はもちろんであるが，温室効果ガスを大量に排出する社会への回帰ではなく，脱炭素かつ災害や感染症に強いレジリアント（強靱）な社会への早期移行が求められている。

参考文献

江守正多『異常気象と人類の選択』角川マガジンズ，2013年。
　＊地球温暖化の科学，異常気象と地球温暖化の関係などを，気象学者の立場から解説している。

亀山康子・高村ゆかり編『気候変動と国際協調——京都議定書と多国間協調の行方』慈学社，2011年。
　＊地球温暖化防止の国際制度の交渉プロセスと制度の詳細，主要国の国内政治経済と温暖化対策を論じている。

ジェニファー・クラップ／ピーター・ドーヴァーニュ（仲野修訳）『地球環境の政治経済学——グリーンワールドへの道』法律文化社，2008年。
　＊地球環境問題の政治経済構造を，市場自由主義，制度主義，生物環境主義，ソーシャル・グリーン主義という独自の類型に基づいて分析している。

宮本憲一『環境経済学（新版）』岩波書店，2007年。

　＊公害，アメニティ問題，地球環境問題などの多様な環境問題を，「中間システム（政治経済構造）」の視点から論じ，維持可能な社会のあり方を提唱している。

除本理史・大島堅一・上園昌武『環境の政治経済学』ミネルヴァ書房，2010年。

　＊公害，越境汚染，地球環境問題の原因・結果・対策を，政治経済学の観点から，豊富な事例に基づき解説している。

考えてみよう！

①　各国の地球温暖化に対する責任と脆弱性の違いを，The Carbon Map（https://www.carbonmap.org/）などを参照して考えてみよう。

②　具体的な国・地域の温暖化対策を調べ，パリ協定に掲げられた目標との整合性を考えてみよう。

第12章
移　民
──越境者たちが変える世界──

南川文里

本章のねらい

・国際移民とはどのような人々であるかを理解する。
・国際移民が出身国，ホスト国，国際社会にどのような変化をもたらすかを理解する。
・国際移民の活動が，どのような制度的枠組によって規定されているかを理解する。
・「移民社会」としての日本の歴史と現状について理解する。

キーワード

▶国際移民，難民，トランスナショナリズム，国際人権レジーム，移民政策

は じ め に

　グローバル化は，国境の垣根を取り払い，モノ，資本，人間の移動を活性化する。20世紀後半以降，国境を越える人の移動もますます活発になり，出身国以外の場所で働き，家族を作り，生活することが，必ずしも特殊なこととは考えられなくなった。このような傾向を背景に，人の国際移動は，人々に国家や国境に縛られない「地球市民」としての意識をもたらすのではないかという期待がある。その反面，様々な地域で，異なった文化的背景をもつ人々の間の対立や，移民や外国人への攻撃を扇動する排外主義運動が問題となっている。国家のリーダーとされる人々が，移民や外国人を敵視する発言をする姿もめずらしいものではなくなった。

　国際移民とそこから派生する社会現象は，現代の国際関係における最重要課

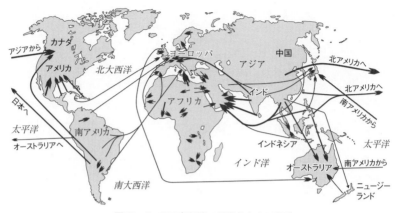

図12-1　1973年以降の国際的な人口移動

出所：de Haas, Castles, and Miller, *The Age of Migration, 6th Edition* (Red Globe Press), 2020, p. 5.

題の一つである。国際関係学にとって，国家間の関係が重要であることはいうまでもないが，国家の境界を越えて移動する国際移民は，これまで前提とされてきた国民や国家という単位の「あいだ」に，独自のアイデンティティや生活圏を築く。このような人々に注目すると，国境を越えるネットワークや経済活動が，今日の国際社会にどのようなダイナミクスを生み出しているのかが見えてくる。それは，国際的な諸活動のルールを変えるとともに，新しいアイデンティティや文化を，現代社会にもたらしている。

　図12-1は，現代の国際移民の流れを簡略化して図示したものである。この地図からも明らかなことは，国際移民の流れが，すでにグローバルな規模で拡大していることである。ヨーロッパ諸国や北アメリカだけでなく，日本，オーストラリア，中東諸国も国際移民の主要な目的地となっている。アジア，南米，アフリカ，北中南米の域内における移動も活発である。「移民の国」といえば，多くの人は，アメリカ合衆国，カナダ，オーストラリアのような植民者や移民によって建設された旧イギリス植民地地域を思い浮かべるだろう。しかし，グローバルな国際移民の拡大の中，規模の大小はあれ，もはや「移民」と関わりのない地域を見つけることの方が困難である。

　国際連合経済社会局人口部によれば，2019年の全世界人口のうち，出生国以

外の地域に住む「国際移民（international migrants）」の総数は，約2.7億人（世界人口の3.5%）にのぼり，2000年と比べて1億人増加している（*International Migration 2019 Wall Chart*）。2020年には新型コロナウィルス（COVID-19）の感染防止対策のための入国制限による減少が予測されているものの，21世紀最初の20年は，間違いなく，国際移民がヨーロッパ，北米，中東地域，北アフリカ，東南アジアなどを中心にグローバルな規模に拡大し，各地の政治・経済・文化のあり方を大きく揺るがした「国際移民の時代」であった。今や，国際移民は，世界の限られた地域で起きる特殊な現象ではなく，世界中の人々が当たり前のように経験する「常態」となっている。

1　国際移民が生きる世界

（1）国際移民とは誰か？

　ある年の国際移民を数える統計は，その年に新たに移民として登録された人を指すフローと，その年にその地域に住む移民・外国人の合計人口を指すストックに大別される。フローにおいてもストックにおいても，国や国際機関は独自の「移民」の定義を用いている。例えば，国連人口部の統計は，「国際移民」を「出生地以外の地域に住む」人と総称しているが，米国の統計は，「永住権をもつ外国人」を指す語として「移民（immigrants）」を使用し，留学生や一時的な外国人労働者を含む「外国人」全般と区別している。各国の移民の状況を比較する際には，それぞれがどのように「移民」「外国人」を定義し，どのように計測しているかに留意する必要がある。本章では，国際機関の定義を踏まえて，移民を，1年以上の長期間にわたって出身国を離れ，他国で生活する外国人として使用するが，各国の独自の意味や定義によって使用する場合には，その点を明記する。

　人が国境を越えて移動するには，様々な背景がある。

　国際移民の代表的存在と広く考えられているのは，労働移民である。国際労働機関（ILO）の推計によれば，2013年の15歳以上の移民の72.5%を移民労働者（migrant workers）が占めている（*ILO Global Estimates on Migrant Workers,*

2015)。安定した仕事，高い賃金，豊かな暮らしを求める人々にとって，国境はもはや決定的な障壁とはいえなくなっている。ホスト国（移民を受け入れている国）にとっても，移民は重要な労働力の供給源と考えられてきた。欧米諸国は，第二次世界大戦以降，製造業やサービス業での低賃金かつ調整が容易な労働力を，移民労働者に依存してきた。サウジアラビアなどの中東諸国も，オイルマネーを背景にした開発ブームを支える労働力として，膨大な移民労働者を受け入れている。

　一般に，労働移民として移動する人々は，最も貧しい地域の最も貧しい層ではない。労働移民となるためには，国際移動に必要な資金や，海外での就労や生活をスムーズに行うためのネットワークをもっていることも必要である。それゆえ，労働移民が出身国では中間層以上の地位にいる場合も多い。さらに，近年顕著なのは，専門職移民や高技能移民の移動である。北米やヨーロッパ諸国では，情報技術，経営，医療などの分野で高度な技能や専門的能力をもつ移民労働者の人材獲得競争が起きている。日本も，技術職，研究職，専門職などの「高度外国人材」を獲得するため，在留活動についての制約や永住許可要件を緩和したり，家族の帯同や就労を認めるなどの特別な措置を設けている。しかし，これは，移民送出国にとっては，エリート層の「頭脳流出」にも結びつくとして，その是非が問われている。

　今日，労働移民と並ぶ大きな移動の波となっているのが，難民（refugees）である。国際連合は，難民条約（1951年の「難民の地位に関する条約」および1967年の「難民の地位に関する議定書」）に基づいて，人種・宗教・国籍・政治的意見などを理由に「迫害を受ける恐れが十分にある」人々を「難民」と定義し，その庇護と受け入れを各国に求めている。労働移民が，より有利な職を求めて自らの意志で移住する自発的な移民と考えられるのに対して，難民は，出身国の紛争や混乱によって移住せざるをえない状況に置かれた非自発的移民あるいは強制移民とみなされる。国連難民高等弁務官事務所（UNHCR）の報告（*Global Trends 2019*）によれば，2019年に，出身国の紛争や迫害によって自国以外の国や地域に住むことを強いられている人々は，8000万人にのぼる。難民の多くは，出身国の隣国などに一時的に避難するが，安全な生活を求めて欧米諸国で

の難民認定を求める者も多い。2019年に認定を求める庇護申請は，米国で30万件，ドイツに14.2万件，フランスに12.4万件が提出された。しかし，2019年に難民や庇護の対象として保護を受けることができたのは，申請件数の46％程度である。

　現代の国際移民をめぐる課題の中でも注目を集めているのが，非合法移民（あるいは非正規移民）である。非合法移民は，非合法入国（審査を受けない入国や偽造書類の使用など）や超過滞在（合法的な滞在期間の終了後も滞在しつづける）のために，正規の滞在資格をもたないままホスト国に居住する人々を指す。米国の場合，2017年の非合法移民の数は，約1050万人と推計されており，その約3分の2がメキシコと中米諸国の出身者である。非合法移民と難民は，それぞれ取締りの対象と保護の対象として政策上の位置づけは大きく異なっている。しかし，いずれも安全で安定した生活を求めて国境を越える人々であり，両者を明確に区別をすることは難しい。正規に資格をもたないまま移住する人々の中には，貧困，紛争，暴力などの困難に直面し，たとえ非合法であっても移住という選択肢をとらざるをえなかった人々も多い。難民の多くは，迫害や危機から逃れる一方で，安定した雇用と豊かな生活への期待や希望をもっている。例えば，内戦中のシリアを逃れてドイツを目指す人々と，治安悪化を逃れて米国を目指す中米諸国からの人々の移動を，「難民」と「非合法移民」に明確に区別することができるだろうか。この二つの移民類型の違いは，移動者としての実態よりも，ホスト国側の制度の相違を反映している。

　また，国際移民について特筆すべき傾向として，「国際移民の女性化（feminization）」も挙げられる。国連人口部の2019年度統計によれば，先進諸国に居住する移民人口のうち，女性は51.1％を占めており，北アメリカで50.5％，ヨーロッパ諸国では51.6％が女性である（*International Migration 2019 Wall Chart*）。従来，労働移民といえば，「単身男性の出稼ぎ」というイメージが強く，女性は男性の移動に配偶者として付随して移動する人々（家族移民）とみなされてきた。しかし，近年では，家事労働や介護・看護職のように女性が多くを占める職業だけでなく，製造業やサービス業でも移民女性を労働力として積極的に雇用する傾向が見られる。このような移民女性労働者の賃金は総じて

低く，その地位も不安定なものである。人身売買，性的サービスの強要，性的ハラスメントなど，女性移民が深刻な人権侵害に直面することも報告されている。

（2）トランスナショナリズム：移民を考える基本的視座

　国境を越える人々の側に視点を置くと，国家の「あいだ」に成立する越境的な社会空間の存在が見えてくる。国際移民研究では，移民が国境を越えた広がりをもつ生活空間を構築することに注目するトランスナショナリズム（transnationalism）という視座が提案されている。「トランス」は「越える」を意味する接頭語で，トランスナショナリズムは，国境を越える活動，ネットワーク，アイデンティティの実態を描き出すことによって，国民国家を基本的な単位とする考え方を問いなおす考え方である。

　移民が生きる日常的な世界は，出身国とホスト国の間を結んで成立している。多くの移民労働者たちは獲得した賃金の一部を，出身国にいる家族に送金する。そのため，移民送出国は，国外の移住者からの送金を外貨獲得のための重要な手段とみなしている。世界銀行によれば，2018年の低・中所得国への送金額は約5300億ドルで，この数値は，これらの国々への政府開発援助（ODA）の合計金額の３倍にもなる。フィリピンでは，2018年の送金額の合計は33.8億ドルに達し，これは国内総生産（GDP）の約10％を占める（World Bank, *Migration and Remittances,* 2019）。移民による海外からの送金は，出身地にいる家族生活と地域経済を支える手段として，出身国の経済構造に組み込まれているのである。

　さらに，移民は，国境の向こう側にいる家族や友人と，SNS，チャットアプリ，携帯電話で頻繁に連絡を取っている。ニューヨーク，ロンドン，トロントなど多くの移民を抱える都市では，移民の母語によるテレビ・ラジオ番組が放送されている。移民は，出身地と同じ宗教施設に通い，同じ食材を食料品店で購入し，出身地の祭りを同郷の人々と一緒に祝う。移民が日々を生きる空間は，国境を越えた人々のネットワークとそれを支える様々なメディア，ビジネス，制度によって，トランスナショナルな規模に拡張している。

　移民が生きるトランスナショナルな生活世界は，出身地との結びつきや同郷

者との関係だけの中で完
結するものではなく，ホ
スト社会の変化にも関わ
る。例えば，移民の中に
は，ホスト社会に新しい
市場を切り開く企業家も
少なくない。彼らは，同
郷の結びつきから資金や
労働力を確保し，その言
語や文化的な紐帯を活用
した新しいビジネスへと

図 12 - 2　カナダ・トロント市内のアジア系移民の
店舗が集まるエリア

出所：著者撮影（2019年）。

参入する。インドや中国出身の企業家は，出身国のソフトウェア・エンジニア
とのネットワークを動員して，シリコンバレーに次々と新しいＩＴ企業を登場
させた。また，移民が持ち込むエスニック・フードは，ホスト社会側の食材・
嗜好・気候とミックスした，新しい食文化を作り出す。いまや世界中で食べら
れるアボカド入りの巻き寿司カリフォルニア・ロールは，その典型的なものだ
ろう。シリコンバレーが，アジアと結びつく企業家の拠点となって，グローバ
ルな情報通信産業のあり方を変えてしまったように，移民のトランスナショナ
ルな活動は，しばしば都市や地域の産業を変え，人口構成を変え，都市の景観
そのものを変えてしまう（図12 - 2）。人類学者のアルジュン・アパデュライは，
グローバルな人の移動を通して出現する新しい景観を「エスノスケープ」と呼
んでいる（アパデュライ『さまよえる近代』平凡社，2004年）。

　移民は，出身国とホスト国の二つの国家の狭間を生きる。トランスナショナ
リズムは，その移民自身の視線に映る世界を重視する。個々の移民は，少しで
も豊かな生活，安全な生活を求め，家族を支えるため，自分の夢のために，国
境を越える。その越境という行為が重なった結果として，国境を越えた経済・
政治活動，文化の生産と消費，そして二つの社会を跨いだアイデンティティが
形作られる。移民研究は，このような移民という行為が作り出すトランスナ
ショナルな世界の創造性に立脚している。

2　国際移民を規定する制度

（1）国際人権レジームと移民の権利

　国際移民のトランスナショナルな活動を可能にする条件として，移動・通信技術の発展に加えて，国際人権レジームと呼ばれる，人権保障のための国際的枠組みの整備が挙げられる。国際人権レジームは，国際連合による世界人権宣言の採択（1948年）を契機に発展し，その理念を実質的に各国の法的枠組みに反映することを求めた国際人権規約（1966年採択，1976年発効）によって実質的に確立したと考えられる。国際人権規約は，人種や出身国に関わりなく基本的人権を保障する枠組みを求めるほか，少数民族の文化や言語を保持する権利を認めている。国際人権規約の成立とあわせて，人種差別撤廃条約（1965年採択），女性差別撤廃条約（1979年採択），子どもの権利条約（1989年採択），移住労働者の保護条約（1990年採択）など，移民や外国人の権利保障にも深く関わる条約が相次いで成立した。難民保護の原則を定めた難民条約（1951年，1967年）も，国際人権レジームの一部である。難民条約は，認定された難民にホスト国の市民と同等の権利保障を求めたほか，出身国で拷問や死の危険がある難民を送還することを禁じる「ノン・ルフールマン原則」を批准国に適用している。

　移民や外国人を保護する国際人権レジームを推進する主体としては，国際連合，国際労働機関などの専門機関のほか，アムネスティ・インターナショナルやヒューマン・ライツ・ウォッチなど，人権保障について積極的な提言を続ける国際NGOも重要な役割を果たしている。国際人身売買のような移民に関わる深刻な人権侵害に対処するためには，各国政府だけでなく国際機関やNGOの協力が不可欠である。また，地域単位の連携も移民・外国人の権利を規定している。例えば，ヨーロッパ域内では，シェンゲン協定によって加盟国間の審査なしでの国境を越えた移動が実現している。また，ヨーロッパ連合（EU）は，加盟国に対して，加盟国出身の外国人に地方参政権や二重国籍の保持を認める制度を推進するほか，共通の難民庇護政策を追求している。

（2）国民国家と移民政策

　国際移民のグローバルな拡大は，19世紀以降の国際関係の「主役」であった国民国家の規定力の減退を象徴しているように見える。経済のグローバル化の結果，よりよい仕事や豊かで安全な生活を求めて国境を越えること，人手不足解消のための国外から労働力を受け入れることは当然のオプションとなった。国民国家単位を超えて自律的に機能するネットワークを介することで，移民の生活世界が成立し，国際人権レジームは，移民や外国人の権利の保障を国家に代わって規定しようとする。

　しかしながら，国際移民の移動と生活を規定する要素として，国ごとの移民政策の存在を無視することはできない。移民政策は，出入国管理政策と統合政策に大別できる。出入国管理政策は，国外からどのような人々を受け入れ，いかなる資格や地位を与えるかを決定する。各国は，人口動態，経済的状況，労働市場，そして権利保障の枠組みに沿って，誰をどのような資格で入国させるのかをルール化するために，移民法やそれに準ずる制度を採用する。一方，統合政策は，住民として移民や外国人をどのように位置づけ，いかにホスト社会の一員としての生活を支えるかを決める。労働者としての権利保障，子どもへの教育，生活を支える福祉，言語学習支援や多言語での情報提供，参政権や政治参加機会，そしてホスト国の国籍を取得する帰化制度など，社会統合を支えるための多面的な施策が含まれる。

　各国の移民政策は，それぞれの歴史的経緯，政治経済的条件，そして社会的・文化的な要因に基づいた独自性をもっている。例えば，米国やカナダは，移民を自国民の重要な一部と考え，永住者として積極的に受け入れることから移民国家と呼ばれる。移民国家は，国内で生まれた外国人の子どもにも国籍を与える出生地主義の原則を採用し，二言語教育や就労支援など，移民の社会統合を促進する様々な制度を整備する傾向がある。一方で，日本は，永住者としての「移民」の受け入れに消極的であり，日本国内で生まれても，親が日本国籍保持者でなければ日本国籍を認めない血統主義を採用している。EU による共通移民政策の枠組みをもつヨーロッパ諸国間でも，EU 圏外からの移民受け入れや国籍付与政策においては，各国が独自の政策を採用している。このよう

に出入国管理や社会統合政策において，国ごとに明確な相違が存在しており，移民政策は原則として国家主権に基づいて成立している。

　しかし，国家が移民政策を通して人の移動や社会統合を完全に管理しているという考えは幻想だ。米国では，移民法が定めた正規の資格をもたない非合法移民が1000万人以上に達している。大規模な非合法移民が生じる背景には，出身国とホスト国を結ぶトランスナショナルなネットワークが新規移民を容易にしていること，非合法移民労働者の低賃金労働がホスト社会の地域経済に組み込まれていることなどが挙げられる。それゆえ，管理の網の目をすり抜けた非合法移民の生活が成立している。実際，非合法移民の大半は，合法的に滞在する移民や外国人と同じように日々働き，家族をつくり，地域社会の住民として生活している。しかし，非合法移民は，強制送還によって生活基盤を破壊される恐れを常に抱え，最低賃金以下の過酷な労働条件での就労を強要されるなど，人権保障の枠外に置かれることも少なくない。また，2015年に想定を超えた大量の難民がヨーロッパ各国に流入し，既存の難民認定や保護政策が実施困難になった際にも，国家を主体する国境管理の限界が指摘された。2020年には，人の越境移動に付随した新型コロナウィルス感染症の拡大に対して，各国は続々と国境封鎖や移住制限に踏み切ったが，その拡大を完全に抑え込むことは不可能であった。現代の移民政策は，各国の国家主権，グローバル経済の相互浸透，国際人権レジームによる権利擁護，トランスナショナルなつながりが促進する越境移動の間の，複雑なせめぎ合いの渦中で大きく動揺している。

3　国際移民と日本

（1）日本社会と移民・外国人

　日本社会も，19世紀末以降，グローバルな国際移動の流れの一部を構成してきた。日本は，20世紀前半には，米国・カナダやブラジルなどに移民を送り出し，また植民地とされた朝鮮半島や満州にも植民事業を行う移民送出国であった。南米への日本人の海外移住は，戦後にも継続した。一方で，日本国内には，植民地からの強制連行を含め，朝鮮半島，中国，台湾出身の移住者を多く抱え

てきた。戦前期，日本の本土（＝「内地」）に居住した植民地出身者は大日本帝国臣民の一部として「日本」国籍をもっていた。しかし，1952年に日本が連合国による占領からの「独立」を回復すると，旧植民地出身者は一方的に日本国籍を剥奪され，「外国人」と位置づけられた。このような歴史的背景の下，日本社会に定着した在日コリアン（韓国・朝鮮系）や在日中国人は，「オールドカマー」と呼ばれる。

　高度経済成長以降，日本では，建設業や製造業などにおける「3K（キケン，キタナイ，キツイ）」と呼ばれる単純労働への需要が高まり，留学生や正規の滞在資格をもたない非正規滞在者などが実質的に外国人労働者として働いてきた。1990年に施行された「出入国管理および難民認定法（入管法）」でも，日本政府は，高度な技能や能力をもつ技術職・専門職以外の外国人単純労働者の導入は認めなかった。そのため，ブラジルやペルーからの「日系人」，アジア諸国からの「留学生」「技能実習生・研修生」など，就労以外の目的で設置された資格で来日した人々が，製造業，建設業，サービス業，農漁業などの単純労働力として働いた。また，難民の受け入れについては，1979年からベトナムなどのインドシナ難民を受け入れてきたが，現在の難民認定率は極めて低く（2019年度は1万375人の申請者のうち難民認定44名で認定率0.4%），国内外から批判されている。高度経済成長期以後に，新たに外国人労働者や難民として移住した外国人は，「ニューカマー」と呼ばれる。

　外国人労働者に依存する産業構造は，2010年代以降ますます顕著になっている。製造業だけでなく，近年では，都市部の飲食店やコンビニエンスストアなどのサービス・販売業，地方の農業や漁業などの第一次産業の人手不足を外国人労働者で補っている。この労働者の多くは，「留学生」や「技能実習生」として中国，ベトナム，ネパールなどからやってきた人々である。2019年4月に新たに施行された入管法では，「特定技能」という新しい在留資格が設けられ，少子高齢化による人手不足が深刻な介護分野などへの外国人労働力利用の拡大が見込まれている。実際，2019年12月には，在留外国人数は過去最高の293万人に達し，人口の2.33%を占めている。この割合は，他の移民ホスト国と比べると小さいが，東京や大阪などの大都市圏のほか，愛知県豊田市，群馬県太田

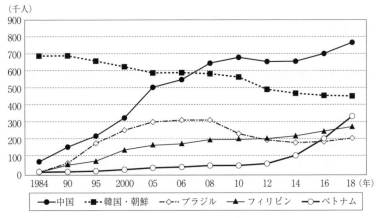

（千人）

図 12 - 3　日本における主な国籍・地域別在留外国人数の推移

注：「韓国・朝鮮」について，2012年以降は「韓国」のみの数値。

出所：出入国在留管理庁編『2019年版 出入国在留管理』2020年，59頁。

市，静岡県浜松市のような製造業の拠点となっている地方都市に外国人住民が集中している。図12 - 3は，1990年入管法以後の日本における出身国在留外国人の人口を示したものである。2000年頃までは在日コリアンを中心としたオールドカマーが多数を占めていたのが，それ以後は，ブラジル，中国，フィリピン，ベトナムなどが増加し，現在はニューカマーが多数を占めている。

（2）「移民政策を採用しない」日本が抱える問題

　在日外国人の存在は，日本の地域社会の姿を変えつつある。しかし，日本政府は，2020年現在の段階では，永住者としての「移民」を受け入れるための「移民政策」を公式には採用しない方針を維持している。2019年に施行された入管法改正の議論の際にも，政府は「移民政策を採用しない」という立場を繰り返し強調した。日本の入国管理政策は，移住者を，原則として一定期間に特定の目的に従事し，期間終了後に帰国する「一時滞在者」と考えている。例えば，技能実習生は，家族を帯同できず，転職も認められないなど，その権利は厳しく制限されている。また，血統主義的な国籍政策のため，日本国内で生まれ育った外国人の子どもは，帰化を申請して許可されなければ，日本国籍をも

つことはできない。一連の制度的な条件は，移住者やその子孫を「外国人」の枠にとどめつづけ，日本社会の一員であるという意識をもちにくくする。

　しかし，この「移民政策」を認めない姿勢は，国際移民時代の日本社会の課題を正確に捉えることを困難にする。

　まず，このような姿勢は，日本が移民を受け入れてきた歴史から目をそらす。20世紀前半に朝鮮半島や台湾から日本へ移住した人々とその子孫であるオールドカマーは，数世代にわたって日本社会に永住してきた実質的な「移民」である。日本で生まれた在日二世以降も，外国人としての差別や排除を経験しながら，戦後日本社会の一部となってきた。「移民政策」の否認は，「移民」を含めて日本社会が抱えてきた歴史的な多様性を無視して，「単一民族の国」という誤ったイメージを強化してしまう。

　また，「移民政策」の否認は，ニューカマー外国人の実態からも乖離している。一時滞在を想定するニューカマー外国人の間でも，定住化はすでに進行している。滞在の長期化や日本人との結婚を契機に，永住権取得や帰化を選択する場合もある。さらに，2010年代の間に，日本政府は，高度技能移民の永住権取得を促進する方針を示し，技能実習の後にさらに滞在を長期化させる「特定技能」という資格を新設した。「移民政策」を否認しつつも，産業界の要請に応じて外国人の滞在の長期化をもたらす制度が導入されているのは，明らかな矛盾である。

　外国人の滞在の長期化が進んでいるにもかかわらず，「移民政策」を否認する日本政府は，その基本的権利を擁護し，社会統合を促進するための政策枠組みを提示していない。そのため，外国人の子どもの教育，言語支援，社会保障などの対策は，国家的な指針や十分な財政的支援を伴わないまま，外国人が多く住む自治体に「丸投げ」されてしまう。移民の社会統合，移民・外国人に対する差別の禁止や権利擁護といった課題は，国家規模での取組みなしには解決困難である。「移民政策」の否認は，多くの外国人が日本社会に長期滞在して地域社会の一員として生活している現実を無視し，異なった文化をもつ人々が共存する多文化社会としての成熟を妨げている。

お わ り に

　1965年にスイスの作家マックス・フリッシュは，ヨーロッパにおける外国人住民の増加を見て，「われわれは労働力を求めたが，やってきたのは人間だった」と述べた。当時のヨーロッパ諸国は，労働力不足を補うために外国人労働者の導入を次々と進めていた。しかし，時間の経過とともに，外国人は家族を呼び寄せるようになり，職場だけでなく，学校や地域社会にも外国人の姿が目立つようになった。「人間」の移動が，モノやカネの移動と異なっているのは，当然のことだ。一人ひとりの人間は，家族をもち，出身国・移住先の友人と結びつく。文化や言語と結びついたアイデンティティをもち，侵してはならない人間としての権利をもつ。生命と生活をもつ人間が移動していることを前提に考えることが，移民政策を考える時の，そして異なった背景の人々による「共生」を考えるための出発点となるはずだ。

　国際移民は世界を動かしてきた。トランスナショナルな人の移動は，文化や生活様式の間の接触や融合を促進し，革新的なアイデアや機会を生み出す。国民国家は，経済のグローバル化や国際人権レジームとのせめぎ合いの中で，移動の果実を享受しながら，それを管理する方法を模索しつづけている。一方で，人の移動によって急速に変貌する風景，新たに聞こえてくる言語，見慣れぬ文化との遭遇に対して，不安や動揺をあらわにする人々もいる。2020年頃から世界に感染拡大した新型コロナウィルスへの対応を模索する中で，「他者」への不安が増幅され，移動者・越境者を忌避し，閉鎖的な共同体に依存する態度が強まっている。しかし，国境を越える人の移動は，グローバルな相互依存を構成する重要な要素であり，国境封鎖や移民を排除したままのグローバル化や国際化はありえない。現代世界のあり方を考える際には，移動者への恐怖や憎悪を煽ることではなく，移動者の「人間」としての顔に目を向け，国際移民が，出身国，ホスト国，そして世界にもたらす変化の現実を正確に捉えることが求められる。国際移民の背景には，経済のグローバル化，地域紛争，貧困や格差，地域統合などが存在する。多文化社会の形成，差別や排除の広がり，国民的な

アイデンティティの変化など，移民の社会統合に関わる課題も多い。複数の問題領域を横断する国際移民研究の視角は，インターディシプリナリーな国際関係学の新しい局面を切り開き，来たるべき国際社会を構想するために不可欠なのである。

参考文献

S・カースルズ／M・J・ミラー（関根政美・関根薫訳）『国際移民の時代（第4版）』名古屋大学出版会，2011年。

　　＊国際移民の理論，歴史と現在，諸課題について幅広く解説した入門書。英語版（*The Age of Migration*）は第7版（2020年）が出版されている。

高谷幸編著『移民政策とは何か——日本の現実から考える』人文書院，2019年。

　　＊「移民社会」としての日本の現実を，テーマ別に専門家が解説し，生活実態に基づいた政策転換の必要性を論じる。

樽本英樹『よくわかる国際社会学（第2版）』ミネルヴァ書房，2016年。

　　＊欧米諸国および日本における国際移民を取り巻く状況と，それを理解するための概念枠組みについてテーマ別に解説する。

水野直樹・文京洙『在日朝鮮人——歴史と現在』岩波新書，2015年。

　　＊在日朝鮮人の100年にわたる歴史を，最新の研究成果を踏まえて解説する。

望月優大『ふたつの日本——「移民国家」の建前と現実』講談社現代新書，2019年。

　　＊2019年施行の改正入管法から考える「移民国家」としての日本。著者が編集長をつとめるウェブ・マガジン『ニッポン複雑紀行』も必見（https://www.refugee.or.jp/fukuzatsu/）。

考えてみよう！

① 　人が生まれ育った国以外の国へ移動する理由，移住先の国に定住・永住する理由を，それぞれ考えてみよう。

② 　移民や外国人の基本的権利を守りながら移民や難民の流れをコントロールするためには，国家や国際社会にどのような制度や取組みが必要か，考えてみよう。

第13章
グローバル化時代の越境組織犯罪
——ビジネス・悪漢（ワル）・安全保障——

本名　純

> **本章のねらい**
> ・グローバリゼーションの「闇」の部分を考える。
> ・越境組織犯罪の脅威について理解を深める。
> ・犯罪対策の問題点を考える。
>
> **キーワード**
> ▶越境組織犯罪，暴力，密輸，腐敗，コロナ，非伝統的安全保障

は　じ　め　に

　情報通信と輸送技術の発展は，国境の機能を相対的に弱め，グローバル化を加速してきた。それに伴い，私たちの生活も大きく変わった。今日では，退屈しのぎにネット通販で海外グルメ商品をポチッたり，夜中にオンラインゲームで外国の知らない人と共闘しながら寝落ちするような生活は日常であろう。30年前にはない日常である。私たちはグローバル化時代に生きており，その恩恵にどっぷり漬かっている。

　しかし，私たち同様，もしくはそれ以上にグローバル化を謳歌している人々がいる。その例が犯罪集団である。犯罪活動による収益を目的に組織された集団を「組織犯罪（organized crime）」と呼ぶが，彼らの活動はグローバル化の恩恵を受けて急速に国際化してきた。他国の組織犯罪と協働し，犯罪ビジネスを多角化し，莫大な犯罪収益を蓄積するのが越境組織犯罪（transnational organized crime：TOC) である。この TOC が，いま世界中で猛威を振るっている。それはグローバル化の闇の部分であり，国際社会と市民社会にとって深刻な脅威となっている。

TOC がなぜ脅威なのか。どのようなビジネスを展開しているのか。その「ワルの世界」には，どのようなアクターがいるのか。TOC と戦うために，国際社会はどのような対策を講じてきたのか。その課題は何か。これらの問いを中心に TOC 問題を考察するのが本章の目的である。グローバル化の光と影が表裏一体であるように，TOC の繁栄と私たちの日常も実は表裏一体である。その理解は，国際関係学を学ぶ私たちにとって欠かせない。

次節で TOC の主要な犯罪ビジネスを紹介する。第 2 節では，TOC の世界で有名なワルたちの姿を観察する。第 3 節では，「TOC との戦い」を考える。それらを通じて TOC 問題の深さを知るとともに，対応策の問題，そして市民社会の課題にも迫っていきたい。

1　拡大する越境組織犯罪のビジネス

TOC の犯罪ビジネスには，大きく三つの種類がある。密輸，暴力，金融に係るものである。どれも昔から存在するが，グローバル化で急速に拡大し，被害も深刻化している。また，この 3 種は独立しているのではなく，相互に補完しあっている。その補完性もグローバル化に伴い高度化している。

（1）密輸ビジネス

世界の TOC が最も得意とするのが麻薬の密輸と人の密輸（人身取引）である。この二つの闇ビジネスによる収益こそが TOC を支えているといって過言でない。麻薬密輸の傾向については，国連薬物犯罪事務所が詳しく分析しており，その報告書は各国の法執行機関が注目する。麻薬取引の規模は年々増加しており，その大きな要因は，第一に低価格の合成麻薬が市場に大量に供給されるようになったこと，第二に麻薬取引の高度化である。

コカインやヘロインといった高価な「セレブ・ドラッグ」の需要は常に一定

あるものの、「貧者のコカイン」と呼ばれる錠剤の合成麻薬は、産地や気候を問わず短時間に大量生産が可能で、これが各地で爆発的に需要を拡大させている。特にアジアは、有機化合物メタフェタミンから作られる MDMA（エクスタシーとも呼ばれる）の最大市場であり、富裕層のパーティードラッグとしてバーやクラブで蔓延しているだけでなく、徹夜で働く長距離トラック運転手や工事現場の労働者の間にも浸透している。

　密輸技術も昔と違い、オンラインゲームのチャット機能で取引交渉を行い、「ブツ」の受け渡しも、公海上で GPS に示される地点に出向き、浮いているブイを引き上げる形で直接対面を避ける。海上警察に劣らない高性能スピードボートでブツを取りに行くこともあるが、最近の流行は、摘発リスクを最小化するために小型の漁船を使って少量単位の密輸を繰り返すスタイルで、漁業収入が減った漁師を買収して密輸ネットワークの末端に組み込んでいる。この「麻薬と漁業の結婚」が、アジアの海における TOC の脅威を複雑にしている。

　人身取引も、麻薬密輸に次ぐ TOC の主要ビジネスである。グローバルな人身取引の実態把握は困難であり、統計の取り方も組織で異なる。そのため推定になるが、国際労働機関（ILO）の情報が信頼されてきた。ILO によると、人身取引の被害は年々深刻化しており、現在の推定で4000万人（うち約2500万人が強制労働を強いられ、1500万人が強制結婚の被害者）だとされる。強制労働は建設現場や農園、そして家事労働といった部門が多く、また性的搾取を目的とした強制労働も増加している。女性と少女が圧倒的に犠牲者になりやすく、性産業に送られる犠牲者の99％、それ以外の部門の約60％を占める。アジアの人身取引も深刻極まりなく、上記の推定4000万の犠牲者の約３分の２がアジア・太平洋地域に集中する。この売買には送り出し国と受け入れ国があり、その橋渡しが TOC ビジネスとなる。ちなみに、日本はアジアの人身取引の「受け入れ大国」として名高い。

　TOC の密輸ビジネスは、人やドラッグに限らない。宝石の原石や動物や魚の闇取引も大きな収入源になっている。それらは環境破壊と直結することから、広義に「環境犯罪」と定義される。そのサプライチェーンを仕切るのが各地のTOC である。その全容を把握するのは困難だが、闇取引ルートに関する初の

包括的な報告書「World Atlas of Illicit Flows」が2018年に発表された。例え
ば野生動物では，アフリカで密猟されたゾウの牙やサイの角，さらにはボノボ
の子どもなどを，アクセサリーや伝統薬の材料，そして外来ペットとしてアジ
アの闇市場に密輸するビジネスが拡大している。鱗をもつ哺乳動物として有名
なセンザンコウも，その鱗が中国伝統薬の原料として珍重されるため，アフリ
カからアジアへの密輸が絶えない。絶滅危惧の動物ほど高価で取引されるが，
例えばマレーグマの密猟が東南アジアで活発になっている。その契機は，新型
コロナウィルスの感染予防に「熊の胆」が効くと中国政府が認定したことにあ
る。

　海洋生物も，アジアの新興国で高級魚介類の需要が高まる中，違法漁業によ
る鮑やロブスター，カニ，サメ，マグロ，アイナメなどの乱獲が深刻化してい
る。国連食糧農業機関によると，違法・無報告・無規制漁業（Illegal, Unreported
and Unregulated Fishing：IUU 漁業）による略奪的な密猟で，水産資源は枯渇の
危機にあるという。その主要な海域として，太平洋と東南アジアの海が懸念さ
れている。アジアのTOCは，漁業関係者に密猟させるだけでなく，上述のよ
うに麻薬取引に使ったり，遠洋漁業で奴隷労働させる乗組員を人身取引で確保
するなど，複合的な違法ビジネスを海で展開している。

（2）暴力ビジネス

　各々の TOC が得意とする密輸ビジネスに違いはあるものの，共通するのは
「暴力が資本」という原点である。暴力は犯罪ビジネスの必須ツールであり，
その裏づけのない組織がアウトローの世界で地位を築くのは不可能である。そ
の暴力機能を前面に出すビジネスも昔から存在する。例えばヒットマン（殺し
屋）の請負業で，国家や民間の依頼を受けて，特定人物の暗殺を工作するビジ
ネスである。内戦終結後に暇になった兵士や民兵を，TOC がリクルートして
海外で暗殺を実行させたり，ギャングの下っ端を誘拐してヒットマン（鉄砲玉）
をやらせたりする。アジアでも，1997年の経済危機で失業者が激増した際，暴
力のサービス・プロバイダーが潤った。「彼らは安い報酬でヒットマンを集め，
通常価格の8割引でサービスを提供していた」と筆者はフィリピン国家警察か

ら聞いた。

　海賊と海上武装強盗も，TOC の典型的な暴力ビジネスである。近年の海賊は高度化しており，企画班から実行部隊のリクルート班，身代金交渉班，窃盗品密売班まで役割分化しているケースが多い。ロケットランチャーを装備した軍隊並みの海賊チームもいる。国際海事局が海賊情報を随時アップデートしており，ギニア湾やソマリア沖，そしてアジアではマラッカ海峡やインドネシア海域に海賊被害が集中していることがわかる。実例では，マラッカ海峡でシージャックされた船長の身代金交渉がマレーシアのジャングルで行われ，強奪された物品はベトナムに密輸され，船舶は中国に密売されるという多国籍オペレーションもあった。今のコロナ危機で，海賊ビジネスが活発化する懸念もある。特に石油需要の激減で，国内の貯蔵庫に空きがでず，余剰原油がタンカーに積載されたままになっている。このタンカーを狙った武装強盗を企画するTOC がいても不思議でない。さらに「コロナ失業」が増えれば，実行部隊のリクルートも買い手市場になろう。

（3）金融ビジネス

　TOC が蓄積する莫大な資金は，犯罪収益が支配的なため，そのままでは表の経済活動に利用できない。そのため，汚れた金を「洗って」クリーンに見せかける必要がある。これを資金洗浄（マネーロンダリング）という。その典型的な手法に，まずカジノが挙げられる。世界のカジノ業界はチェーン化しており，A国のカジノでチップを買い，B国のカジノで引き出して現金化することができる。そういうニーズに合わせた VIP 用のレートとチップが用意されている。

　また，フロント企業やシェルカンパニー，ペーパーカンパニーを立ち上げて，そこから投資ファンドに出資し，分配されたリターンを表に出すという手法も典型である。報告義務が厳しくない証券が投資対象になりやすい。実際には，投資経路を複雑にして，原資の出所が見えないようにする。例えば，香港や英領ヴァージン諸島，ケイマン諸島などのタックス・ヘイブンは，こういうシェルカンパニーの天国である。また，オフショア金融センターにある銀行のコンプライアンス部門職員を脅迫・贈賄・ハニートラップで抱き込み，「疑わしい

取引の届出」を回避させる。さらには，中国の地下銀行やハワラ（イスラム社会の送金システム）経由で香港に資金を移し，そこからケイマン諸島のオフショア銀行に送金し，その後スイスの銀行口座に飛ばして小切手でダイヤモンドを購入し，別国で現金化するという手口もある。また近年，仮想通貨を利用したバーチャルな資金洗浄も盛んになりつつある。犯罪マネーで仮想通貨を買い，バーチャル空間でのビジネス取引やオンラインカジノを経由し，「洗浄」されたマネーを現金で引き出す手法である。

　今，世界中の TOC が，金融ビジネスの一環でカード犯罪に熱心に取り組む。例えば，偽造キャッシュカードを作るスキミング犯罪の被害が世界的で多発しているが，ルーマニアを筆頭とする東欧の TOC が最も先端を行く。その犯罪ネットワークは，アメリカ，メキシコ，インドネシア，インドなどに広がり，世界各地の銀行 ATM に設置された小型スキミング機でカード情報が読み取られ，莫大な現金が盗まれてきた。また，クレジット詐欺も TOC の金融ビジネスとして成長している。各国で過激なアダルト・サイトを運営する TOC が，顧客のカード情報を脅迫や不正請求に利用したり，フィッシング詐欺に誘導したりするケースが多々ある。

　こうしたサイバー空間での金融犯罪は，年々高度化しており，その脅威は高まる一方である。さらに，スキミングやフィッシングといったデジタル犯罪は，コロナ危機で新たなチャンスを迎えている。都市封鎖やステイホームでオンライン・ショッピングや，オンライン・アダルト産業（特に児童ポルノ）が繁盛し，新たなカード犯罪のターゲットになる人たちが世界中で激増しているからである。

2　悪漢（ワル）の世界

　以上のような犯罪ビジネスを仕切る TOC の世界には，どんな人たちがいるのか。アクターは多様であり，それぞれの歴史のなかで国家との対立と共存を繰り返してきた。世界的に有名なのがイタリアのマフィアであり，中米の麻薬カルテル，中国系の黒社会，そして日本の暴力団である。それぞれの特徴は何

か。なぜワルの世界はなくならないのか。

（1）イタリアマフィア

　マフィアという言葉は組織犯罪の代名詞に使われているが，起源はイタリア
のシチリア島にある。シチリア島は19世紀にイタリア王国に統合されたが，そ
の統合への抵抗勢力が秘密結社を組んだ。これがマフィアの始まりで，マフィ
アという言葉は「勇気のある人」という意味で肯定的に使われていた。腕っぷ
しの強い輩が集まり，アウトロー活動を手掛ける中で，犯罪集団（ファミリー）
ができあがり，イタリアの裏社会を牛耳るようになる。本来，シチリア島以外
のファミリーはマフィアとは呼ばないが，今はマフィアと組織犯罪が同意語と
して使われることが多い。

　イタリアには四大ファミリーが存在する。最大勢力でカラブリア州を拠点と
するンドランゲタ，ナポリを拠点とするカモッラ，ブッニャ州のサクラ・コ
ローナ・ウニータ，そしてシチリア島のコーサ・ノストラである。コーサ・ノ
ストラは1990年代の初めにボスが逮捕されて勢力を失うが，それまでは犯罪と
汚職と暴力で，地方の政治経済を支配していた。また，19世紀末にシチリア
からアメリカに移住していったファミリー・メンバーたちは，アメリカのニュー
ヨークにコーサ・ノストラの拠点を作り，犯罪利権を拡大し，各地に犯罪組織
（シンジケート）を広げて禁酒法時代に酒の密輸で巨大な財を築いた。

　この大西洋を跨ぐイタリアマフィアのネットワークが，現代の TOC に引き
継がれており，世界中であらゆる犯罪ビジネスを展開する基盤となっている。
例えば，南米から欧州へのコカイン密輸の約8割はンドランゲタが牛耳ってい
るとされる。コロナ禍でも，イタリアマフィアは都市封鎖で経営難に陥る飲食
店を資金洗浄用に安く買い漁ったり，失業者に食料配給や現金融資をして「弱
者救済」をアピールしたり，危機に強い性質も示している。

（2）中米の麻薬カルテル

　麻薬といえばラテンアメリカを想像する人が多いだろう。特にメキシコやコ
ロンビアにまつわるイメージかもしれない。なぜか。超大国アメリカの麻薬市

場に高価なコカインをほぼ独占的に供給してきたのが，この両国だからである。コカインの原料のコカの木は，メキシコやコロンビアの山岳地帯で栽培されてきた。20世紀初頭には，今でも有名な清涼飲料コカ・コーラにもコカイン成分が入っていた。1970年代，コカイン摂取はアメリカでリッチな白人層の娯楽や，ベトナム帰還兵の「癒やし」に使われていたが，1980年代には低所得層にも広がり，過剰摂取による死亡の増加など社会問題化していった。

　以後，アメリカはコカイン密輸の撲滅に向けて動き出す。当時のコカイン供給を独占していたのが，コロンビアのメデジン・カルテルで，カリブ海経由でフロリダ州南部に密輸していた。アメリカとコロンビア政府は，メデジンとの戦争に乗り出し，大規模な軍事作戦で組織を壊滅に追い込んだ。その結果，メデジンのライバルのカリ・カルテルがコカイン市場を牛耳ったが，その支配は短く1990年代の半ばには幹部の逮捕で統制が弱まり衰退する。この大量の死者を出した麻薬戦争の教訓で，コロンビアの組織犯罪は，大型のカルテル形成を避け，細分化してゲリラ化する傾向にあり，政治力も低下していった。

　コロンビアのカルテルが弱体化して勢いづいたのがメキシコのカルテルである。カリブ海ルートではなく，陸続きに長い米墨国境ルートでアメリカに流入するコカインが9割を占めるようになり，2000年代半ばにはメキシコでも「カルテルとの戦争」が始まる。その当時，おおよそ七つの巨大カルテルが国内に存在していたが，メキシコ軍の掃討作戦によって衰退し，今や二大勢力の寡占状態にある。シナロア・カルテルとハリスコ新世代カルテル（CJNG）である。シナロアは老舗の麻薬カルテルで，時の政治権力と持ちつ持たれつで成長してきた。CJNG は元警官がボスの組織で，軍隊的な統率と凶暴さでのし上がってきた。両者の縄張りは拮抗し，アメリカ市場では老舗のシナロアの市場シェアが若干多いが，メキシコ国内では CJNG が優位になりつつあるらしい。メキシコでの壮絶な麻薬戦争は15万人以上の死者を出しており，政府は戦争終結を宣言したものの，麻薬絡みの殺人事件は今も絶えない。特にコロナ禍で麻薬の運搬量が鈍り，配分と縄張りをめぐる衝突と射殺事件が各地で増えている。治安機関もコロナ対策にリソースを集中せざるをえず，麻薬関係の取締に空白が生まれているといわれる。

（3）黒社会

　14億の人口を擁する中国は，犯罪集団も規模が大きい。世界の華僑ネットワークと連動して，中華系 TOC も活動しており，その犯罪組織は「黒社会」と呼ばれる。黒社会の歴史は，明朝の没落に遡る。清の侵攻に抵抗する南部で，福建省の僧侶たちが反清運動に励み，弾圧されながらも秘密結社を立ち上げた。これが原点である。秘密結社は「洪門」とか「三合会」と呼ばれ，「漢民族の復権」という民族ナショナリズムを掲げて，抵抗運動のための資金集めでアウトロー利権を確立していった。第二次大戦後，中国共産党の統治が始まり，犯罪に対する国家の締付けが厳しくなり，多くの秘密結社は香港に南下し定着した。香港警察に貸しを作りながら共存関係を築き，組織と犯罪利権を拡大してきた。これが黒社会の歴史である。

　香港黒社会の代表格が「新義安」であろう。娯楽産業やカンフー，ポルノといった映画業界を支配してきた。映画産業は中国本土でも莫大な利権であり，1997年の香港返還後には大陸での市場拡大で潤ってきた。同じく香港拠点の黒社会では「14K」が有名である。カジノや高利貸しや麻薬の利権，そして移民の密航などを得意としてきた。さらに「和」の名を使うグループ（和勝和とか和安楽など）も香港の代表的な三合会である。みな海外拠点をもっており，ニューヨーク，ボストン，ロスアンゼルス，トロント，バンクーバー，バンコク，マニラ，東京（歌舞伎町）などが顕著な出先である。

　香港返還の際，黒社会の取締強化が話題になったが，当時の最高指導者の鄧小平は，「黒社会にも愛国者は多い」として寛容な姿勢を示した。以後，香港黒社会は中国本土でのビジネス利権を広げるとともに，香港政府との共存も深めていく。近年では，香港での反政府デモに「カウンター要員」として動員され，路上で暴力を繰り広げる姿も報道されている。

　また，古くに香港から台湾に移動してきた組織もある。最大勢力といわれているのが「竹聯幫」で，台湾の国民党に食い込んで地位を築いた。また「四海幫」も巨大勢力である。両者ともロスアンゼルスやニューヨークに海外拠点をもつ。四海幫のボスが1996年に死亡した時には，黒社会の幹部だけでなく，政府要人や日本の暴力団幹部も葬儀に参列し，広域な影響力を見せつけた。台湾

海峡の向こう側には福建省の港湾都市・廈門があるが，1990年代後半に，地元指導部を大量に巻き込んだ大規模な密輸事件（アモイ事件）が発覚した。この事件は，いかに台湾の黒社会が本土の政財界に食い込んでいたかを露呈するものとなった。

　香港でも台湾でも，黒社会は TOC として発展している。北米への不法移民の密航ビジネスが典型的で，イタリアマフィアと手を組んで欧州ルートを確立し，メキシコのカルテルの協力を得て南米ルートを開拓してきた。ヘロイン取引でも，東南アジア産のアヘンを高純度の「チャイナ・ホワイト」に精製して，タイや香港経由でメキシコやアメリカに密輸するネットワークを構築している。これらの国を往来する幹部には，国籍をカナダに移し，自らのボディーガードをムエタイのプロ崩れたちで固め，常にプライベートジェットで移動する輩もいる。

（4）暴力団

　最後に，日本の TOC を概観してみよう。その主要アクターは指定暴力団である。自らを「任侠」とか「極道」と呼ぶところは，イタリアマフィアや黒社会の自己イメージと似ている。歴史は長く，始まりは祭りや縁日で露天や興行を営む「テキ屋」と，賭博を生業とする「博徒」の集団で，平安時代から存在する。明治時代の近代化政策の下で，炭鉱や水運の現場に肉体労働者の動員が必要になると，それを組織化するビジネスも手掛け，「組」として発展していく。戦後の混乱期には，闇市の仕切りでテキ屋系の組織は勢力を拡大し，やんちゃな青年たちが結成した「愚連隊」を吸収しながら，アンダーグラウンドの世界を復興していった。戦後の経済成長期には，貨物船の荷降ろしをする港湾労働者の手配や芸能興行など，「表の経済活動」にも盛んに進出した。1960年の安保闘争では，学生デモの「カウンター要員」として極道が動員され，国家に「貸し」を作って公然と勢力を広めていく時期もあった。

　しかし，1980年代のバブル景気で全国の地価が高騰し，極道が「地上げビジネス」で派手に儲けるようになり，その利権をめぐって各地で組抗争が激化し，発砲事件に市民が巻き込まれるようになると，極道への締付けも本格化する。

1992年の暴力団対策法（暴対法）の施行により，暴力団の定義とともに全国で22の組が「指定暴力団」と認定された。以後，代紋や入れ墨をチラつかせて威圧するビジネスは違法となった。また2000年以降，各地で暴力団排除条例が導入され，2011年には全国の都道府県で施行された。条例は暴力団の資金源を絶つことを狙いに，市民や企業による利益供与を禁じた。結果，暴対法の施行時に9万人いた暴力団勢力は，今では3万人を切り，急速に社会的な存在を弱めた。追い打ちをかけるように，アメリカも2011年に暴力団（やくざ）をTOCに指定し，取引の禁止や米国内に蓄積された資金の凍結を決めた。米財務省は，暴力団がアメリカで黒社会と連携して武器・麻薬の密輸や人身取引を行うだけでなく，フロント企業を立ててハワイなどで不動産ビジネスを展開していると指摘した。

　こういう反暴力団政策により，昔ながらのヤクザ社会は表面的には収縮している。しかし一方で，状況にうまく適応し，公式な構成員を減らして企業舎弟を増やし，組織形態を不透明化して巧妙にビジネスを展開する傾向も見られる。また，親・子・兄弟といった疑似血縁関係と上下階層に基づく伝統的な暴力団組織の外で，組員でもない「半グレ」と呼ばれる元暴走族グループと企画ベースでコラボし，闇金や特殊詐欺といった犯罪ビジネスを国内に限らず海外からも遠隔で実行し，その莫大な収益をカジノで資金洗浄するという「プロジェクト化」も進む。それを暴力団の「マフィア化」と呼ぶメディアもある。半グレの中にも「怒羅権」のように，黒社会とのパイプが太い集団もあり，その意味で日本における組織犯罪の国際連携は多様化している。

（5）国家と社会とワル

　以上，イタリアのマフィア，中米のカルテル，中国の黒社会，そして日本の暴力団という世界的に有名なTOCを概観し，環境や歴史で異なる組織の発展を見た。しかし同時に，共通性の理解も大事である。その共通性こそが，TOC不滅の理由に直結するからである。

　第一の共通性は，組織拡大の過程で，国家権力と相互依存の関係が形成される点である。公的権力と非公式な暴力集団は，古今東西お互いの利用価値を見

出してきた。反政府デモの抑え込みや，公共事業のサポート（労働者確保や立ち退き交渉など），歓楽街の秩序維持など，公的権力が直接手を出しにくい業務を請負うのが裏社会の住民である。いわば，国家システムの補完機能（もしくは一部）になっている。逆に組織犯罪は，賄賂で政治家や役人を囲い込み，様々な利権にアクセスする。どの国にも組織犯罪と手を組み私腹を肥やす国家エリートがおり，彼らの庇護なしには犯罪組織も肥大化しえない。その庇護と交換で組織犯罪の国家への「忠誠」が提供される。この相互依存関係を築いてきたからこそ，TOC は大きくなるのである。日本でも，かつて暴力団の「刀狩り」をやろうとした際，全国で相当数の拳銃押収があったが，多くは「首無しチャカ」，つまり持ち主不明で逮捕者が出ない拳銃だった。当時の水面下の馴れ合いを象徴している。

　第二に，TOC のビジネスは，社会に一定の需要があることで成り立っている。わかりやすいのが人身取引で，小児性愛者を対象にした幼児買春ツアーや児童ポルノの需要は世界中で高まる一方である。ギャンブルや希少動物ペットの需要も同じく高い。不動産企業が立ち退きの仕事を組織犯罪に外注することもあれば，金融機関が融資返済業務を取り立て専門会社に委託することもある。グレーな需要が社会にある限り，アンダーグラウンドの商売は存在しつづける。

　第三に，一般市民にとっても，TOC は映像や物語を通じてイメージされることが多く，男気あふれる「渋ワル」とか，オラオラだけどラブリーな「コワカワ系ワル」といったキャラが作られる。日本の任侠映画や，イタリアマフィアを描いた「ゴッドファーザー」，香港の「男たちの挽歌」，メキシコの「カルテル・ランド」などが有名であろう。ドラマでは，犯罪に手を染めるが必要悪だという示唆や，貧困や差別に苦しんできた若者が犯罪集団に「救済」されるという「泣ける美談」も多く，「社会が悪い」「巨悪は他にいる」というメッセージが放たれてきた。「ワルはモテる」という不動の固定観念も，ハナタレ小僧からオッサンまで広く共有されている。すべて芸能界がスティグマ化してきたワルのファンタジーであり，この社会的な受容こそが，組織犯罪の根絶を困難にする文化的な原因にもなっている。

3　越境組織犯罪対策

　では私たちは，組織犯罪，特に近年の TOC の拡大に対して，どういう対策を模索すべきだろうか。国際社会は TOC との戦いをグローバルな安全保障の課題として位置づけている。安全保障といえば，真っ先に戦争をイメージし，軍事的な脅威に対する準備だと思われがちだが，今やその射程は非軍事的な脅威も含まれる。それを「非伝統的安全保障（non-traditional security：NTS）」と呼ぶ。TOC の脅威も NTS の範疇に入っており，安全保障の問題として対応が模索されてきた。

（1）TOC の安全保障化
　この NTS とは何か。「非伝統的」というだけで，具体性に欠ける。では何が「伝統的」か。それは，国防という課題を前提に，敵対国とその軍事力を脅威対象とする点にある。であるなら，「非伝統的」というのは，非国家アクターによる非軍事の脅威を指すと理解できよう。
　この NTS 概念が普及してきた背景に，TOC に対する脅威認識の高まりがあった。その契機は冷戦の終わりである。当然その前から TOC は存在していたが，冷戦終結で政府や国際機構の安全保障部門が非軍事的な課題に取り組む余地が生まれた。それは1995年，国連創立50周年を記念する国連総会でのクリントン米国大統領（当時）の演説に反映されている。彼は「TOC は今やグローバルな平和を危険にさらし，開発途上国の脆弱な民主主義を侵食する安全保障の脅威であり，国際協力による脅威の除去が必要だ」と訴えた。同年，クリントンは「米国大統領令42号」を発令し，TOC との戦いを安全保障の課題に設定した。追って欧州連合（EU）も，1997年にアムステルダム欧州理事会で組織犯罪撲滅行動計画を発表した。そして2000年，国連総会は国際組織犯罪防止条約を採択した。
　こういう国際的な取り決めが普及し，TOC は単なる犯罪の問題ではなく，安全保障の課題に「格上げ」された。これを国際政治学で「安全保障化

（securitization）」と呼ぶ。それまで安全保障の課題ではなかったが，放置すれば国家の安全を大いに脅かすという認識が生まれ，それが国内で一定の支持を得ることで安全保障の対象として認知され，国家の最重要対策に位置づけられて優先的に人的・予算的リソースの配分が行われる。これが安全保障化の力学である。その結果，「TOC 対策」を安全保障政策の一環で行うことが今の主流となった。

　では，どのような安全保障政策が行われてきたのか。安全保障に「格上げ」されても，上述のように TOC の脅威は減るどころか拡大しつづけている。対策のどこに問題があるのか。それを理解するには，ある程度具体的な事例を見る必要があろう。ここではアジアの例を二つ紹介したい。まず麻薬対策，次に人身取引対策である。

（2）麻薬との戦い

　アジアには，タイ・ラオス・ミャンマーの国境に跨る，麻薬生産のシンボルともいえる「黄金の三角地帯」がある。近隣諸国は，麻薬汚染の深刻化から，「麻薬戦争（war on drugs）」を実施してきた。タイとフィリピンとインドネシアでは，国家リーダーが戦争スローガンを掲げて，大規模な撲滅作戦を行った。しかし，麻薬対策を安全保障の論理で「戦争化」したことで，治安部隊が大量動員され，路上での銃撃戦が多発し，多くの死者を出した。また掃討作戦は，成功の証として検挙数を上げる必要があり，とにかく「パクってブチ込む」，「逃げたら射殺」といった手荒な捜査が横行した。路上で大量に逮捕され射殺されるのは末端のプッシャー（売り子）や臆病な薬物依存者たちで，TOC 幹部が捕まることは皆無に等しい。こういう恐ろしい人権侵害が起きるにもかかわらず，戦争レトリックはナショナリズムを誘発し，「お国の治安のため」，「大掃除に多少の犠牲は付きもの」，「ジャンキー（中毒者）に人権なし」といった威勢のよい世論が強まった。

　人権擁護団体などは，末端のプッシャーやユーザーは薬物依存の被害者であり，本来リハビリ治療と社会復帰支援の対象なのにもかかわらず，彼らをモンスターのごとく「悪魔化」し，退治しろと訴える戦争レトリックは危険だと批

判する。麻薬対策を「安全保障化」し「戦争化」したため，対策が「非人道化」し，公衆衛生政策も形骸化する。これが麻薬戦争である。結果，多くの人命が失われるものの，麻薬組織の上層部は安泰で，末端への供給ルートも戦争終結後すぐに復旧している。

（3）人身取引との戦い

　人身取引対策でも似た力学が働く。安全保障の眼鏡で見ると，TOC による人の密輸は，取り押さえて検挙する対象となる。どこを取り押さえるか。典型的な現場が売春宿である。「チクり」情報を元に内偵捜査し，一斉摘発で宿に踏み込み，労働させられている女性を検挙し，不法滞在・不法労働の罪で強制帰国にする。これが「人身取引との戦い」のモデルであり，バンコク，ジャカルタ，マニラの繁華街で頻繁にこの作戦が実行されてきた。逮捕した女性たちを並べて，警察が記者会見で「成果」をアピールすることも多々ある。

　しかし，これも各国の人権擁護団体から大いに問題視されている。女性たちは本質的に騙されて売られた「被害者」であり，まず保護してトラウマ治療の対象にすべきである。そうせずに，被害者を犯罪化して国外退去にするアプローチの根本には，密入国の取締に重点を置く治安機関の発想がある。「犯罪との戦い」キャンペーンが前面に出ることで，「違法売春目的で出稼ぎにきた外国人風俗嬢の不法滞在」という歪んだラベリングが創出され，世論も操縦されていく。こうして，声を上げられない人身取引の被害女性たちが「不浄」「悪者」扱いされていく。

おわりに

　たしかに TOC の安全保障化は，脅威の深刻さを世界中で確認し，TOC 問題をグローバル・アジェンダに乗せることに成功した。それは市民社会にとっても犯罪被害者にとっても好ましい展開であろう。しかし，私たちは安全保障化の「意図しない帰結」にも，もっと目を向けるべきである。治安機関の論理が前面に出て，その暴走で沢山の人たちが殺されたり逮捕されたりする展開は

最悪である。被害者視点の形骸化も，意図しない帰結といえよう。

　その教訓から何を学べるか。より適正な対策を模索するには，まず問題によっては安全保障化を解除し（脱安全保障化)，より適切なアプローチに転換すべきである。アジアの麻薬戦争は，明らかに「過剰安全保障化」の例であり，「脱戦争化」して「医療化」すべきであろう。

　第二に，同じ麻薬問題でもアジアと中米では大きく異なることがわかったと思う。であるなら，国や地域によって対応アプローチは異なるべきである。グローバル・アジェンダだからといって，特定の政策モデルを「グローバル・スタンダード」とし，その導入を画一的に進めるのは危険である。むしろ「ローカル・モデル」を確立する。それこそが，逆説的にグローバル・アジェンダへの対応に必要であろう。

　第三に，TOC 問題の深刻化は，実は私たちの市民社会の意識変革を迫っており，そのことを再認識すべきである。社会が「ワルの世界」をもてはやしてきた。社会が犯罪被害者を悪者にしてきた。社会が「欲望」（食欲・性欲・所有欲）にまつわる犯罪ビジネスを黙認する風土を作ってきた。社会の意識改革なしに TOC の撲滅などありえない。では，どのような「初めの一歩」が可能なのか。私たちにアイディアはあるのか。アクションはおこせるのか。

参考文献

Global Initiative Against Transnational Organized Crime（https://globalinitiative.net/）
　＊ジュネーブに本部を置く国際市民社会組織で，専門家集団が世界各地の TOC の活動を分析し，綿密なレポートを発信している。それらは重要な参考文献である。
ティエリ・クルタン（上瀬倫子訳）『世界のマフィア――越境犯罪組織の現状と見通し』緑風出版，2006年。
　＊TOC の歴史と世界的な拡大についてベテラン司法官が分析する。優れた入門書。
ヨアン・グリロ（山本昭代訳）『メキシコ麻薬戦争』現代企画室，2014年。
　＊カルテルに密着し，麻薬取引の実態と悲惨な暴力を生々しく描く渾身のルポルタージュ。
ディビット・カプラン／アレック・デュプロ（松井道男訳）『ヤクザ――日本的犯罪地下帝国と右翼』第三書館，1991年。
　＊本格的な暴力団の歴史研究。戦後の政界との癒着や海外展開が詳しく描かれている。

考えてみよう！

① 日本で見られる越境犯罪の事例を取り上げ，現状の対策のどこに問題があるか，考えてみよう。

② アジア，欧州，アフリカ，アメリカなどを比較して，同じ越境犯罪でもどのような地域特徴があるのか，考えてみよう。

第 14 章
米中覇権のせめぎあい

本章のねらい

・覇権安定論の観点から戦後の国際経済秩序の形成と維持においてアメリカが果たした役割とリベラルな国際秩序の意味について理解する。

・国際社会における中国の台頭の意味について考える。

・覇権国としてのアメリカと台頭する新興国としての中国が今後，国際経済秩序の安定と発展においてどのような役割を果たしていくのかについて展望する。

キーワード

▶パワー・トランジション，覇権安定論，米中新型大国関係，トゥキディデスの罠，アメリカ第一主義

は じ め に

　現在の国際関係の枠組みを規定する一つの顕著な特徴はパワー・トランジション（power transition）といえるであろう。すなわち，既存の覇権国が形成し主導してきたこれまでの国際秩序に対して，急速に台頭する新興国が自らの利益を追求する過程で既存の秩序に対抗して新たな国際秩序が形成されていくのか，あるいは既存の秩序の中で新興国が自らの役割を見出していこうという転換期にあるのか，その展望は現在のところ明らかではない。ただし，こうした権力の移行期においては，既存の覇権国と新興国との間で摩擦と葛藤が繰り広げられるようになり，国際社会は不安定化する。トランプ政権になって繰り広げられている米中貿易「戦争」は米中の貿易不均衡や中国の貿易慣行をめぐ

　る経済紛争のみならず，より本質的には覇権国としてのアメリカと新たに台頭
する中国との間の覇権争いという特徴を帯びていることはいうまでもなかろう。
　本章の目的は，こうした米中覇権のせめぎあいを軍事，経済，イデオロギー
等の観点から歴史的な経緯と基礎的な国際政治経済学の理論や概念を踏まえつ
つ概観することである。本章の構成は次のようになろう。まず，第二次世界大
戦後の国際政治経済秩序が形成され維持されてきた経緯を踏まえつつ，アメリ
カの果たした役割を確認しよう。ここでは特に，国際政治経済学で論じられる
覇権安定論という基礎理論に着目しつつ，その特徴を見ていこう。次に，中国
の台頭とそれに対する米国の対応について歴史的経緯を確認しよう。とりわけ，
ニクソン大統領による訪中を契機に米中関係が改善し，その後，中国が改革・
開放政策を進めることで急激な成長を遂げていく過程で米中関係を安定化させ
るために提起されたいくつかの構想を確認する。そして，米中の対立構造が形
成される経緯と米中覇権競争が今後，どのように展開していくのかに関する代
表的な議論を概観しよう。

1　アメリカによる覇権——戦後国際経済秩序の誕生

（1）リベラルな国際秩序の形成

　第二次世界大戦以後の新たな国際秩序の形成と維持においてアメリカが果た
してきた役割は重要である。第二次世界大戦が終結した際にアメリカの軍事力
と経済力は他国を圧倒していた。世界全体の国内総生産（GDP）においてアメ
リカが単独でほぼ50％を占めており，国際経済システムの主要準備通貨として
アメリカの通貨ドルはポンドにとってかわり，世界最大の外貨準備と金を有し
ていた。また，当時のアメリカの空軍および海軍は他国の軍事力を圧倒してお
り，唯一の核兵器国として核兵器を独占していた。アメリカはこうした軍事力
と経済力をもとに，民主主義，人権，市場経済などの価値に基づくリベラルな
国際秩序の形成において主要な役割を果たした。特に，国際通貨基金（IMF）
と世界銀行からなるブレトンウッズ体制と1995年に世界貿易機関（WTO）に
発展した関税と貿易に関する一般協定（GATT）は，戦後のリベラルな国際経

済秩序の基盤となった。リベラルな国際経済秩序は，政府による介入を最小限にとどめた開放的かつ透明性の高い市場が経済成長をもたらす，という考えに基づいていた。さらに，市場経済への移行はいずれ民主主義をもたらすという信念に基づいていた。こうした戦後国際経済秩序は自然発生的に生じたものではなく，アメリカの軍事力や経済力に加え，民主主義や人権といったアメリカが重視するイデオロギーや価値によって支えられていた。

　アメリカが主導したこうした戦後の国際政治経済秩序の形成と維持を説明する理論として，覇権安定論（hegemonic stability theory）がある。覇権安定論によれば，国際政治経済秩序の形成と維持には覇権国が不可欠である。まず，覇権国（hegemon）とは，他国に比べて圧倒的な軍事力と経済力を有し，開かれた自由貿易秩序や安定した国際金融・通貨秩序などの国際公共財を提供する国家のことをいう。次に，自由貿易秩序や国際金融秩序などの国際公共財を供給するにはコストが生じるが，覇権安定論では，こうしたコストを負担する意志と能力をもった覇権国が存在することで国際秩序は安定すると考える。キンドルバーガーは第一次世界大戦終結から第二次世界大戦までの間に国際経済が不安定であった理由を，これまでの覇権国であったイギリスがその能力を喪失して指導力を発揮できない一方で，台頭するアメリカは能力を備えつつも指導力を発揮する意志がなかったためと説明する。つまり，覇権国の不在というこの空白が国際経済秩序の不安定化をもたらしたという議論である。第二次世界大戦後，アメリカは覇権国として指導力を発揮し，ブレトンウッズ体制は固定相場制の下で貿易の自由化を促進させて，アメリカを含む主要国は1960年代までに目覚ましい経済成長を成し遂げた。この時期を戦後の国際経済秩序の黄金期（Golden Age）と呼ぶことも可能であろう。

（2）戦後国際経済秩序の動揺

　覇権安定論は，なぜ戦後の国際経済秩序が形成されたのか，また，なぜそれが継続し，なぜ不安定化するかを説明する。1970年代に入り戦後の国際経済秩序は転換期を迎えた。まず，アメリカのニクソン大統領は1971年8月に金・ドル交換の停止や輸入課徴金を含む新経済政策を発表した。これをニクソン・

ショックといい，これは戦後の国際経済秩序の枠組みの変化を意味した。アメリカはドルを10％切り下げて主要国は新たな固定相場制（スミソニアン体制）を導入したが，その後もアメリカの貿易赤字は拡大し，ドルの不安定化は継続した。結局，1973年2月にドルがさらに引き下げられたのちに主要通貨は変動相場制へと移行してスミソニアン体制は崩壊した。また，1973年には第四次中東戦争，1979年はイラン革命を契機として二度のオイル・ショックが発生し，石油価格の高騰とともに世界経済の混乱をもたらした。覇権安定論は，1970年代に生じたこうした国際経済秩序の動揺は覇権国であるアメリカの経済力が相対的に低下し，国際経済秩序を維持するためのコストを負担することができなくなったからであると主張する。

　こうした国際社会の変化を踏まえつつ，1980年代から90年代にかけて覇権安定論をめぐって理論的には次の二つの点について論争が繰り広げられた。第一に，国際政治経済秩序の安定に覇権国は必要なのかという論点である。覇権安定論によれば，国際秩序の形成と維持には膨大なコストが発生するために，そのコストを負担する覇権国が不可欠であるという。しかしながら，コヘインは一度形成された国際秩序を維持するには必ずしも覇権国による指導的な役割は必要でないために，覇権後の世界（After Hegemony）においても国際経済秩序の安定は可能であるという。国際経済秩序は複数の国際レジーム（International Regime）によって構成されており，これらのレジームが適切に機能することで国際経済秩序は維持される。国際レジームとは貿易や金融などのそれぞれの分野ごとの「原則，規範，ルール，政策手続き」の集合体のことをいう。それぞれの分野における「ルールのセット」といえばわかりやすいであろう。具体的にいえば，ブレトンウッズ体制やGATTなどはこれに相応しよう。すなわち，米国の国力が相対的に低下し，覇権国として単独で国際秩序を維持するコストを負担しえなくなっても，国際レジームが有効に機能し，G5やG7などを通して主要国が覇権国を支援すれば国際経済秩序は安定するということになる。

　第二に，覇権国であるアメリカの国力が衰退しているのか，という論点である。ナイはパワー概念をハード・パワーとソフト・パワーとの二つに分けて検討した。ハード・パワーとは，軍事力や経済力を意味し，誘因と脅しを活用し

て他国の政策を変えるように促すものである。一方，ソフト・パワーは他者を引き付ける魅力である。例えば，価値，繁栄，開放性などがそれであり，他国にあこがれを抱かせ，自らそれに従おうと望み行動させるような力である。つまり，強制力をもって他国を無理やりに従わせるのではなくて，自ら進んで味方になるようにする力がソフト・パワーである。ナイによれば，アメリカはこのハード・パワーとソフト・パワーとの両方の側面で優れている。覇権安定論では通常，ハード・パワーに着目してアメリカのパワーの相対的衰退に関心が集まるが，ソフト・パワーを含めてパワー概念を検討すると，アメリカの圧倒的な優位は変わらないという。例えば，私たちが学ぶ国際関係論という学問においてもアメリカの影響力は圧倒的であり，覇権安定論はいうまでもなく，市場経済，自由，民主主義，人権といった概念にはアメリカの価値が反映されている。ギルによれば，ソフト・パワーこそがアメリカの覇権の根幹にあり，日米欧のエリートが市場経済イデオロギーを国際社会に普及させることで他の経済システムに対してアメリカの優位を維持しているという。

（3）アメリカの単極構造の形成

　なお，こうした覇権後の世界やアメリカの没落に関する議論は，1990年代から2000年代にかけて衰退していった。80年代半ばに世界最大の債権国として浮上した日本と世界最大の債務国に転落したアメリカとの間で激しい日米貿易摩擦が展開した。これは覇権の衰退と覇権への挑戦という文脈でも議論された。実際に，80年代後半から90年代にかけて「大国の興亡」や「クロスオーバーポイント」という用語がアメリカの没落や日米逆転という文脈で語られていた。冷戦後に誕生したクリントン政権の初期にはアメリカは政権をあげて日米貿易不均衡の是正と日本市場開放に取り組み，反発する日本との間で戦後，最も激しい対立を見せた。しかし，90年代のアメリカ経済が情報技術（IT）革命とともに復活を遂げたとする「ニュー・エコノミー論」が議論される一方で，日本はバブル崩壊による「失われた10年」を経験することで日米逆転の懸念は終息していった。同時に，覇権安定論に対する論争も終息していった。アメリカは冷戦期のソ連や80年代後半に経済力をつけた日本をアメリカの覇権に挑戦する

国と認識し，強硬な姿勢を示したが，これは現在の米中関係を考える上でも歴史的な示唆を与えている。すなわち，挑戦国の力が衰退し，覇権国にとって脅威でなくなれば国際秩序の不安定化は解消されるのである。

　2000年代の初頭になるともはやアメリカの覇権の衰退は主要な論点から外れていった。アメリカ外交の関心は9.11同時多発テロを契機に「テロとの戦争」へと移っていくが，覇権論の観点からは，その関心はむしろ圧倒的に強くなったアメリカに対してなぜ他国は同盟や連合を組んでアメリカの単極構造（unipolarity）に対抗しないのか，という問いに移っていった。ウォルフォースはあまりにもアメリカのパワーが圧倒的になると，他国は対抗しようとする意志をもたなくなるとの議論を展開した。一方，アイケンベリーなどはリベラリズムの観点からアメリカの覇権は開放的かつ制度化されているという点に特質をもっており，また，他国への攻撃に抑制的である点を主張した。すなわち，アメリカが構築してきた国際秩序は，アメリカの政体の主要価値であるリベラリズムに基づいており，アメリカのパワーとアメリカが世界に普及してきたリベラリズムの価値が国際社会に受け入れられているからだという。一方，アメリカの単極構造という状態はもはや他国の合意や承認を必要としないという議論にもつながっていく。同時多発テロ以後にブッシュ政権下で急速に影響力を確保した新保守主義者（ネオコン）や強硬な保守主義者らは，他国の追随を許さないアメリカの圧倒的なハード・パワーを単独で行使する必要があると考えていた。実際に，アメリカは2003年にイラクが大量破壊兵器を有しているとの理由で国際社会の合意なしに攻撃に踏み切った。ナイは，国際協調をないがしろにしたアメリカの単独主義がむしろアメリカのソフト・パワーを侵害すると批判している。この時期は中国も含めてアメリカの覇権に挑戦する国は存在しなかったといえよう。

2　中国の台頭とアメリカの対応

（1）冷戦期の米中関係：対立から関与へ

　第二次世界大戦後，共産党と国民党の内戦を経て1949年に中華人民共和国が

中国本土に建国されてから1969年まで，米中関係は敵対関係にあった。とりわけ，1950年に勃発した朝鮮戦争では米軍と中国の人民解放軍が直接戦火を交えるなど冷戦下で米中間の対立は決定的となった。しかしながら，ソ連と対抗し，また，泥沼化するベトナム戦争の終結を図るために，アメリカは70年代の初頭に劇的な戦略転換を図った。この時期，キッシンジャー国家安全保障補佐官の戦略的思考とニクソン大統領のリーダーシップに基づいて，アメリカは中国との戦略的な協力関係の構築を模索しはじめたのである。他方，中国とソ連は1960年代には共産主義をめぐるイデオロギー論争が先鋭化し関係が悪化した。また，1969年には中ソ国境での二度にわたる軍事衝突があり，同じ社会主義国でありながら全面戦争に突入する危機に直面した。ソ連からの脅威を削減するために，中国はアメリカを含む西側諸国との関係改善を模索する時期に入っていた。すなわち，敵の敵は潜在的な協力者であるという発想である。ここで米中の利害は一致したのである。

　こうした背景の下に，キッシンジャー補佐官は1971年に秘密裏に北京を訪問し，翌年，ニクソン大統領が中国を訪問することを発表した。この発表は文字通り世界に衝撃を与えた。日本は当初，このアメリカの中国接近に対して裏切られたと感じた。アメリカは戦後，中国との貿易関係の進展を望む日本に対して圧力をかけて日本の対中接近を阻んだり，中国の国連加盟に反対するように促したりしてきたからである。アメリカはこうした中で，日本との調整なしに自らが中国と接近したのである。これをニクソン大統領が公表した新経済政策，ブレトンウッズ体制の転換とあわせてニクソン・ショックという。もっとも，ニクソン大統領とキッシンジャー補佐官は日本だけでなく，アメリカの外交を担当する国務省にも知らせることなくこの計画を推進した。これは国内の保守的な親台湾派がこの計画を邪魔するのではないかという懸念があったからだといわれている。また，逆説的であるが，ニクソン大統領は反共主義者として知られていたために，中国と接近しても共産主義に対して甘いという批判を受けることはないという計算もあった。最終的には反共主義的なアメリカの議会をも説得できるという自信があったのである。

　他方，中国も1966年から76年にかけて展開された文化大革命という国内の混

乱期を経て，1978年には鄧小平総書記が改革・開放政策へと政策転換をした。改革・開放政策においては，とりわけ深圳などの沿海部の四つの地域を経済特区として指定し，法人税などの恩恵を与えることで外資を積極的に導入し，国内の低賃金労働者を活用して労働集約型輸出産業の育成に成功した。その結果，80年代から90年代にかけて対外貿易は飛躍的に拡大した。実際に，中国は改革・開放を進めることで戦後，米国が中心となって構築したリベラルな国際経済秩序に参入していった。キッシンジャーの訪中から1978年までの間に中国が構築していった国際社会との関係改善は，改革・開放政策を推進する上で重要な国際的基盤を形成したといえよう。また，改革・開放政策による外資導入政策は，その後の中国経済発展の基礎となった。さらに，アメリカの対中接近は日本の対中接近をも可能とした。日本は田中角栄首相の下でいち早く中国との関係を整備し，1972年には日中国交正常化を成し遂げるとともに中華民国と断交した。米国はその後，国内での反対に直面し，キッシンジャーが中国を訪問してから国交正常化まで7年の月日を要したが，1972年のニクソン訪中から1980年代末までの米中関係はまさに黄金時代にあったといえよう。

　しかしながら，米中間の蜜月関係は1989年に突如，終わりを告げた。天安門事件である。伝統的な近代化論が想定するように，中国でも経済成長とともに国内において民主化の要求が高まっていった。中国の改革派であった胡耀邦が1989年4月15日に死去したことを契機に，中国の政治改革を求める学生たちが天安門に集まって民主化要求を繰り広げた。これに対し，中国の人民解放軍は同年6月4日にデモ隊に対して発砲し，多数の死傷者が生じた。無防備に近い学生たちに対して人民解放軍が行った弾圧はCNNなどを通して世界に報道された。この事件は中国に対して好感を抱くアメリカ人，とりわけ，中国もいずれアメリカのような民主国家になると夢を抱いていたリベラル派に対して衝撃を与えた。アメリカを中心とする先進諸国は中国を激しく批判し，中国に対して経済制裁を実施した。その結果，中国の貿易や海外からの投資は急減し，また，中国のGATT加盟交渉にも打撃を与えることになった。天安門事件は西側諸国では中国共産党の独裁や人権意識を示す一つの例として認識されるようになった。

（2）冷戦後の米中関係：新たな米中関係の模索

　天安門事件の衝撃によってアメリカの対中関与は一時的には後退したが，中国の改革・開放政策を通した経済成長や冷戦の終結によるリベラリズムに対する楽観論は，アメリカの対中関与を根本的に覆すことにはならなかった。冷戦の終結はアメリカを中心とする西側諸国でリベラリズムに対するある種のユーフォリア（陶酔感）を生んでいた。冷戦体制崩壊の直前に公表されたフランシス・フクヤマの論文「歴史の終わり？」は，リベラル・デモクラシーをこれ以上改善の余地のないイデオロギーとしてその普遍性を主張した。この議論は数多くの批判を受けつつも，冷戦の終結という国際社会の現実とアメリカ自身が有するリベラリズムに対する信条によって幅広く受け入れられた。冷戦後の1993年に誕生したクリントン政権は，冷戦時代の「封じ込め（containment）」戦略に代わるグランド・ストラテジーとして「関与と拡大（engagement and enlargement）」を提唱した。民主主義と市場経済という体制間およびイデオロギー競争に勝利したアメリカには，いずれ中国も民主化および自由化するという想定があった。中国のWTO加盟をアメリカが積極的に支援したのはこうした前提と展望があったからである。すなわち，天安門事件以後のアメリカの対中政策は関与を放棄するのではなくて，ブッシュ政権からオバマ政権に至るまで軍事的には抑止しつつも関与を通して中国を「責任のあるステークホルダー」として国際社会に取り込んでいくことにあった。

　冷戦体制の崩壊後も中国は改革・開放政策を進めていった。鄧小平は1992年1月から2月に「南巡講話」を行い，湖北省，広東省，上海市等など各地を訪問するとともに改革・開放を加速化することを促した。鄧小平は「黒い猫でも白い猫でもネズミを捕る猫がよい猫」という諺を引用し，計画経済か市場経済かというイデオロギー論争に終止符を打った。同年10月には中国共産党第14回党大会において「社会主義市場経済」路線を確定し，市場経済化とグローバル市場への統合を急速に進展させていった。その後，20年にわたって実質経済成長率が平均10％を超えるなど，中国の経済成長は目覚ましく，2010年にはついに名目GDPで日本のそれを超えてアメリカに次ぐ世界第2位の経済大国となった。さらに，世界銀行によれば購買力米価（PPP）基準で2017年にアメリ

カを超えており，名目 GDP でアメリカの経済規模を超えるのも時間の問題として認識されている。なお，この時期の中国の国家戦略を表す言葉として，やはり鄧小平が指示したという「韜光養晦」という外交方針がある。これは中国が国力を蓄えるまでは国際社会で目立たないようにする対外姿勢を意味している。つまり，冷戦期の米ソ対立のような対立構造を避けて，米国との良好な関係を維持しつつ，まずは自国の国力の増強に力点を置き，国際社会での地位を静かに確保していくという姿勢である。この姿勢は習近平国家主席によって新たな方針が示されるまで続くことになる。

　中国がアメリカに次ぐ世界第 2 位の経済大国になることが明らかになると，米国では G 2 構想が積極的に提起されはじめた。バーグステン国際経済研究所所長は2009年 9 月，下院外交委員会において米中が協力して世界経済におけるリーダーシップを担う非公式の枠組みとして G 2 構想を提唱した。また，ブレジンスキー元国家安全保障担当補佐官（カーター政権）も2009年 1 月，米中が協力して国際社会が直面する様々な問題の解決に努める必要があるという G 2 論を展開した。実際に，米中二国間枠組みはブッシュ政権期には経済問題を討議する「米中戦略経済対話」として発足し，その後，オバマ政権下では政治や安全保障をも議論する「米中戦略・経済対話」へと発展していった。さらに，スタインバーグ国務副長官は2009年 9 月，米中両国が互いに相手国に対して敵意がないことを理解させ（再保証），譲れない線を明示する（決意）ことで，米中間の衝突を避けた安定した関係の構築を図ろうという「戦略的再保証（strategic reassurance）」を提案した。これらの議論はいずれも中国の台頭に伴うその役割拡大を歓迎する一方で，台頭する中国が地域や世界の安全に脅威を与えないことを保証しつつ，米中共通の利益を確保しようという構想である。しかしながら，中国はアメリカで提起された G 2 構想に対して，これは米国の負担を押し付けるにすぎず，自国の利益を犠牲にしてまで米国が設定するアジェンダを達成するためのコストを分担することには否定的であった。むしろ，習近平国家主席は2013年 6 月のオバマ大統領との首脳会談で，対立の回避，相互尊重（体制と核心的利益），ウィンウィンを目指す「米中新型大国関係」を提案したが，アメリカはこの提案に対して慎重な姿勢を崩していない。

3　米中覇権競争の行方——パックス・アメリカーナの終焉？

（1）米中覇権競争の顕在化

　中国の慎重な外交姿勢は，習近平体制に入り大きく変化したとの見方が次第に支配的になっていく。それまで中国が既存の国際秩序の中で自国の利益を獲得していこうとしているのか，あるいは既存の国際秩序を自国にとって望ましいように変革するために挑戦しようとしているのかについては，定かではなかった。中国の指導者や戦略家たちの間でもこの問いに対して明確なコンセンサスがあったのか不明である。しかしながら，習近平国家主席は2014年11月に開催された「中央外事工作会議」において「二つの100年」（中国共産党創立100周年である2021年までに小康社会を完成し，中華人民共和国建国100周年となる2049年までに現代化建設を実現）と「中華民族の偉大なる復興」という「中国の夢」を習近平体制下の外交方針として明らかにした。さらに，習近平国家主席は2017年の第19回党大会において「中国の夢」とは「2050年にはトップレベルの総合力と国際影響力を有する国」を形成し，人民軍を「世界一流の軍隊」に築き上げると明らかにし，また，中国の特色ある社会主義は西側モデルとは異なる「新しい選択肢」を提供したと宣言した。中国はこれまで「韜光養晦」を一つの基本方針としてきたが，中国はいまや大胆に自らの中長期的な戦略展望を語りはじめたのである。同時にこれは戦後アメリカが構築してきたアメリカモデルとの対立を宣言したに等しいと理解された。

　習近平国家主席が2013年に提唱した「一帯一路」構想やアジアインフラ投資銀行（AIIB）の設立も，戦後の国際経済秩序に対する挑戦あるいは新たな中国モデルの提唱として捉えられるようになった。「一帯一路」構想は，「シルクロード経済ベルト」構想（中国からユーラシア大陸を経由してヨーロッパまでの陸路）と「21世紀海上シルクロード」構想（中国の沿岸部から東南アジア，南アジア，アラビア半島からアフリカ東部までつなぐ回路）の二つから構成されている広域経済圏構想である。また，AIIBは増大するアジアにおけるインフラ整備に対する需要に応えることを目的に中国が提起した国際金融機関であり，この「一帯

一路」構想を資金面で推進する中核的役割を担うものとして位置づけられている。世界銀行やアジア開発銀行といった国際金融機関がすでに存在する中でAIIB が設立されて多くの国が参加したことは，アメリカに衝撃を与えた。むろん，こうした中国の外交戦略がアメリカの対中戦略の転換との相互作用の中で展開していることはいうまでもない。オバマ政権は2009年に高いレベルの自由化を目指した環太平洋経済連携（TPP）交渉への参加を表明し，また，2011年にはこれまでイラクとアフガニスタンでの対テロ戦争に重点を置いてきた外交戦略からアジアにも軸足を戻す「アジア回帰（pivot to Asia）」/「リバランス政策」を公表した。「一帯一路」構想には，こうしたアメリカのアジア太平洋戦略に対抗する形で自国の経済圏を確保しようという目的も含まれている。

　トランプ政権になって，中国の中長期的な戦略的意図が明確になったと判断したアメリカは，中国をアメリカの覇権に対する挑戦者として位置づけるようになった。2017年「国家安全保障戦略」では，中国は国家資本主義モデルを拡大し，インド太平洋地域においてアメリカにとって代わろうとしていると認識している。トランプ政権は「アメリカ第一主義」の立場を鮮明にし，国民の雇用と安全を守るという国内的な課題を最優先に位置づける一方で，TPP からの離脱を表明するなど，リベラルな国際経済秩序や多国間協調を維持・発展するために指導力を発揮することに対する関心を低下させた。しかし「国家安全保障戦略」では，インド太平洋地域において，南シナ海における中国の軍事拠点化が自由な貿易と他国の主権を脅かしており，また，「一帯一路」構想やAIIB はこの地域における中国の地政学的野望を強化していると捉えている。したがって，アメリカが自由で開かれたインド太平洋を維持し，また，自国にとって望ましいパワーバランスを維持するためには，この地域のパートナーや同盟国との関係強化が必要であるとし，インド，オーストラリア，日本との4カ国安保協力枠組み（QUAD）を追求するとした。トランプ政権において，対中関与を続けることで中国が自由化，民主化していくという想定はもはや見られなくなった。ポンペオ国務長官は2020年7月23日，ニクソン大統領記念図書館の前で行った「共産中国と自由世界の未来」という演説において，ニクソン訪中以後，アメリカの対中政策の基本にあった関与政策は「中国を変化させる

ことはできなかった」と結論した。

　戦後の国際経済秩序の形成において主導的な役割を果たしてきたアメリカの相対的な衰退と中国の急速な台頭といったアジア太平洋地域における国際秩序の変動の中で，この地域に位置する各国は，どのように自国の安全保障と経済的発展を確保していくのかという共通した課題に直面している。例えば，日本，韓国，台湾などはいずれも安全保障の面では米国に依存する一方で，中国が最大の貿易相手国であり，経済的に対中依存が極めて高いという共通点を有している。中国が2013年にAIIBの設立を提唱し，2015年3月末までに設立メンバーとして各国に加盟を呼びかけた際に，アメリカは各国に対して慎重な姿勢をとるように要求したために，各国は米中の狭間でジレンマに直面した。また，トランプ政権では，法の支配，自由や民主主義，透明性を尊重しないとみなす中国が先端産業を支配することに警戒を促し，中国通信機器大手の華為技術（ファーウェイ）を次世代通信規格「5G」通信網から排除するように，自由や民主主義など価値を共有する「同志国（like-minded countries）」に協力を呼び掛けた。米中競合が続く中で今後もアジア各国は対立する二つの大国の間で適切なかじ取りが求められよう。

（2）米中覇権競争の展望

　国際秩序に関する米中覇権競争の行方については，アメリカでも多様な見解が提起されているが，その一つは米中の軍事的衝突に対して悲観的な議論である。まず，攻撃的リアリズムの観点から米中の衝突を捉える見解がある。アナーキーな国際社会において国家は現状を維持しようとすると考える防御的リアリストに対して，国家は相対的なパワーを極大化しようするという考えを攻撃的リアリズムという。ミアシャイマーは攻撃的リアリズムに基づいて中国は北東アジアにおいてパワーの極大化を目指し覇権を追求するとみなし，米中衝突の可能性に言及してる。また，近年では，アリソンの「トゥキディデスの罠」が関心を集めている。この罠とは，急速に台頭する新興国と覇権国との間のパワー・トランジションから生じる混乱をいう。台頭する海洋都市国家アテネと支配国である内陸国家スパルタとの戦争を観察したトゥキディデスは「ア

テネの台頭とそれに対してスパルタが抱いた不安が戦争を不可避にした」と結論し，アリソンはこのメタファーを現在の米中関係に当てはめて米中の軍事衝突の可能性に対して警鐘を鳴らしている。すなわち，台頭する中国とその挑戦を受けるアメリカの不安から生じる構造的ストレスを緩和することで米中戦争を避けなければならないという。

　他方，リベラリズムの視点からは，アメリカの相対的な低下と中国の台頭によって現在の国際秩序と異なる新たな国際秩序が形成されることはないとの見解が示されている。アイケンベリーなどリベラル制度論者の観点からは，制度化されてルールに基づく国際秩序を構築することによって，覇権国は自国の力以上に望ましい状況を継続することが可能であると論じている。換言すれば，アメリカが国際政治経済システムの中で圧倒的な国力に基づく覇権国としての地位を喪失しても，国際秩序自体の自律性によって米国が果たす役割を補完しうるという主張である。この議論は，いったん覇権国によって形成されたリベラルな国際秩序は，覇権国のパワーが相対的に低下しても少数の大国が集団で力を合わせればその役割を担いうるという80年代にコヘインが論じた「覇権後の世界」と軌を一にする。さらに，アイケンベリーは，パックス・アメリカーナが完全に終わったとしても現在のリベラルな国際秩序は生き残るであろうと主張している。むろん，この議論では台頭する中国が現在の国際秩序の大きな変化をもたらさないという前提に基づいている。

　米中覇権競争の展望は結局のところ，米中パワーバランスの行方と中国の中長期的な戦略的意図をどう理解するかに依存している。現段階では，第二次世界大戦後にアメリカが覇権国として国際政治経済秩序を構築する際に果たした役割を中国が担うことは時期尚早といえよう。換言すれば，中国が覇権国としてのアメリカの地位にとってかわることは当面，想定しにくいということである。かりに中国が近い将来，名目 GDP の規模で米国を超えたとしても，軍事力については米国が依然として優位にあり，また，アメリカが有するソフト・パワーは中国よりもはるかに影響力がある。中国の国家資本主義や「特色ある社会主義」が世界の基準や基本的な価値として普遍性をもちうるかについては疑問が残ろう。さらに，中国は現在の国際政治経済秩序によって最も大きな恩

恵を受けてきた国家であり，当面，現在の国際政治経済秩序の維持を選好する
であろう。この間，中国が要求し，また，試みてきたことは，戦後の国際秩序
がアメリカおよび西欧諸国を中心に形成されてきたことに対して，いまや中国
の国力に相応する役割と地位が確保されるべきであるという主張であった。し
かしながら，将来的に中国が総合的な国力においてアメリカを超えるような状
況が見えると状況は一変しよう。現在，ハイテクや知的財産権問題において米
中は競合しているが，ハイテク技術は軍事力に直結しており，技術部門での覇
権の喪失はアメリカの軍事力における覇権の喪失をもたらす。同様に，現状で
はリベラル派が主張するように中国は既存のシステムの中で利益を追求してい
るように見えるが，もし総合的な国力でアメリカを凌ぐ状況が現実性を帯びる
と，中国が現在の国際システムの変更を目指していないというリベラル派の想
定には疑問符がつけられよう。

お わ り に

　米中覇権のせめぎあいは，軍事，経済，イデオロギーのあらゆる面における
競合と対立によって激しい様相を呈している。アメリカは中国の軍事的かつ経
済的な台頭とともに，その中長期的な戦略的意図があらわになったと理解して
おり，その対中政策はますます厳しいものになっている。また，中国の台頭と
戦略的意図に対する認識はトランプ政権のみの特徴ではなく，超党派で共有さ
れており，バイデン民主党政権下でも米中の競合関係は継続していくと考えら
れよう。他方，自国の成長に自信をつけた中国は当面，アメリカとの対立を避
けるために戦術的な調整を試みるかもしれないが，今後もさらなる発展を目指
し，その国力に相応する国際社会での地位を求めていくことは変わりなかろう。
中国は依然として「米中新型大国関係」を追求しており，米中の競合関係はし
ばらく継続するであろう。

　こうしたパワー・トランジション期にある米中競争時代においては，日本を
含むアジア太平洋地域に位置する国々はそれぞれがとるべき指針を確立する必
要があろう。すなわち，多くのアジア諸国は軍事的にアメリカに依存する一方

で，経済的（市場）に中国に依存するという状況が形成されており，米中の対立は各国の政策選択に影響を及ぼさざるをえないからである。むろん，アメリカと中国のどちらを選択するのか，という問いではない。日本が日本外交の基軸である日米同盟を重視しつつも，経済的，地理的，文化的に重要な大国である中国との関係を安定的に発展させていくことは死活的な課題である。とりわけ，トランプ政権では，「QUAD＋α」の形成や「同志国」とともに中国に依存しないサプライチェーンの再構築を追求し，中国共産党との対立が鮮明化した。今後，日本を含む各国は米中両国とどのような距離感を維持していくのかが重要な課題となろう。

参考文献

グラハム・アリソン（藤原朝子訳）『米中戦争前夜——新旧大国を衝突させる歴史の法則とその回避シナリオ』ダイヤモンド社，2017年。

＊「トゥキディデスの罠」に陥った過去500年における16件の事例のうち，12件で戦争が発生したことを明らかにし，現在の米中関係に戦略的指針を与えている。

飯田敬輔『経済覇権のゆくえ』中公新書，2013年。

＊「経済覇権」という観点から戦後国際経済秩序の変遷を読み解くとともに，今後の米中逆転論を検討している。理論と事例のバランスがとれた良書である。

三船恵美『中国外交戦略——その根底にあるもの』講談社選書メチエ，2016年。

＊中国の思考方式や行動原理から現代中国の外交・安全保障戦略を明らかにしている。特に，中国の外交・安保戦略を米国の対中戦略との関係から把握する視点は白眉である。

考えてみよう！

① アメリカの覇権の現状についてどのような見解と理解があるか，考えてみよう。

② 中国の台頭が国際政治経済秩序にどのような肯定的あるいは否定的な意味をもつのか考えてみよう。

第15章
統合と分断の狭間で揺れる EU

星野　郁

本章のねらい

・恒久平和の実現，民主主義，基本的人権の尊重といった理念を掲げ，長い歴史を
　もつ，国際関係の縮図ともいうべきヨーロッパ統合の歩みを理解する。

・経済統合，通貨統合，財政統合，政治統合というヨーロッパ統合の基本範疇と，
　ユーロ危機，難民危機，イギリスの EU 離脱，新型コロナ危機といった危機が，
　EU 加盟国間の関係やヨーロッパ統合にどのような影響を与えているかを理解す
　る。

・アメリカや中国が自国第一主義へと傾斜し，地球温暖化の脅威も高まる中で，グ
　ローバル・アクターとしての EU に課せられている役割について理解する。

キーワード

▶ヨーロッパ統合，ユーロ危機，難民危機，グリーン・ディール

は じ め に

　ヨーロッパ統合は，長い歴史を有する。17世紀にウェストファリア条約の締
結を経て，ヨーロッパに国民国家が誕生したものの，対立を繰り返した。世界
恐慌を挟んだ二度にわたる悲惨な戦争を経て，ようやくヨーロッパは国民国家
の限界を認識し，超国家的な統合を通じて，偏狭なナショナリズム，排外主義
を止揚し，恒久平和の実現，民主主義や基本的人権の尊重，法の支配による統
治を目指すことになった。経済・通貨統合が，ヨーロッパ統合推進のための戦
略的手段となり，1990年代初めの単一市場の完成を経て，20世紀末には単一通

貨ユーロの導入も果たした。21世紀に入ると，東方への拡大によって，EUの加盟国の数は28カ国にまで増え，さらなる統合の深化と拡大を目指すはずであった。

　ところが，2008年のグローバル金融危機に続いて発生した財政・銀行危機によって，ユーロ圏はあわや崩壊寸前にまで追い込まれた。2015年秋には，シリアの内戦激化によって大量の難民がヨーロッパに押し寄せ，難民危機が発生した。2016年6月には，イギリスの国民投票で同国のEU離脱も決定された。他方，グローバルな舞台でも，トランプ政権誕生以降アメリカとの間で対立が深まり，中国，ロシアとの間でも緊張が高まっている。

　そして，2020年春，ヨーロッパも新型コロナ危機に襲われ，膨大な感染者と多数の死者を出すとともに，国境や都市の封鎖により社会・経済活動が深刻な打撃を受け，1930年代以来最悪の不況に直面することになった。さらに，危機対策をめぐっても，加盟国の間で深刻な対立が生じた。EUの歴史を振り返ればこれまでも何度も危機は繰り返されており，危機こそが統合を深化させるとの見方もある。とはいえ，EUが今日最大の試練に直面しているのは間違いない。危機によって加盟国同士の対立や分断が強まる中で，域内の結束を維持していけるのか，また激動する世界の中で，自国第一主義を掲げるアメリカや，専制色を強める中国に対して，国際協調，基本的人権や民主主義，自由な貿易体制を擁護し，自らも戦略的な課題に掲げる地球温暖化対策でリーダーシップを取っていけるのか，EUの力量が試されている。本章では，ヨーロッパ統合の歩みと今日EUが直面している様々な課題について論じる。

1　ヨーロッパ統合の歩み

（1）ヨーロッパ統合の原点

　今日のヨーロッパ統合の出発点は，第二次世界大戦後に始まる。第一次世界大戦でヨーロッパは主戦場となり，史上稀に見る惨禍に見舞われたが，第二次世界大戦では，それをはるかに凌ぐ空前の規模での破壊・殺戮が行われた。その結果，ドイツ，イタリアといった敗戦国はもちろんのこと，イギリスのよう

な戦勝国でさえ甚大な損害を被り，海外の広大な植民地も失うことになった。しかも，第二次世界大戦後，ヨーロッパは，東にソ連，西にアメリカという超大国に挟まれ，東ヨーロッパの大半がソ連の支配下に置かれることにより，没落の危機に瀕することになった。よって，ヨーロッパを没落の危機に導いた悲惨な戦争や，その原因となった排外主義的なナショナリズム，全体主義の悪弊を二度と繰り返さないために，恒久平和の実現や基本的人権の尊重，民主主義の擁護，法の支配を掲げ，国民国家の限界を乗り越えるべく，統合を進めることになった。

　もっとも，ヨーロッパ統合は，そのような反省と理想によってのみ支えられていたわけではない。ヨーロッパ統合の，特に創設期には，アメリカが強力な支援を行った。アメリカは，第二次世界大戦後，強力なライバルとして浮上したソ連による西欧への共産主義の拡張を阻止すべく，500億ドル相当のマーシャル・プランを通じて西欧の戦後復興を支援すると同時に，NATO（北大西洋条約機構）の創設により軍事的な支援も提供した。

　また，当初ヨーロッパ統合推進の手段としては，政治統合がその中心に置かれていた。しかし，政治統合の最初の画期的なプロジェクトとなるはずであったヨーロッパ防衛共同体構想は，自国の国家主権への挑戦と見たフランスの反対で挫折した。そのため，政治統合に代わって，経済統合がヨーロッパ統合推進のための戦略的手段となり，通貨統合そして財政統合を経て，最終的に政治統合に到達する戦略が描かれることになった。

（2）ヨーロッパ統合の深化と拡大

　ヨーロッパの経済統合の出発点となったのは，1952年の ECSC（ヨーロッパ石炭鉄鋼共同体）の創設である。ECSC は，フランス，西ドイツ，イタリア，ベネルックス 3 国の 6 カ国で，長年紛争の原因となった石炭・鉄鋼資源の共同利用・管理を目的に創設された。その成功を基礎に，1958年にはローマ条約によって新たにヨーロッパ経済共同体と原子力共同体が設立され，EEC（ヨーロッパ経済共同体）が誕生した（図15-1，表15-1）。さらに，関税同盟と共通農業政策を柱とする共同市場の完成を経て，1968年に EC（ヨーロッパ共同体）と

図 15-1　1957年3月ヨーロッパ経済共同体・原子力
共同体設立条約が調印されたローマ

出所：著者撮影（2018年10月6日）。

なった。この間，ヨーロッパ経済は，戦後の復興を経て，世界経済の成長や経済統合の進展と，それに伴う貿易や投資の増大に牽引された高度経済成長期の真っ只中にあり，ヨーロッパ各国は高成長を背景に高度の福祉国家を作り上げた。60年代の末には，気まぐれなドルの動きからヨーロッパ域内の通貨・金融の安定を守るために，通貨統合計画も浮上した。

　しかし，70年代に入ると，ヨーロッパ経済は，ブレトンウッズ体制の崩壊や石油危機の発生により，インフレの悪化や，財政赤字や貿易赤字の増大，失業率の上昇に苦しむことになり，通貨統合計画も挫折を余儀なくされた。各国は，非関税障壁や補助金など保護主義的な措置で，自国の産業の窮状や雇用を救おうとした。しかし，それらの対策もうまくいかず，80年代に入ると，ユーロ・スクレローシス（動脈硬化症）と呼ばれる，さらに深刻な構造不況に突入し，ヨーロッパ経済衰退の危機が叫ばれるようになった。

　よって，閉塞状況を打破するためには，再度経済統合を推進する以外にないとの結論に至ったECは，80年代半ばに，1992年末までに人，モノ，カネ，サービスが自由に移動する，単一市場を創設することを目的とした，域内市場統合戦略を打ち出した。ECは経済重視の姿勢を鮮明にし，経済統合も政治統合実現の手段というより，それ自体が戦略的重要性をもつことになった。79年にヨーロッパ域内の為替の安定を目的に創設されたEMS（ヨーロッパ通貨制度）の成功も，通貨統合計画の再浮上につながった。

　さらに，80年代末の冷戦体制の終焉は，ヨーロッパ統合の深化と拡大の決定的な契機となった。通貨統合実現の鍵を握っていたのはドイツであったが，ド

表 15 - 1　ヨーロッパ統合の歩み

1952年	フランス，西ドイツ，イタリアら６カ国でヨーロッパ石炭鉄鋼共同体創設
1958年	ローマ条約により，ヨーロッパ経済共同体，ヨーロッパ原子力共同体，ヨーロッパ石炭鉄鋼共同体からなるヨーロッパ経済共同体（EEC）創設
1967年	ヨーロッパ経済共同体の組織改編・統合によりヨーロッパ共同体（EC）創設
1973年	イギリス，アイルランド，デンマーク EC 加盟
1981年	ギリシャ EC 加盟
1986年	スペイン，ポルトガル EC 加盟
1987年	ローマ条約を改正した単一ヨーロッパ議定書発効（域内市場統合戦略スタート）
1993年	マーストリヒト条約の締結を経てヨーロッパ連合（EU）創設
1995年	オーストリア，フィンランド，スウェーデンEU加盟
1999年	単一通貨ユーロ誕生
2004年	中東欧10カ国が EU 加盟
2007年	ルーマニア，ブルガリア EU 加盟
2009年	リスボン条約発効；ギリシャでソブリン危機発生，ユーロ危機へ
2013年	クロアチア EU 加盟
2015年	難民危機発生
2020年	イギリス EU 離脱；新型コロナ危機

イツ政府は通貨統合に同意はしていたものの，国民は懐疑的で，実現は当分先になると思われていた。ところが，ベルリンの壁の崩壊によりドイツ再統一の気運が急速に高まり，ドイツ政府は再統一を容認してもらう代わりにマルクの放棄に最終的に同意した。1992年には，EMU（経済・通貨同盟）の創設を柱とするマーストリヒト条約が調印され，EU（ヨーロッパ連合）が誕生した。他方，ヨーロッパを東西に分断していた冷戦体制の終焉によって，北欧など中立を標榜していた国々や，旧ソ連の支配下にあった中東欧諸国が，次々と EU に加盟し，加盟国は28カ国にまで増えた。

　かくして冷戦体制の終焉は，ヨーロッパ統合のさらなる深化と拡大の契機となり，５億人の巨大市場と単一通貨ユーロを有する EU の前途は洋々に思われた。

2　統合の飛躍的進展の時代から危機の時代への移行

（1）ユーロ・ユーフォリアと憲法条約の挫折
1999年１月単一通貨ユーロの導入が開始され，2002年初めに現金通貨が導入

されて完了した。通貨統合は，ヨーロッパにとって長年の悲願であり，さらなる統合の深化の触媒となると同時に，ユーロがドルに対抗しうる国際通貨となることによって，EUがグローバルな舞台でもより大きな影響力をもつきっかけになると期待されていた。

　ユーロ導入の効果はすぐに現れた。ユーロの導入によって，ユーロ圏内のクロスボーダーの資金移動が活発となり，南欧諸国を中心とするユーロ圏周辺国の金利を大きく押し下げ，不動産・消費ブームによる好景気をもたらした。ユーロ参加国の金利水準は，ユーロ圏で一番信用力があって低いドイツの水準に収斂し，あたかもユーロ参加国の経済が一体化したような錯覚が生まれ，ユーロ・ユーフォリア（陶酔状況）ともいうべき状況が出現した。しかし，ユーロ・ユーフォリアは長く続かなかった。2000年末に，世界経済を牽引したアメリカのICT（情報通信技術）バブルが崩壊すると，その影響は瞬く間にヨーロッパに及び，再統一の後遺症に苦しむドイツを直撃し，不況と高失業にあえぐ同国は一時ヨーロッパの病人とまでいわれた。

　2004年には，超国家的な統合に向けて野心的な目標を掲げた憲法条約も調印されたが，2005年春にフランスとオランダで行われた批准のための国民投票で，相次いで否決された。フランスは，ドイツと組んで長らくヨーロッパ統合を牽引してきたにもかかわらず，国民は統合やグローバル化に懐疑的で，否決の背景には，国家主権喪失への恐れや労働市場・雇用への悪影響に対する懸念があった。オランダの場合には，反移民・反イスラム感情が大きな影響を与えた。

　憲法条約は，超国家的色彩や野心的な目標を薄め，リスボン条約として批准されることになったが，統合の創成期からの加盟国であるフランス，オランダ両国における憲法条約の否決は，エリート主導で進められてきたヨーロッパ統合のあり方や政治的正当性を問うことにもなった。

（2）グローバル金融危機とユーロ危機による南北の分断

　ヨーロッパ経済は，2005年以降アメリカ経済の回復や新興国ブームによる世界経済の好調に支えられ，緩やかな回復基調にあった。ところが，2008年に起きたグローバル金融危機とその後に続いたユーロ危機によって，深刻な打撃を

受けることになった。

　サブプライム・ローンの破綻に始まるグローバル金融危機に関しては，当初 EU や EU 各国の当局者は，あくまでアメリカの問題であると高を括っていたが，9 月にリーマン・ショックが起きると，たちどころにヨーロッパも巻き込まれた。経済統合や通貨統合によって，アメリカ経済やドルの影響から相対的に自立したはずであったが，そうではなかった。ユーロの誕生にもかかわらず，ユーロ圏の銀行も，アメリカでドル・ビジネスに深く関与していた。ユーロ圏の場合，不況のドイツに配慮してヨーロッパ中央銀行が長く低金利政策を続けたことも，南欧諸国やアイルランドの不動産・信用ブームを煽ることになった。ユーロ圏は，経済・産業構造や景気循環の異なる複数の国々からなっているにもかかわらず，ヨーロッパ中央銀行が操作可能な金利水準は一つしかないという構造的な問題点も明らかとなった。深刻な景気後退や破綻の危機に直面した銀行の救済のために，各国の財政赤字も急速に膨らむことになった。

　そして，2009年秋ギリシャの政権交代で，前政権の財政スキャンダルが発覚し，ギリシャが財政危機に陥ると，イタリアやスペインなど他のユーロ圏諸国にも危機が広がった。ドイツが救済に難色を示したことも，事態の悪化に拍車をかけることになった。国債の利回りが高騰し，ユーロ圏の銀行による金融市場からの資金調達も，次第に困難となった。2011年末には，財政危機と銀行危機のループで，ついにユーロ圏は崩壊寸前にまで追い詰められることになった。

　これに対して，ヨーロッパ中央銀行は，ユーロ圏の銀行に大規模な緊急資金援助を行ったり，財政危機に見舞われている国々の国債を大量に購入したりするなど，金融市場の動揺を抑えるために果敢に行動した。EU レベルでも，危機に陥った国々に対する緊急支援の実施や，銀行に対する規制・監督の強化や破綻処理を行う銀行同盟の創設が決定されるなど，数々の対策が講じられた。にもかかわらず，その後も金融市場の不安定な状況が続いたが，2012年 7 月末にヨーロッパ中央銀行のドラギ総裁が「ユーロを救うためならなんでもする」と断固たる決意を示すことで，ようやく動揺は収まった。

　もっとも，急性の危機は収まったものの，救済と引き換えに厳しい緊縮政策を余儀なくされた南欧諸国は，長期にわたる景気の低迷と失業率の悪化に苦し

むことになった。それが反政府や反 EU を掲げるポピュリストの台頭につながった。他方，ドイツ経済はいち早く危機から回復し，一人勝ちの様相を呈した。しかも，最大の救済資金提供国として，危機を克服したければドイツを見倣えとばかりに，南欧諸国に厳しい改革を押し付けることで，強い反発を買った。ユーロ危機によってユーロ圏の南北の明暗が分かれ，亀裂が鮮明となった。

　ユーロ参加国はその後19カ国に増え，ドラギ総裁のあとを継いで2019年末よりラガルド現ヨーロッパ中央銀行総裁が就任した。ラガルド総裁は，フランスの財務大臣や IMF（国際通貨基金）専務理事の経験を活かし，今回の新型コロナ危機にあっても，迅速かつユーロ危機を上回る空前の規模での金融緩和策で危機の防止に努めている。しかし，現下の状況ではやむをえないとはいえ，空前の規模でのユーロ圏の国債や社債，その他の金融資産の買入れは，EU 条約上の制約やルールを逸脱しているとの批判や，アメリカの FRB（連邦制度準備理事会）らと共に，次の金融危機につながりかねない，空前の官製バブルを生み出しているとの批判もある。何よりも，危機の根底にあった，ユーロ参加国の間の不十分な経済収斂や競争力格差は，残されたままとなっている。

（3）難民危機と東西の亀裂，困難な移民の統合

　ユーロ危機の後遺症がいまだに癒えない中で，2015年秋，ヨーロッパに難民危機が発生した。中東や北アフリカの政治情勢が悪化する中，ヨーロッパに逃れようとする難民は，すでに増加傾向にあったが，シリアの内戦激化によって，トルコ経由で大量の難民がヨーロッパに押し寄せた。9月に急遽ドイツのメルケル首相が人道的な観点から難民受け入れを表明したものの，予想を大幅に上回る100万人以上の難民が押し寄せ，受け入れ国となったドイツはもとより，難民の通路となったギリシャやハンガリーなどでも，大きな混乱が発生し，折からのイスラム・テロの頻発と相まって，EU 各国で反移民，反イスラムを掲げる極右勢力の台頭を招くことになった。混乱を収拾するために，ドイツと欧州委員会は，EU 各国で分担して難民を受け入れるよう求めたが，ハンガリーやポーランドをはじめとする中東欧諸国がこれに強く反発し，難民問題をめぐって東西の亀裂が鮮明となった。

　そもそも中東欧諸国は，ヨーロッパ統合の理念に共鳴してEUへの加盟を望んだわけではない。EUに加盟することで，貿易や投資の拡大により自国の経済発展が促されることや，輝かしい歴史や伝統を有しながら長らくソ連の支配下にあり，ヨーロッパの辺境および二流国の地位に貶められていた状況から脱却できることへの強い期待があった。そして，もちろんEUへの加盟によってヨーロッパの一流国クラブの仲間入りを果たし，国際的なステイタスも向上した。経済成長の恩恵もある。しかし，すべての国民がそうした恩恵に浴しているわけではなく，地域間，社会階層間で格差が広がっている。特に地方経済の衰退は止まらず，ただでさえ少子・高齢化が深刻な中で，若者が西欧に流出し，人口の減少に見舞われるなど，地域存亡の危機に直面することで，EU加盟への幻滅が広がっている。そこに，西欧に比べてはるかに少ないとはいえ，宗教や文化，民族の異なる難民を受け入れざるをえないということになれば，反発が起きるのも已むをえない。ハンガリー，ポーランドでは，保守的な愛国主義への回帰が見られ，民主主義，法の支配といった理念を掲げるEUとの対立を深めている。難民危機はそうした傾向を助長する契機となっている。

　難民の大量流入に業を煮やしたEU各国政府は，難民の移動ルートの封鎖や域外国境警備の厳格化などヨーロッパを「要塞化」することや国内に数百万人のシリア難民が滞留しているトルコに金銭的な支援を行うことで，難民の流入を阻止しようしている。しかし，中東や北アフリカの不安定な政情を反映して，危険を冒してでもヨーロッパに渡ろうとする難民は後を絶たない。さらに，受け入れた難民を今後どうやって社会に統合していくかも困難な課題であり，解決は容易ではない。

（4）イギリスのEU離脱

　イギリスは，第二次世界大戦後チャーチル首相がヨーロッパの再建のためにヨーロッパ合衆国の創設を呼びかけたものの，アメリカと緊密な関係を有していたことや，大陸ヨーロッパ諸国の掲げる「絶えず緊密化する同盟」という統合の理念に共鳴できなかったこともあって，自らは参加を見送り，アイルランドやスカンジナビア諸国とEFTA（ヨーロッパ自由貿易連合）を結成した。その

後 EEC が順調に発展し，高い経済成長が続くのを目の当たりにして，二度にわたり加盟を申請したものの，イギリスの背後にアメリカの意図を感じたフランスの反対により拒否された。1973年にようやくイギリスは，アイルランド，デンマークと共に EC に加盟した。

　もっとも，イギリスの加盟後も，ヨーロッパ統合は独仏主導で推進され，イギリスは傍観者でありつづけた。しかし，1980年代半ばに始まる域内市場統合戦略や，冷戦体制終焉後の東方拡大にあたっては，当時のサッチャー首相の強烈な個性もあって，イギリスは存在感を発揮し，EC の政策に大きな影響を与えた。けれども，通貨統合に関しては，ドイツを利するだけであると難色を示し，結局参加しなかった。サッチャーは，彼女の反 EC 姿勢も災いして，最後は穏健派によって首相の座を追われたが，保守党には統合懐疑派の影響が色濃く残ることになった。

　イギリスが最終的に EU 離脱に進むことになった背景には，グローバル金融危機とユーロ危機の影響がある。グローバル金融危機発生以前，イギリスにはポーランドをはじめ新規加盟国から大量の労働移民が押し寄せ，好景気に沸く当時のイギリスでは，移民は経済成長に貢献すると好意的に受け止められていた。ところが，グローバル金融危機が発生し，イギリスも深刻な打撃を被り，ユーロ危機発生後はギリシャをはじめ南欧からの流入も急増したことで，移民に対する評価が一変し，移民がイギリス人労働者の職を奪い，寛大な社会保障制度を食いものにしているとの批判が強まることになった。国民の不満の増大を背景に，イギリス政府は EU に労働力移動の制限を求めたが，自由な人の移動は，EU の最も重要な理念，原則であるとして EU 側に拒否された。ユーロ危機に関しては，イギリスはユーロに参加していなかったことから打撃を免れ，救済にも参加しなかったが，ユーロに参加しなかったのはやはり適切な選択であったとして，EU 内でユーロ参加国との間で距離がさらに広がることになった。また，グローバル金融危機で破綻の危機に直面したイギリスの大手銀行は，政府によって手厚く保護，救済される一方，財政赤字の増大から国民は厳しい緊縮政策を余儀なくされ，すでに先進国有数の水準にあった所得格差がさらに拡大していった。そして，高まる国民の不満に乗じる形で，EU をス

ケープゴートにしたポピュリストが急速に勢力を拡大していく。

　EU 残留派であったキャメロン首相は，こうした国内の EU 懐疑派を抑え込むべく，2015年の総選挙で勝利した余勢を駆って，2016年 6 月国民投票に打って出たが，賭けが裏目に出て離脱派が勝利した。ロンドンを除くイングランドの大半や，壮年の特に男性で離脱支持が多い一方，スコットランドや若年層，高学歴層では残留支持が多いなど，国民投票でイギリス社会の分断が鮮明となった。2020年 1 月末，ジョンソン首相の下でイギリスは最終的に EU を離脱し，創設以来拡大を続けてきた EU は，初めて加盟国を失うことになった。しかも，離脱後の EU とのあり方を決める交渉は難航の末，ようやくまとまったものの，新型コロナ危機で多数の感染者と死者を出し，経済悪化に苦しむイギリスにとって離脱はさらなる追い討ちとなるのは確実であろう。EU にとっても打撃となることは間違いない。

（5）新型コロナ危機と EU

　2020年春，新型コロナ危機が発生した。ヨーロッパにも甚大な被害が及び，多数の感染者と死者を出すことになった。また，感染拡大防止のための都市封鎖（ロックダウン）や国境閉鎖による社会・経済活動の停止は，ユーロ危機を凌ぐ1930年代以来最悪の打撃を EU 経済に与えた。しかも，ユーロ危機の際と同様，コロナ危機でも EU 各国の明暗がはっきりと分かれた。EU に公衆衛生の権限はなく，危機発生の当初，各国は自国の対応に追われた。当初 EU で最悪の感染者と死者の急増に見舞われたイタリアは緊急医療支援を求めたが，他の EU 諸国に無視され，連帯の欠如に不信感を募らせることになった。他方，ドイツは新型コロナ危機対策でも強さを発揮し，堅固な医療・防疫システムで感染拡大の食い止めに成功を収め，メルケル首相の人気も急回復した。

　未曾有の危機に遭遇して各国の明暗が分かれ，EU として統一的な対処ができなければ，EU はその存在意義を問われかねない。ドイツとフランス，欧州委員会が中心となって復興基金を柱とする次世代 EU プログラムをまとめ，首脳会議に諮ることになった。長年ドイツは，自国の納税者の資金が他の EU 諸国の救済に使われることに強い抵抗を示してきたが，今回は異例の譲歩を示

し，7500億ユーロと EU の GDP の２％に相当する巨額のユーロ共同債の発行に同意した。

　もっとも，2020年７月の EU 首脳会議は難航した。復興基金創設の交渉がまとまらなければ，新型コロナ危機で深刻な打撃を被ったイタリアや南欧諸国の財政赤字や政府債務が急増し，ユーロ危機の再燃や反 EU 感情を煽ることにもなりかねない。交渉は最後の土壇場でようやく合意に達した。

　復興基金の7500億ユーロは，トリプルA格付けを有する欧州委員会が債券を発行して調達する。当初，5000億ユーロを返済義務のない補助金に，残りを融資としていたが，Frugal four（倹約４カ国）と呼ばれる，オランダ，オーストリア，デンマーク，スウェーデンの反対により，補助金が3900億ユーロ，融資が3600億ユーロとなった。詳細な資金の配分方法は未定だが，支援対象国が構造改革の実施という条件を満たしていないことが判明した場合には，資金提供を一時的に停止する「緊急ブレーキ」が組み込まれる一方，上記４カ国には次期 EU 中期予算から拠出金の払い戻しも認められることになった。ハンガリーやポーランドなど，EU の理念やルールを蔑ろにしている国々への資金提供に条件を課すことも検討されたが，ハンガリーが，条件を課すなら，全会一致が必要な復興基金案そのものに反対し葬り去ると頑強に抵抗したことで，一旦は見送られることになった。

　また，債券の返済に充てる財源についても，欧州委員会は，域内市場から恩恵を受けている企業への課税，国境炭素税（環境規制の緩い国からの輸入品に対する課税），デジタル課税などを見込んでいる。しかし，このうち OECD を通じて独仏主導で進められているデジタル課税には，アメリカの強い反対があり，国境炭素税については EU 内ですら抵抗がある。安定した財源を確保できるかどうか，またすでに巨額の政府債務を抱えるイタリアら支援対象国が着実に債務を返済できるかどうか，多くの不確定要素が残っている。今回の復興基金は１回限りの措置とされ，今後恒常的なものとなるかどうかも未定となっている。そもそも税制の調和は EU の積年の課題であるが，加盟国の全会一致が必要であり，国家主権が壁となってほとんど進展が見られない。

　たしかに，新型コロナという未曾有の危機を背景として，画期的な統合の進

展があったのは間違いない。今回の決定は，アメリカが各州の財政の統合により連邦国家へと歩みはじめた「ハミルトン・モメント」に匹敵するとの見方もある。しかし，復興基金がうまく機能するかどうか，また将来的にそれが財政統合につながっていくかどうかは，依然不確かなままといえる。

3　グローバル社会で問われるEUの役割

（1）自国第一主義の隆盛と米中対立の狭間で揺れるEU

　第二次世界大戦後，世界の政治経済秩序をリードし，グローバル・ガバナンスにおいて中心的な役割を果たしてきたのはアメリカであった。そして，ヨーロッパも，忠実な同盟国としてアメリカを支え，グローバル・ガバナンスの一翼を担ってきた。しかし，アメリカ第一主義を掲げるトランプ政権誕生以降，アメリカとEUの間には，安全保障や貿易，環境をはじめとする様々な分野で深刻な対立や軋轢が生まれている。トランプ大統領は，イギリスのEU離脱をあからさまに支持し，パリ協定，イラン和平合意からも一方的に離脱するなど，「壊し屋」としてEU首脳の不興を買った。

　その一方で，世界第2位の経済大国である中国とEUの関係も，悪化の一途を辿っている。EUにとって中国は，EU域外からの輸入では第1位，輸出でもアメリカに次いで第2位と有力な貿易相手国であり，相互に直接投資も拡大している。保護主義に傾斜するアメリカに対し，両者で多角的な貿易システムを維持するために連携を強めようとする動きもあった。ところが，習近平政権が次第に専制色を強め国益を前面に出すようになるにつれ，EU側も警戒心を強めるようになった。一帯一路戦略についても，当初の歓迎から，中東欧の囲い込みによりEUの分断を招きかねないと警戒に転じ，中国からの投資にも制限を加えるようになった。

　さらに，両者の関係を決定的に悪化させることになったのが，中国の国家安全維持法の制定（2020年6月）による香港の事実上の制圧である。自由・民主主義・基本的人権の擁護は，EUの基本理念に関わる領域であり，容易に妥協はできない。新型コロナ危機に対し優れた指導力を発揮して名声を高めたメル

ケル首相も，自動車を中心にドイツの産業が中国市場に依存していることから長年対中融和政策を続けてきたことで，その弱腰を批判されている。イギリスも，EU 離脱後中国との経済関係の強化を重要な戦略の一つに掲げていたが，旧植民地として1997年の返還まで統治下にあった香港の問題で，関係が急激に悪化している。

　こうした EU と中国の関係悪化には，新型コロナ危機を経た，新冷戦と呼ばれる米中間の対立のエスカレートも大きな影を落としている。アメリカは，EU と様々な問題で対立しながらも，対中国政策では EU に共同歩調をとるよう強く働きかけている。さりとて，EU も有力な経済パートナーである中国と全面的に対決するわけにもいかない。アメリカと中国の対立がエスカレートし，かつアメリカ，中国それぞれとも対立を抱える EU にとって，グローバル・ガバナンスの舵取りは厳しさを増している。

（2）問われるヨーロッパの安全保障体制と対外政策

　アメリカはヨーロッパの安全保障にも深く関与し，特に NATO は，ヨーロッパの安全保障の要であった。ところが，プーチンの下で国力を回復したロシアの反転攻勢と，EU との協調に消極的なトランプ大統領の誕生で，NATO によるヨーロッパの安全保障体制は軋みを見せた。

　トランプ大統領は，ヨーロッパ側の軍事費負担の少なさに不満を募らせ，増額を要求し，受け入れられなければ，離脱も辞さない強硬な姿勢を見せている。これに対して，フランスのマクロン大統領は，NATO はすでに脳死状態にあり，核を保有する軍事大国でもあったイギリスの EU 離脱も受けて，仏独を中心とする EU 独自の安全保障体制の構築を主張している。しかし，ポーランドや，長くソ連の支配に苦しめられ，いまだ国内に4分の1近くのロシア系住民を抱えるバルト諸国は，ロシアによるクリミア併合やウクライナ東部侵攻の二の舞となることを恐れ，引き続きアメリカの NATO への関与を強く望んでいる。

　今後の NATO の行方に関して重要な鍵を握るドイツも，アメリカ抜きのヨーロッパの安全保障体制はありえないとしながらも，明確な方針を示しては

いない。トランプ政権は，対 GDP 比1.4％のドイツの軍事支出を2.0％まで増やすよう求めたが，軍事支出を増やすことにはドイツ国内で慎重意見が根強く，むしろ軍事支出の低下さえ見込まれている。業を煮やしたトランプ政権は，ドイツ駐留米軍の削減と親米路線をとるポーランドへの移駐を決めるなど，アメリカとドイツの関係は悪化し，NATO の先行きには不透明感が漂っている。

　対外政策をめぐる同様の難題は，次期 EU の拡大についても当てはまる。バルカン半島諸国のうち，スロベニアとクロアチアはすでに EU 加盟を果たしたものの，それ以外の旧ユーゴスラヴィア諸国やアルバニアは未加盟にとどまっている。これらの国々は以前から EU への加盟を切望しているが，経済的に遅れ，政治・社会的にも不安定で，拡大より EU の内部改革を優先すべきとの意見もあった。しかし，2020年3月アルバニアと北マケドニアが次期拡大対象国に決定され，加盟交渉が開始されることになった。その背景には，ロシアと中国がバルカン半島諸国の囲い込みに動いている。地政学上の観点からこれを阻止し，ヨーロッパの一員として連帯と加盟への展望を示す必要性があった。しかし，かつて「ヨーロッパの火薬庫」と呼ばれた地域への拡大に伴う負担の増大は必至で，EU の意思決定がさらに難しくなる恐れもある。

　さらに，EU は中東，北アフリカ，そしてウクライナやモルドバという，より不安定で混沌とした地域や国々を周辺に抱えている。当該地域の安定のために EU のより積極的な貢献が求められているが，実行は容易なことではない。

（3）地球環境問題と EU

　地球環境問題は，EU が世界でリーダーシップを発揮してきた分野であり，国連気候変動枠組条約締約国会議（いわゆる COP）の運営やパリ協定の締結など，いずれも EU が中心的役割を担ってきた。EU が環境問題への取組みに積極的な背景には，地球温暖化の進行やその脅威の顕在化を受けたヨーロッパにおける環境意識の高まりがあり，EU 各国の議会やヨーロッパ議会でも環境政党が急速に議席を増やしている。

　2019年12月に誕生した新しい欧州委員会は，その看板プロジェクトとしてグ

リーン・ディール戦略を打ち出した。その目的は，大きく分けて二つある。一つ目は，新型コロナ危機による社会・経済活動の低下により，炭素排出量が低下しているこの機会を捉え，EU 域内の温室効果ガスの排出量を2050年に「実質ゼロ」にする目標を法制化し，温暖化阻止を目指すことである。二つ目は，再生可能エネルギーの普及や資源リサイクルの強化など，環境産業の振興を図ることによって，新型コロナ危機で深刻なダメージを受けている EU 経済再生の切り札にすることである。ヨーロッパ中央銀行も，環境ビジネスへの資金提供を行うグリーン・ファイナンスを積極的に支援する方針を打ち出しており，ESG（環境・社会・ガバナンス）投資やそのための資金調達の手段であるグリーン・ボンドは，ヨーロッパを中心に世界的な広がりを見せている。グリーン・ディール戦略は，グローバルな舞台で EU が大きな存在感を発揮できる一大プロジェクトになるかもしれない。

　しかし，スウェーデン出身の世界的に有名な環境保護活動家であるグレタ・トゥーンベリは，2050年に温室効果ガスの排出ゼロというのは，あまりにも対応が遅すぎ，危機解決のふりをしているだけにすぎない，と EU を強烈に批判している。他方で，ヨーロッパの産業界や EU の一部の加盟国は，グリーン・ディール戦略に懸念を表明している。その理由は，厳しすぎる排出規制はただでさえ新型コロナ危機で著しいダメージを受けている経済を痛めつけるだけでなく，化石燃料を用いる既存の産業・エネルギー構造から再生可能エネルギーへのシフトは，コストや雇用の面から見ても，決して容易ではないというものである。欧州委員会の狙い通り，グリーン・ディール戦略が今後順調に進むかどうかは定かではない。

　さらに，地球環境問題の解決には，EU 内での取組みだけでなく，グローバルな次元での協力が必要不可欠となる。パリ協定を離脱したアメリカや，世界最大の温室効果ガス排出国となっている中国を相手に，EU はいかに実効性のある枠組みを打ち出せるか，その力量が問われることになる。

お わ り に

　ヨーロッパは，第二次世界大戦後70年あまりにわたって統合を推し進めてきた。経済統合から通貨統合へと深化を遂げる一方，加盟国も当初の 6 カ国から27カ国へと拡大した。しかし，今日 EU は内外に多くの課題を抱えている。域内では，ユーロ危機や難民危機，イギリスの離脱そして新型コロナ危機に見舞われ，かたや世界では，アメリカが自国第一主義に傾斜し中国との対立がエスカレートすることで，グローバルな自由貿易体制が揺らぎ，また中国，ロシアなどが権威主義的な独裁色を益々強めることで，基本的人権や民主主義が危機にさらされている。EU は次期の加盟国の拡大や中東・北アフリカ地域の安定化，さらには地球環境問題にも対処しなければならない。ヨーロッパ統合の父と呼ばれるジャン・モネは，ヨーロッパ統合の深化は危機を通じてのみ達成されるといった。EU を取り巻く数々の危機が統合のさらなる深化につながるのか，それとも解体，希薄化への道を辿るのか。EU は重大な岐路に立たされているといえよう。

参考文献

アンソニー・ギデンス（脇坂紀行訳）『揺れる大欧州──未来への変革の時』岩波書店，2015年。
　　＊EU が機能不全に陥っている原因を明らかにし，EUとヨーロッパ市民との関係の見直しや，気候変動への取組みの強化，安全保障の再考を提起している。
遠藤乾『欧州複合危機──苦悶する EU，揺れる世界』中公新書，2016年。
　　＊ユーロ危機や難民危機，イギリスの EU 離脱など複合危機に直面している EU について，危機の原因や EU 崩壊の可能性を論じている。
星野郁『ヨーロッパ経済・通貨統合とユーロ危機』日本経済評論社，2015年。
　　＊ユーロ危機の原因をヨーロッパ経済・通貨統合の歴史や仕組みから解き明かし，危機の様相を詳しく紹介するとともに，ユーロの抱える構造的な問題点と課題を明らかにしている。
宮島喬・佐藤成基編『包摂・共生の政治か，排除の政治か──移民・難民と向き合うヨーロッパ』明石書店，2019年。
　　＊ヨーロッパが直面している移民・難民問題について，それが各国において政治争点化し，右翼ポピュリスト政党が台頭している背景を詳しく分析し，今後の行方について論じている。

John Theodore, *Survival of the European (Dis)Union: Responses to Populism, Nativism and Globalization,* palgrave macmillan, 2019.

　＊EU が直面している，移民，ポピュリズム，ナショナリズム，ユーロの行方といった問題や，アメリカや中国との関係を簡潔に紹介し，EU の将来に関する洞察力に富んだ見方を示している。

考えてみよう！

①　ヨーロッパにおける恒久平和や民主主義，基本的人権，法の支配の確立を目指して統合を進めてきた EU の経験から，アジアの国々は何を学べるか，考えてみよう。

②　米中の対立がエスカレートする中で，EU と日本は世界の安定のためにどのような形での協力が可能か，考えてみよう。

第16章
「ラストフロンティア」アフリカの胎動

白戸圭一

本章のねらい

・アフリカの近現代史を学びながら，世界経済におけるアフリカの位置づけを知り，アフリカ諸国が直面する課題と発展の可能性について理解を深める。

・「アフリカ＝貧困，紛争」というアフリカに対する先入観を問い直し，活発な企業活動や経済成長が観察される現代アフリカの姿を学びながら，アフリカと日本，さらには世界との関係について考察する。

キーワード

▶先入観，植民地，一党支配，資源マネー，リープフロッグ

は じ め に

アフリカは19世紀にヨーロッパ諸国によって広い範囲が植民地化された。その結果，独立後も多くの国が，植民地時代形成された経済・社会構造に起因する貧困や武力紛争（紛争）に苦しんできた。アフリカは今も世界で最も経済的に貧しく，十分な医療を受けることができずに亡くなる人が多く，政府の統治能力は概して低い。

このようにアフリカには解決すべき課題が山積しているが，その一方で21世紀に入って以降，多くの国で経済が急成長している。アフリカ全体で大規模な紛争は減少し，民主主義の定着も進んでいる。また，現在のアフリカは世界で最も人口増加率が高い地域であるため，近年は巨大な人口を「市場」と捉える世界各国の企業がアフリカ諸国に活発に投資している。ビジネスの世界を中心

に，アフリカを「ラストフロンティア」などと呼ぶこともある。

　本章では，アフリカの近現代史を学びながら，アフリカ諸国が直面する課題と発展の可能性について理解を深めたい。また，「アフリカ＝貧困，紛争」というアフリカに対する先入観を問い直し，アフリカと日本・世界との関係についても考察したい。

1　アフリカ理解の第一歩

（1）最初の課題：先入観の自覚

　日本の外務省は毎年1回，海外在住の日本国民の数を国・地域別に集計した「海外在留邦人数調査統計」を公表している。2019（令和元）年版の統計によると，2018年10月1日現在，米国のロサンゼルス都市圏には6万8823人，ニューヨーク都市圏には4万7563人の日本国民が居住している。

　一方，アフリカ54カ国に居住している日本国民は，全部を合わせても7544人にとどまっている。米国の一都市圏に数万人規模の日本国民が暮らす一方，日本の約80倍の広さの大陸のそれは8000人にも満たない。

　歴史的に見れば，日本とアフリカが直接かかわり合う機会は少なかったし，貿易や人的交流は，欧米諸国やアジア諸国のそれに比べて今も極めて少ない。その結果，私たちはアフリカ諸国の現状について十分な知識や情報をもたないまま，しばしば誤解や偏見に基づいてアフリカを認識してはいないだろうか。一つの事例を題材に考えてみよう。

　2013〜15年にかけて，西アフリカのリベリア，シエラレオネ，ギニアの3カ国でエボラ出血熱が流行し，1万1000人以上が死亡した。エボラ出血熱は，致死率がしばしば50％を超えることもある感染症だが，感染者の体液に触れなければ感染せず，新型コロナウィルスのように無症状の患者が気づかぬうちに感染を拡大させることはないといわれている。2013〜15年の流行時には，3カ国と他国との間の人の移動が厳しく管理され，他の国々での流行は見られなかった。

　ところが，この時，日本の大手企業の中に，アフリカ全体への社員の出張を

見合わせる会社が次々と出てきた。流行地3カ国から5000キロ近く離れた南ア
フリカへの社員の出張を「同じアフリカ」という理由で認めない大手企業もあ
り，筆者はこの時，社員の出張を見合わせた企業で働く社員たちから「社の上
層部が『アフリカは怖い』といって安全対策を理由に出張を許可しない」とい
う話を直接聞いた。

　こうした日本企業の判断が科学的知見に基づいたものではなく，バランスを
欠いた過剰反応であったことは，次のように考えるとわかりやすい。5000キロ
といえば，東京からネパールの首都カトマンズまでの直線距離に等しい。体液
に直接触れなければ感染せず，無症状の患者が気づかぬうちに感染を広げるリ
スクの少ないエボラ出血熱のような感染症がネパールで流行したと仮定しよう。
この時，「同じアジア」という理由で欧米諸国の人々が日本への渡航を相次い
で見合わせたら，日本で暮らす私たちはどう思うだろうか。

　日本企業がエボラ出血熱の恐怖を理由にアフリカ全域への出張を見合わせた
時，アフリカ諸国の政府要人などからは「もう少し冷静に考えてほしい」とい
う発言が出た。この時の日本企業の「安全対策」は，私たちの中に潜む「アフ
リカは危ない」という先入観を浮き彫りにしたのではないだろうか。

　アフリカ諸国が経済的に貧しく，一部の国で紛争が続き，様々な感染症がし
ばしば猛威を振るうことは事実である。だが，アフリカに関するマスメディア
の報道は少なく，報道される場合には，貧困，紛争，感染症などアフリカに対
する負の印象（ネガティブ・イメージ）を増幅するニュースに偏る傾向が長い間
続いてきた。そうしたアフリカ社会の特定の一面ばかりが注目されてきた結果，
私たちの頭の中にはアフリカを「貧しく危険な地」として認識し，援助や啓蒙
の対象と捉えるような先入観が形成されてきた。アフリカについて理解を深め
ていく際には，この先入観の自覚が重要な最初の一歩となる。

（2）アフリカ概観

　アフリカは広大で，自然環境は様々であり，そこに住む人々の生活と文化も
多様である。アフリカ大陸の広さは3037万平方キロメートル，日本のおよそ80
倍である。この広大な大陸と周囲の島々に存在する計54カ国と未独立地域西サ

ハラが「アフリカ」であり，世界人口の2割弱に相当するおよそ13億4000万人（2019年国連推計）が暮らしている。

　サハラ砂漠の南側の住民は黒人がほとんどで，17世紀以降に欧州から移住してきた人々や，インドから移住してきた人々の子孫なども少数だが暮らしている。一方，サハラ砂漠の北側の地中海に面した北アフリカの住民はアラブ系が多数を占める。砂漠の北側ではアラビア語が広い範囲で使用されているのに対し，南側ではほとんど使われていない。

　このようにサハラ砂漠の南側と北側では民族，文化などの点で大きな違いが見られることから，アフリカについて議論する際にはサハラ砂漠の南側と北側（北アフリカ諸国）を分けることが一般的である。

　アフリカ全体から北アフリカを除いたサハラ砂漠より南側の地域は，一般的に「サブサハラ・アフリカ」と呼ばれている。本章が主たる解説の対象としているのはサブサハラ・アフリカのことだが，本章では多くの場合，単に「アフリカ」と表記する。ただし，国連や国際機関の統計は「北アフリカを含むアフリカ全体」と「サブサハラ・アフリカ」の2種類が作成されていることが多いので，この二つを明確に分けて議論する必要がある場合には，「サブサハラ・アフリカ」と明記する。

　アフリカの自然環境は多様で，大陸のほぼ中央を赤道が通り，赤道を挟んで概ね同心円状に雨量が減少していく。赤道周辺と大陸西部ギニア湾岸には熱帯雨林，その外側には野生動物が数多く生息するサバンナ，さらにその外側にはほとんど雨の降らない砂漠が広がる。

　アフリカの人々はこうした多様な自然環境に適応しながら生活様式を発展させ，農耕，牧畜，狩猟採集，それらの組み合わせによって暮らしを営んできた。現在でもアフリカの総人口のおよそ半分は農業に従事していると推定されるが，近年は都市化が著しく，ナイジェリアの最大都市ラゴスのように総人口が1000万人を超える大都市もある。

　アフリカで話されている言語の数については，研究者によって「言語」や「方言」の分類の仕方が異なるため正確な数を挙げることは難しいが，アフリカ全体ではおよそ800〜1800の言語が話されているとの見方が一般的である。

　アフリカの多くの国は，宗主国が植民地時代に一方的に設定した国境線を引き継ぐ形で独立したため，国内に複数の民族が同居することになった。その結果，国民同士が意思疎通を図るための共通言語が必要になり，多くの国が旧宗主国の言語である英語，フランス語，ポルトガル語などを公用語として採用している。

　このためアフリカでは，複数の言語を話す人は珍しくない。例えば，筆者の友人のケニア人男性は，仕事の際には英語またはスワヒリ語を話し，家庭では自らの出身民族の言葉であるルオ語を話している。行政機関の公文書，議会，学校教育，マスメディアなどで公用語が使用される一方，国民の多くはそれぞれの出身民族の言葉で日常生活を送っている。

2　アフリカの歴史を知ろう

（1）奴隷貿易と植民地支配

　アフリカは20世紀の中頃くらいまで，主に欧州人によって「暗黒大陸」と呼ばれていた。サブサハラ・アフリカには一部の地域を除いて文字が存在しなかったために，歴史上の様々な出来事がアフリカ人自身の手によって文字で記録される機会が著しく少なかった。このため15世紀以降にアフリカ「探検」を本格化させた欧州人たちは，アフリカ社会を進歩が見られない「暗黒の地域」とみなしたのである。

　だが，「暗黒大陸」という認識は史実に反しているだけでなく，欧州列強によるアフリカ支配を正当化するために編み出された差別的な言説にほかならない。アフリカでは7世紀以降の様々な時代に各地で王国が栄えたことが確認されている。複数の王国を統治下に置く広大な帝国も存在しており，サハラ砂漠の南側には9～11世紀に栄えたガーナ帝国や，ニジェール川大湾曲部に14世紀ごろ存在していたマリ帝国は，アラブ商人らとの交易によって栄華を極めたことで知られる。

　また，現在のケニアやタンザニアに当たるアフリカ大陸東岸地域の商人たちが12～15世紀にかけて，季節風を利用した帆船によってインド，東南アジア，

中国の商人たちと交易するなど，アフリカ域外地域との経済的・文化的交流は古くから存在していた。そして，アフリカの人々は文字による記録という文化をもたなかった代わりに，口頭での歴史伝承や木彫り仮面などにメッセージを込めることなどによって，自らの営みを後世に伝える方法を発展させてきた。

　このような独自の歴史と文化がアフリカに存在しているにもかかわらず，なぜ，「暗黒大陸」という誤った言説が長きにわたって力をもちつづけたのだろうか。その理由を考えると，二つの歴史的事実に行き当たる。一つは15世紀半ばから本格化した欧州人によるアフリカ人対象の奴隷貿易，もう一つは19世紀から本格化した欧州列強によるアフリカの植民地化である。奴隷貿易と植民地化は，アフリカの政治，経済，社会，文化などあらゆる側面を深く傷つけ，今日まで続く貧困や紛争の遠因となっている。

　欧州勢による奴隷貿易は，大航海時代に世界進出を本格化させたポルトガル商人によって始まった。17世紀になるとオランダ西インド会社が乗り出し，17世紀後半からは英国，フランスの商人が中心となった。奴隷貿易は時代と担い手によって様々な形態が存在したが，一般的には欧州の諸都市からガラスなどの装飾品，銃器，綿布などの商品を船積みし，西アフリカのギニア湾岸に存在したベニン王国，ダホメー王国などで商品と奴隷を交換した。奴隷を乗せた船は南北アメリカ大陸およびカリブ海の島々へ向かい，商人たちは奴隷を売却後，砂糖や綿花を買い付けて欧州に戻った。

　アフリカから連れ去られた奴隷の数については諸説あり，南北アメリカに到着した奴隷の数を約1000万人と推計した研究もあるが，奴隷船の劣悪な環境下で死亡した人も含めると，連れ出された人はそれよりはるかに多いと考えられる。奴隷貿易は，英国や受け入れ先の米国で禁止された19世紀半ばまで400年近くも続き，欧州諸国に富をもたらした一方，膨大な青壮年人口を失ったアフリカ社会は深刻な打撃を受けた。

　18世紀後半に英国で始まった産業革命が他の欧州諸国に波及すると，新たに台頭した工業資本家たちはアフリカを奴隷供給地ではなく，工業原料の供給地ならびに輸出先市場として利用したいと考えるようになった。さらに19世紀に入る前後から，欧州人によるアフリカ探検とキリスト教の組織的布教が本格化

すると，探検家や宣教師によってもたらされたアフリカ内陸部に関する新たな知識は，領土獲得に向けた欧州列強の野心を強く刺激した。

　1870〜80年代にかけて，欧州各国の軍や国策企業が相次いでアフリカ各地に侵攻し，住民を次々に支配下に置いていった。その結果，列強間の利害対立や衝突が多発したために，ドイツの宰相ビルマルクの呼びかけで1884年11月〜1885年2月にかけて「ベルリン会議」が開催された。会議では欧米列強14カ国がアフリカにおける植民地獲得のルールと領土の確定に合意し，エチオピアとリベリアという二つの独立国を除くアフリカの全域がイギリス，フランス，ポルトガル，ベルギー，イタリア，スペイン，ドイツの7カ国によって植民地化された。これらの欧州列強は，アフリカに住む人々の生活圏や文化圏を基本的に無視し，自分たちの政治的都合で境界線を確定した（図16-1）。

　アフリカの中でも気候が欧州に似ている南部アフリカには，とりわけ多くの欧州人が入植し，彼らの多くは本国との関係が途絶え，世代を超えて定住するようになった。このうちアフリカ大陸の最南端地域では，19世紀後半に金とダイヤモンドの大規模な鉱床が発見され，鉱業が発展することになった。この地域は1910年に南アフリカ連邦として独立し，エチオピア，リベリアに続くアフリカで3番目の近代国家となったが，参政権を有していたのは欧州人の子孫だけであった。第二次大戦後の1948年になると，オランダ系移民の子孫を中心とする政権が成立し，最大時でも総人口の2割程度にすぎなかった白人がアフリカ人をはじめとする他の人種を支配する人種隔離政策（アパルトヘイト）を開始した。アパルトヘイトは1994年の初の全人種参加選挙を経て黒人解放運動のリーダー，ネルソン・マンデラが黒人として初めての大統領に就任するまで，実に半世紀近くも続いた。

　アフリカの人々は，植民地化を無抵抗のまま受け入れていたわけではない。19世紀末には，奴隷貿易でアメリカやカリブ海に連れてこられた人々の子孫であるアフリカ系知識人が中心となり，植民地化や人種差別に抗議し，アフリカ人の主体性の回復と独立を目指す「パン・アフリカニズム運動」を始めた。第一次大戦後にはアフリカ人主体の政党，政治組織がアフリカ各地に創設され，第二次大戦後はパン・アフリカニズム運動の主導権がアフリカ大陸の知識人の

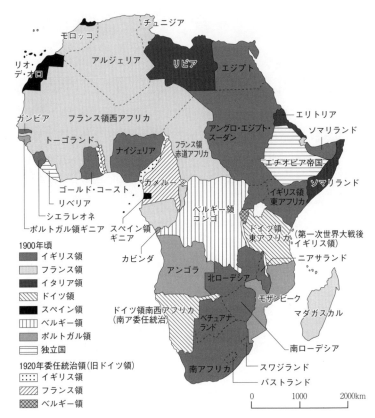

図 16-1　アフリカの植民地分割

出所：『日本大百科全書』小学館，1993年を基に作成。

手に移り，独立を求める運動が広がった。

　この結果，1956年にスーダン，1957年にガーナがそれぞれ英国の支配から独立し，1960年には西アフリカのフランス植民地だった17カ国が一斉に独立した。多数の国が独立した1960年を「アフリカの年」と呼ぶ。その後も独立が相次ぎ，2020年現在の未独立地域はモロッコによる実効支配（不法占拠）が続いている西サハラのみとなっている。

（2）独立後の困難

　先述した通り，植民地の境界線はヨーロッパ列強の都合で一方的に引かれたものであったが，多くの国は独立の際に植民地の境界線をほぼそのまま継承した。アフリカ諸国の国境線の多くが直線的で不自然なのはそのためであり，独立によって一つの民族が複数の国に分かれたり，言葉の通じない者同士が一つの国に同居を強制されることになった。

　こうした経緯ゆえに，独立後のアフリカ諸国では，国民を一つにまとめて政治的安定を創り出し，安定した政治の下で経済を発展させる国民統合が志向された。1964年にイギリスから独立したザンビアの初代大統領ケネス・カウンダの「我々の目的は，植民地主義者が全大陸を分割して作ったぶざまな加工品から，真のネーションを創り出すことだ」という言葉は，独立後のアフリカにおける国民統合の重要性を端的に物語っていた。

　しかし現実には，多くの国が独立早々に民族対立や分離独立の動きに直面し，政情不安に悩まされることになった。例えば，大小250以上の民族を擁するナイジェリアでは，分離独立を宣言した東部のイボ人主体の政治勢力とナイジェリア政府との間でビアフラ内戦（1967〜70年）が戦われ，戦闘と飢餓で推定200万人以上が死亡した。

　ナイジェリアのケースは分離独立の動きが大規模な内戦にまで発展した極端なケースであったが，他の国々でも民族，宗教，地域などに関連した国内対立が独立直後から顕在化する例が後を絶たず，しばしばクーデターによる政権交代が起きた。

　1960年前後に独立が相次いだ時点では，複数政党制を採用した国が多かった。しかし，多くの国で国内対立が顕在化した1960年代後半以降は，軍政や一党制に切り替える国が徐々に増えていった。1980年代には当時のアフリカ51カ国中，常時30カ国前後が軍政または一党支配の国であった。各国の政治指導者は，競争的な複数政党制を廃止して絶対的権力の確立を図り，自身の強力な指導の下で国民統合を進めようとしたのである。

　だが，こうして確立された軍政や一党支配は，ほぼ例外なく非効率な個人支配へと堕落していった。1970〜80年代のアフリカには，ザイール（現国名はコ

ンゴ民主共和国）のモブツ，中央アフリカ共和国のボカサ，エチオピアのメンギスツといった独裁的に権力を振るう政治指導者が多数現れ，アフリカの多くの国で汚職や人権侵害が蔓延することになった。

　1970～80年代のアフリカで，国民の暮らしを顧みない独裁的政権であっても存続が可能だった理由の一つは，東西冷戦構造の下で続いた米ソ両陣営による開発援助であった。米ソ両国は自陣営の同盟国・友好国を増やすことを優先し，国民の暮らしを顧みない独裁者にも援助を与え，政権を支えた。超大国から流れ込んだ多額の資金はしばしば国庫に入らず，政治指導者の私腹を肥やすだけに終わる場合もあった。

　経済の問題に目を転じると，多くの国々の独立後の経済構造は，換金作物や鉱物資源など特定の一次産品の輸出に依存するモノカルチャー型であった。アパルトヘイト体制下にあった南アフリカを除く各国の工業は未発達で，国際競争力もなければ自国民の消費を満たすだけの生産力も有していなかった。各国に登場した軍政や一党支配体制の中には産業振興に取り組んだ政権もあったが，目立った実績を残すことはできなかった。

　世界銀行などの国際金融機関や先進諸国は，1980年代初期からアフリカ諸国に対し，低迷する経済を立て直すために，市場原理の導入や緊縮財政などを柱とする「構造調整計画」を採用するよう奨励したが，なかなか効果が上がらなかった。こうして1980年代のアフリカは，対外累積債務の増加，干ばつなどの自然災害，環境破壊の進行，経済のマイナス成長などに苦しみ，「失われた10年」といわれるほどの経済的停滞の下で貧困や飢餓に苦しむ人々が増えた。

　こうした状況に大きな変化をもたらしたのが，1989年の東西冷戦の終結であった。東側陣営（ソ連を中心としていた社会主義陣営）の消滅に伴い，西側陣営（米国を中心とする資本主義陣営）はそれまでの独裁者を野放しにしていた援助政策を大きく転換し，援助の条件としてアフリカ諸国に「民主化」を求めた。経済が崩壊状態だった多くのアフリカ諸国はこの要求に応えるしかなく，1990年代初頭に多くの国が一党制から複数政党制へと転換し，新たな民主主義の時代がアフリカに到来するかに見えた。

　しかし，こうした急激な体制転換の結果，それまで政権の強権的統治に不満

を抱きながらも抑えつけられていた国内の反体制勢力が力を伸ばし、アフリカの多くの国で政情が一気に不安定化した。こうした中、ルワンダでは1994年5〜8月にかけて、フツ人主体の政権が反政府勢力の支持基盤であるツチ人を少なくとも80万人以上殺害する「ルワンダ大虐殺」が発生し、世界に衝撃を与えた。この他にも1991年の政権崩壊を機に無政府状態に陥ったソマリア、独裁者モブツの退陣後に全土が内戦状態に陥ったザイールなど、アフリカ各地で国家の崩壊ともいえる事態が相次いだ。

3 アフリカの可能性と課題

（1）高度成長の時代

　前節で見てきたように、独立から1990年代までのアフリカ諸国は植民地時代に形成された国家の基本構造が制約要因となり、低開発状態のまま20世紀を終えた。1990年代には大陸全体で20以上の武力紛争が同時に戦われていた時期もあり、欧米ドナー国の間ではアフリカに対する「援助疲れ」の感情が広がった。

　ところが、1980年代初頭からおよそ20年にわたって低迷を続けたアフリカ経済は、21世紀に入って突然、成長軌道に転じ、世界を驚かせた。

　図16-2は1980年から2020年までの40年間のサブサハラ・アフリカ全体のGDP（国内総生産）成長率を示したグラフである。これを見ると、年による変動が激しくマイナス成長もあった1980年代、90年代とは異なり、2002年頃を境に毎年高い成長率が記録されるようになったことがわかる。国際通貨基金（IMF）の統計によると、最も勢いのあった2003年から2012年までのサブサハラ・アフリカの平均GDP成長率は5.9%に達し、アフリカは世界でも有数の高度成長を遂げる地域に変貌した。

　IMFの統計によれば、サブサハラ・アフリカの1人当たりGDPは1990年が389ドル、2000年が293ドルと10年間ほぼ横ばいであったが、2010年には1303ドル、2018年には1642ドルにまで増えた。

　この時期にアフリカ経済が成長した最大の要因は、資源価格の高騰である。とりわけ、2002〜03年頃始まった石油価格の上昇は成長の決定的な要因になっ

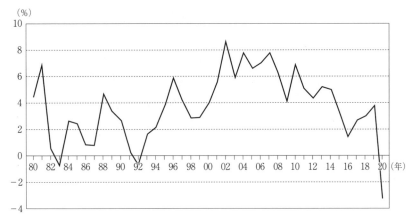

図16-2　サブサハラ・アフリカのGDP成長率（1980〜2020，予想値含む）

出所：IMF World Economic Outlook, June 2020 より筆者作成。

た。なぜ，石油価格が上昇すると，アフリカの経済が成長するのか。それは次のような仕組みによる。

　まず，石油価格について説明しよう。国際市場で取引される石油の価格は1980年代半ば以降，需給バランスが安定していたことにより，１バレル10ドル台後半から20ドル台で推移しつづけた。しかし，2003年３月の米国によるイラク攻撃の頃から上昇しはじめ，2008年には一時140ドルにまで達した。価格上昇要因の一つは，戦争で石油供給が不安定化することへの不安を背景に，石油を買う動きが活発になったことだが，より根本的な上昇要因は，中国など新興国の経済成長によって，世界の石油需要が急増したことだった。1990年に日量約230万バレルだった中国の石油消費量は，2000年には約480万バレルへと10年間でほぼ倍増し，2005年には約680万バレル，2010年には約894万バレルにまで増えた。

　次に石油とアフリカの経済の関係について説明しよう。サブサハラ・アフリカ49カ国のGDP総額を国別に見ると，年によって若干は変動するものの，第１位はナイジェリア，第２位は南アフリカ，第３位はアンゴラであり，この３カ国だけでサブサハラ・アフリカ全体のGDP総額のほぼ半分を占めている。ここで重要なのは，この３カ国のうち，ナイジェリアとアンゴラが産油国であ

る点だ。特にナイジェリアは1日に最大で200万バレル以上の石油を生産する
アフリカで最大の生産量を誇る産油国である。世界の石油需要の急増によって
石油価格が高騰した結果，ナイジェリアとアンゴラという二つの地域経済大国
には多額の石油収入が流れ込んだのである。

　さらにいえば，国別GDP総額が2番目に大きい南アフリカは産油国ではな
いものの，プラチナ，金，鉄鉱石，石炭，クロム，マンガン，ニッケル，バナ
ジウム，チタンなど鉱物資源の宝庫だ。新興国の経済が急成長していた
2000〜10年は，世界の鉱物資源の需要も急増した時期であり，鉱物価格も軒並
み高騰し，南アフリカに多額の富をもたらした。要するに中国に代表される新
興国経済の急成長によって，サブサハラ・アフリカ全体のGDP総額の半分を
占める3カ国に多額の「資源マネー」が流れ込み，全体のGDP成長率を引き
上げたのである。

　だが，アフリカの経済成長は，こうした資源生産国だけの現象にとどまらな
かった。世界各国の資源企業がアフリカ各地で新たな油田や鉱山の開発に取り
組み，資源採掘や輸送に必要な道路，鉄道，港，発電所などのインフラが新た
に建設され，人と物の移動が活発になり，消費が拡大――という形で経済成長
は他の非資源生産国にも波及していった。また，国連やアフリカ連合（AU）
などの地域機構による和平調停などが奏功した結果，1990年代から続いていた
いくつかの大規模な武力紛争が終息し，人々が経済活動に集中できる環境が次
第に整っていった。

　こうした21世紀に入ってからのアフリカ経済の成長を牽引したのは，世界各
国の企業がアフリカ各国に対して行った投資である。独立後のアフリカ諸国へ
の投資の主役は長年，旧宗主国の英仏や超大国米国などの企業であったが，21
世紀に入ってからは中国が官民挙げてアフリカへの進出を加速し，鉱物資源，
石油，発電，交通，情報通信など様々な分野に投融資を実行している。アフリ
カにおける中国の存在感の増大は21世紀に入って顕在化した新しい注目すべき
現象である。

　2014年以降の各種資源価格の低迷により，2016年のサブサハラ・アフリカの
GDP成長率は1.4％にまで下落したものの，2018，19両年はいずれも3％台に

回復した。2003〜12年頃のような全大陸的な急成長はひと段落したが，国別に見ると，エチオピアのように2019年まで毎年10%近い高度成長を続けてきた国もある。

　経済の急成長に伴い，アフリカ諸国では2010年代以降，リープフロッグ（leapfrogging）と呼ばれる興味深い現象が見られるようになっている。これは，既存の社会インフラが整備されていない新興国において，最新技術に基づいたサービス等が，先進国が歩んできた従来の技術発展の道筋を飛び越えて一気に拡大する現象である。

　リープフロッグの象徴的事例は，固定電話が全く普及していなかったアフリカで，携帯電話とスマートフォンが急速に普及したことだろう。ケニアなどでは携帯電話を使ったデジタル決済システムが2010年代に入って急速に普及し，ケニアのスタートアップ企業によってこのシステムを利用した新しいビジネスが次々と考案されている。救急車がほとんど存在してこなかったルワンダでは，ドローン（無人機）を使った血液配送の医療ビジネスが生まれた。現在アフリカ諸国では，電気も水道もない村の農民がスマートフォンを用いて農作物の市況価格に関する情報を収集する光景が普通に見られるようになってきた。

　2020年上半期から始まった新型コロナウィルス感染症（COVID-19）の感染拡大の影響により，アフリカでも同年についてはマイナス成長が確実な状況である。しかし，以下に詳述するように，現在のアフリカ諸国では若年層の占める割合が圧倒的に高い。若者たちによって新しいビジネスが次々と考案されている現状から，コロナ禍を克服した後には再び一定の経済成長が見込めると期待する向きが多い。

（2）人口爆発：急がれる農業の改革

　ここまで見てきた通り，アフリカは今世紀に入ってマイナス成長と武力紛争の多発という最悪の状況から脱し，経済成長へと転じた。だが，その成長によって，独立後のアフリカ諸国を苦しめてきた様々な問題が自動的に解決したわけではない。多くのアフリカの国々が今も経済的貧困，対外債務の増加，テロの発生，民族間の摩擦や対立，脆弱な社会福祉，政治腐敗，感染症の脅威，

食糧不足，高い子どもの死亡率，未発達な教育制度——など様々な課題に直面している状況には変わりない。

　本項では，こうした様々な課題のうち，アフリカ諸国と国際社会が早急に取り組まなければならない一つの大きな課題について解説したい。人口増加への対処である。

　いま，サブサハラ・アフリカでは，これまで人類が経験したことのない勢いで人口が増えている。国連が2019年に公表した世界人口予測によると，2019年7月1日現在，世界人口は推定約77億1347万で，このうちサブサハラ・アフリカは10億6628万人。注目すべきは人口増加率の高さで，2015〜20年の世界の増加率が年平均1.09％なのに対し，サブサハラ・アフリカは2.68％と地域別で世界最高だ。2019年時点のサブサハラ・アフリカの5歳未満死亡率は1000人当たり78人と地域別で世界最多だが，予防接種の普及や栄養状態の改善で死亡率は徐々に低下しており，かつては「多産多死」だったアフリカ社会は「多産少死」の社会に変質しつつある。

　図16-3は世界の地域別の人口の推移をグラフ化したものである。国連の予測（中位推計）では，2050年の世界人口は97億3500万人で，このうちサブサハラ・アフリカの人口は21億1773万人と，世界の5人に1人を占める。さらに2100年には，世界人口108億7539万人のうち，サブサハラ・アフリカの人口は37億7527万人と予想されている。世界人口の実に3人に1人。まさに「人口爆発」というほかない。

　人口が猛烈な勢いで増加するサブサハラ・アフリカは，食糧，若年層の雇用機会，エネルギー，土地や水資源などの環境への負荷など様々な課題に直面するだろう。とりわけ対策が急がれるのが，人口増加に対応できるだけの食糧生産態勢の構築である。中でも重要なのが，農業の改革による農産物の生産性の向上である。

　サブサハラ・アフリカの人口のおよそ半分は農民であり，多くの国でメイズ（トウモロコシ），米，小麦の三つの穀物に加えてヤム芋などの根菜を主食として生産しているが，このうち三つの穀物は自給できず，アフリカ大陸の外から恒常的に輸入して補っている。

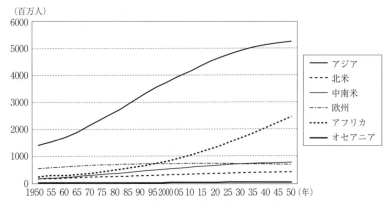

図 16 - 3　世界人口の推移（1950〜2050年）

出所：United Nations, World Population Prospect 2019 より筆者作成。

　人口の半分が農業に従事しながら主食穀物を輸入しているのは，アフリカの農業生産性が著しく低いからだ。北アフリカ諸国を含むアフリカ全体の1ヘクタール当たりの穀物生産量（2017年）は約1.6トンで，世界平均の約4トンより著しく低く，インドとタイの約3.2トンなどと比べても低い。米国は約8.3トン，日本と中国はともに6トン前後だ。サブサハラ・アフリカの伝統的農業は，灌漑設備もなく雨水頼みで，化学肥料や農薬の使用量も極端に少なく，著しく生産性の低い状態が続いている。

　農業の改革は，土地所有制度の改革などが必要な場合もあるために，政治的に困難なケースが少なくない。だが，生産性が低い現在の状態が続けば，天候不順などを契機に深刻な食糧危機が発生するリスクが高く，改革は喫緊の課題となっている。

（3）岐路に立つアフリカ

　人口増加は，これを巧みに利用すれば発展に向けた前提条件になる一方，対処を誤れば社会を深刻な危機にさらす要因にもなる。前項では，人口爆発に対処するための農業の改革の重要性を指摘したが，最後に人口増加がアフリカにもたらす可能性と課題についてもう少し詳しく見てみたい。

　国連統計によると，2019年現在サブサハラ・アフリカの人口の62％が25歳未

満の子どもと若者だ。その反対に65歳以上は総人口の3％を占めるのみであり，サブサハラ・アフリカは世界で最も若年層比率の高い人口構成比となっている。こうした若年層中心社会は，以下のような可能性とリスクを秘めている。

　生産年齢人口（15〜64歳）の増加スピードが従属年齢人口（0〜14歳と65歳以上）の増加スピードを上回り，経済成長が促進される状態のことを経済学の用語で「人口ボーナス」という。日本や西欧のいくつかの国では人口ボーナス期が終了しており，東アジアでは中国と韓国の人口ボーナス期が現在終焉を迎えつつある。一方，発展途上国の多くは人口ボーナスの只中にあり，サブサハラ・アフリカは2080年頃まで人口ボーナス期が続くとの予想もある。これほど長期にわたって人口ボーナスが続く地域はほかにない。

　人口ボーナスの渦中にある社会は，安い賃金でも熱心に働く若者が次々と労働市場に参入し，高齢者が少ないので社会保障費の負担が少ない状態といえる。そのため，政府は国家予算を産業政策に振り向けやすく，国内消費も活発化するので他国からの投資も呼び込みやすく，経済成長を実現しやすいという考え方がある。このため，これから人口ボーナスが続く見通しのアフリカへの期待が高まっている。

　しかし，ここで気をつけなければならないのは，人口ボーナスの期間中に続々と労働市場に参入してくる若者に対し，十分な就業機会が提供されなければ，人口ボーナス状態が自動的に経済成長と社会の安定をもたらすわけではない，という点だ。

　油田開発に代表される資源産業は，多額の資金を必要とする資本集約型産業の典型であり，多数の労働者を必要とする産業ではないため，雇用創出効果は限定的である。多くの国民に雇用を提供するには産業構造の多角化が重要であり，工業化の初期段階では繊維・縫製など軽工業の発展も重要である。

　だが，製造業がサブサハラ・アフリカのGDP総額に占める割合は1割程度にすぎず，ナイジェリアのムハンマド・ブハリ大統領（在任2015年〜）は就任後，「我々は爪楊枝までも輸入している」と演説し，アフリカにおける製造業振興の重要性を訴えたことがあった。アフリカの国々のスーパーマーケットを覗くと，ブハリ大統領の言葉が誇張ではないことがわかる。アフリカで最も製

造業が発達している南アフリカを除けば，日用品から家電製品に至るまで，アフリカ域内で生産された商品は極めて少ない。その南アフリカでさえ，失業率は恒常的に25％前後に達している。増大する若年層人口に十分な就業機会を提供するために，雇用創出効果の高い製造業の発展は重要である。

　若年層人口の増大は，若者に雇用機会を提供し，食糧を安定的に供給することができて，初めて経済成長につながる人口ボーナスといえる。十分な食糧も雇用も用意できないまま若年層が増えつづければ，食糧危機と大量失業の可能性すらある。学業を終えても就業機会に恵まれない若者の増加は，社会を不安定化させる潜在要因でしかない。それが再び武力紛争を引き起こす社会的土壌になっていく可能性が否定できない。

　農業改革によって食糧の安定供給を実現し，資源産業への過剰依存から脱却して若年層の就業機会の創出に成功すれば，アフリカ諸国には長期にわたる経済発展が期待できるかもしれない。一方，それができなければ，社会が不安定化する恐れすらある。アフリカ諸国は今，大きな岐路に立たされているといえる。

おわりに

　日本とインドと中国とフィリピンを一括りにして「アジア」として論じることにどれ程の意味があるかと自問すれば，広大な大地に54カ国が存在するアフリカを一括りに論じることの限界は明らかだろう。

　また，本章では，主にアフリカの植民地期以降の歴史と農業生産などの問題を駆け足で見てきたが，アフリカには漆黒のジャングルや野生動物が駆け巡るサバンナなど豊かで多様な自然もある。人々は各地の気候風土に適応しながら農業や牧畜を営み，各地に口承文芸の伝統や見る者の心を揺さぶる仮面文化の伝統も存在する。アフリカ各地の自然，音楽，美術，文学，舞台芸術，宗教，政治体制，産業などの多種多様な領域について，この限られた紙幅で論じることはもとより不可能であり，本章を読んで興味を抱いた読者がいれば，さらなる学習を深めてほしいと願っている。

参考文献

川田順造編『アフリカ入門』新書館，1999年。

　　＊少し古い本だが，アフリカの自然，歴史，言語，狩猟採集文化，牧畜文化，都市，音楽，文学，経済開発など様々な問題をコンパクトに論じた良書。

北川勝彦・高橋基樹編『現代アフリカ経済論』ミネルヴァ書房，2014年。

平野克己『経済大陸アフリカ』中公新書，2013年。

　　＊以上2冊はアフリカが経済分野で直面する問題について，日本語で書かれた最もわかりやすい入門書。

武内進一『現代アフリカの紛争と国家』明石書店，2009年。

　　＊500ページを超える大著だが，1章と2章だけでも読むと，アフリカでなぜ紛争が多発してきたかが理解できる。

白戸圭一『アフリカを見る　アフリカから見る』ちくま新書，2019年。

　　＊最新のアフリカ情勢について記したエッセイ集。

考えてみよう！

① 欧州諸国によるかつての植民地支配が，現在のアフリカ諸国の貧困や武力紛争の発生にどのように関係しているか考えてみよう。

② アフリカにおける急速な人口増加が日本や世界に今後どのような影響を及ぼすかについて考えてみよう。

∷∷

コラム4　孤立していなかった北朝鮮：エチオピアで見た「もう一つの世界」

　毎日新聞社の特派員として南アフリカに駐在していた2007年6月のことだった。エチオピアの首都アディスアベバの西約135キロ付近の農村地帯に，北朝鮮の支援を得ている兵器工場があるとの情報を入手し，エチオピアまで取材に行った。工場近くの草むらに身を伏せて正門の様子をカメラで隠し撮りし，関係者に水面下で取材したところ，北朝鮮人技術者の指導下で砲弾などを製造している工場であることが判明した。北朝鮮は兵器の製造技術を提供し，エチオピア政府から米ドルで支払いを受けていたのである。この工場の存在は，後に国連安全保障理事会（安保理）によって確認された。

　北朝鮮による核実験やミサイル発射を受けて成立した安保理の対北朝鮮制裁決議2094号は，国連加盟国が北朝鮮と武器および関連物資を貿易することをほぼ全面的に禁止している。また，安保理の制裁委員会は，すべての国連加盟国に対し，国内での対北朝鮮制裁実施状況の報告を義務づけている。

　しかし，北朝鮮が長距離弾道ミサイルを相次いで発射し，東アジア情勢が極度に緊張していた2017年4月時点でも，安保理に制裁実施状況を報告した国は国連加盟国193カ国のうち106カ国，アフリカ54カ国の中で報告書を提出した国は12カ国にすぎなかった。

　冒頭でエチオピアの兵器工場の例を挙げたが，アフリカではほかにも北朝鮮が建設した兵器工場の存在が確認されているし，北朝鮮の専門家に警察官を訓練してもらった国もある。兵器製造技術の供与や専門家派遣は，北朝鮮にとっては外貨（主に米ドル）獲得の手段であり，アフリカの国にとっては軍事力強化へ向けた安上がりな近道である。北朝鮮の核兵器やミサイルを脅威に感じている日本人は少なくないが，東アジアから遠いアフリカ諸国に日本の懸念が共有されてきたかというと，必ずしもそうではなかったのである。

　日本メディアの報道を見ていると，北朝鮮が国際的に孤立しているかのような印象をもつ。だが，北朝鮮は，実は私たちが思っているほど孤立してはおらず，このように世界各地で資金を獲得してきたからこそ，核兵器やミサイルを開発することができた。

　私たちは日本語のニュースをテレビで視聴し，インターネットの世界に溢れる日本語の情報に目を通して，知らず知らずに常識や世界観を形成している。だが，その常識や世界観が，日本語話者の世界で形成されたものにすぎないこともあるのだ。様々な言語で発信される情報に触れ，現場に赴き，外国の人々の声に耳を傾けることで，初めて世界の本当の姿が見えてくる。国際関係学を学ぶ醍醐味の一つがここにある。（白戸圭一）

∷∷

あ と が き

　立命館大学国際関係学部の初年次学生向けテキストとして，本書『プライマリー国際関係学』を刊行する運びとなりました。本学部は1988年の学部創設以来，『プロブレマティーク国際関係』（東信堂，1996年），『クリティーク国際関係学』（同，2001年），『ニューフロンティア国際関係』（同，2006年），『エティック国際関係学』（同，2011年），『プレリュード国際関係学』（同，2016年）と，5冊の教科書を出版してきており，本書は6冊目となります。

　本学部の国際関係学は主として現在進行形の現実社会を研究対象としています。学部創設から現在に至る30年余りの間に，国際社会は「グローバリゼーション」の語に端的に表される大きな変化を経験してきました。そうした変化の激しい現実社会をどう読み解くかを示す教科書は，必然的に賞味期限が限られており，5年ごとの更新が必要となっています。

　ただし，今回は単なる更新ではありません。本書は，これまで通り，本学部国際関係学専攻の一回生全員が履修する基礎演習のテキストとして利用します。基礎演習の目的は，国際関係学部での学びの第一歩として，国際関係学の基礎的知識やディシプリンを学び，様々な角度から国際関係上の課題を見つけ，課題に対する取り組みを考える力をつけることです。その学びへの適合性をより高められるよう，国際関係を基礎から発展，応用へとステップを踏んで学べる構成に，本書は編集されています。そして，国際関係学の広い領域の中で，より興味のある課題やディシプリンを見極め，次の段階に進めるようにと意図されています。本書のタイトル primary には，このテキストを理解することで，secondary，tertiary，と進むことを期待する意味が込められています。

　また，更新するのは賞味期限があるからであり，消費期限があるからではありません。食品を対象としたこの二つの期限は，異なる意味をもっています。消費期限は主に生鮮食料品に対するもので，期限を過ぎたものは早晩腐ったりして食べることができません。他方，賞味期限は主に加工食品に対するもので，

期限が過ぎればやや味が落ちるかもしれませんが十分に食べられます。つまり，このテキストの内容は，今後の社会変化に伴って扱う事象がやや古くなることがあっても，根本のところ，つまり，国際社会をどのように見るかについては，変わらず有効です。その意味でも「プライマリー」なのです。同様に，これまでの５冊のテキストの賞味期限は切れているとはいえ，そこで培ってきた編集方針は引き続き有効で，国際関係学の広さと深さの魅力を読者に伝えたいとの思いを本書は継承しています。

　国際関係学部の学生のみならず，本書を手に取る読者すべてが，こうした「プライマリー」の意味を理解し，国際関係学の広くて深い世界に歩みだしてもらえればと思います。

　最後になりましたが，本書の刊行にあたってはミネルヴァ書房の前田有美さんよりひとかたならぬご尽力を賜りました。学部を代表してお礼申し上げます。

　　2021年早春

　　　　　　　　　　　　　　　　立命館大学国際関係学部長　河 村 律 子

索　引

(＊は人名)

294

編者・執筆者紹介 （五十音順，＊は編者）

＊**足立研幾**（あだち・けんき）**第1章**

　　立命館大学国際関係学部教授（国際政治学）

　　『オタワ・プロセス——対人地雷禁止レジームの形成』有信堂高文社，2004年

　　『国際政治と規範——国際社会の発展と兵器使用をめぐる規範の変容』有信堂高文社，2015年

＊**板木雅彦**（いたき・まさひこ）**はしがき，第2章**

　　立命館大学国際関係学部教授（国際貿易投資論）

　　『国際過剰資本の誕生』ミネルヴァ書房，2006年

　　『現代世界経済をとらえる　Ver.5』（共編著），東洋経済新報社，2010年

大山真司（おおやま・しんじ）**第9章**

　　立命館大学国際関係学部教授（メディア・文化研究）

　　『基礎ゼミ　メディアスタディーズ』（共著），世界思想社，2020年

　　The Routledge Handbook of New Media in Asia,（共著），Routledge，2015

川村仁子（かわむら・さとこ）**第5章，コラム1**

　　立命館大学国際関係学部准教授（国際関係思想，国際行政学）

　　『グローバル・ガバナンスと共和主義——オートポイエーシス理論による国際社会の分析』法
　　　律文化社，2016年

　　『グローバル秩序論——国境を越えた思想・制度・規範の共鳴』（共著），晃洋書房，2022年

河村律子（かわむら・りつこ）**あとがき**

　　立命館大学国際関係学部教授（農業経済学）

　　『農業経営の存続，食品の安全』（共著），昭和堂，2020年

　　『大学の学びを変えるゲーミング』（共著），晃洋書房，2020年

嶋田晴行（しまだ・はるゆき）（しまだ・はるゆき）**第6章，コラム2**

　　立命館大学国際関係学部教授（国際開発・協力論）

　　『現代アフガニスタン史——国家建設の矛盾と可能性』明石書店，2013年

　　『地域研究へのアプローチ——グローバル・サウスから読み解く世界情勢』（共編著），ミネル
　　　ヴァ書房，2021年

*白戸圭一（しらと・けいいち）**第16章，コラム4**

  立命館大学国際関係学部教授（アフリカ地域研究，国際ジャーナリズム論）
  『ルポ資源大陸アフリカ——暴力が結ぶ貧困と繁栄』東洋経済新報社，2009年
  『アフリカを見る，アフリカから見る』ちくま新書，2019年

  末近浩太（すえちか・こうた）**第10章，コラム3**

  立命館大学国際関係学部教授（中東地域研究，国際政治学，比較政治学）
  『イスラーム主義——もう一つの近代を構想する』岩波新書，2018年
  『中東政治入門』ちくま新書，2020年

*鳥山純子（とりやま・じゅんこ）**第8章**

  立命館大学国際関係学部准教授（ジェンダー論，文化人類学）
  『イスラームってなに？シリーズ2　イスラームの暮らし』かもがわ出版，2017年
  『不妊治療時代の中東——家族をつくる，家族を生きる』（共著），アジア経済研究所，2018年

  中川涼司（なかがわ・りょうじ）**第7章**

  立命館大学国際関係学部教授（開発経済論）
  『中国のIT産業——経済成長方式転換の中での役割』ミネルヴァ書房，2007年
  『現代アジアの企業経営——多様化するビジネスモデルの実態——』（共編），ミネルヴァ書房，
    2017年

  中戸祐夫（なかと・さちお）**第14章**

  立命館大学国際関係学部教授（国際政治経済学）
  『日米通商摩擦の政治経済学』ミネルヴァ書房，2003年

  中本真生子（なかもと・まおこ）**第3章**

  立命館大学国際関係学部准教授（フランス史，比較文化論）
  『アルザスと国民国家』晃洋書房，2008年
  『人文学宣言』（共著），ナカニシヤ出版，2019年

  西村智朗（にしむら・ともあき）**第4章**

  立命館大学国際関係学部教授（国際法）
  『国際環境条約・資料集』（共編），東信堂，2014年
  『現代国際法の潮流（Ⅰ・Ⅱ）』（共編著），東信堂，2020年

林　大祐（はやし・だいすけ）**第11章**

立命館大学国際関係学部准教授（環境政策論）

Harnessing innovation policy for industrial decarbonization: Capabilities and manufacturing in the wind and solar power sectors of China and India, *Energy Research & Social Science* 70, 101644, 2020

Standardization of baseline and additionality determination under the CDM, （共著）, *Climate Policy* 13（2）, 191-209, 2013

星野　郁（ほしの・かおる）**第15章**

立命館大学国際関係学部教授（ヨーロッパ研究, 地域統合協力論）

『ユーロで変革進む EU 経済と市場──21世紀に向けた欧州の構造改革』東洋経済新報社, 1998年

『EU 経済・通貨統合とユーロ危機』日本経済評論社, 2015年

本名　純（ほんな・じゅん）**第13章**

立命館大学国際関係学部教授（比較政治学, 東南アジア研究）

Military Politics and Democratization in Indonesia, Routledge, 2003

『民主化のパラドックス──インドネシアにみるアジア政治の深層』岩波書店, 2013年

南川文里（みなみかわ・ふみのり）**第12章**

立命館大学国際関係学部教授（社会学, アメリカ研究）

『アメリカ多文化社会論──「多からなる一」の系譜と現在』法律文化社, 2016年

『未完の多文化主義──アメリカにおける人種, 国家, 多様性』東京大学出版会, 2021年

＊南野泰義（みなみの・やすよし）

立命館大学国際関係学部教授（比較政治論）

『北アイルランド政治論──政治的暴力とナショナリズム』有信堂高文社, 2017年

『ネイションとエスニシティ──歴史社会学的考察』（共訳）, 名古屋大学出版会, 1999年

プライマリー国際関係学

2021年4月30日　初版第1刷発行　　　　　　検印廃止
2022年2月25日　初版第2刷発行

定価はカバーに
表示しています

編　者　　足立研幾
　　　　　板木雅彦
　　　　　白戸圭一
　　　　　鳥山純子
　　　　　南野泰義

発行者　　杉田啓三

印刷者　　坂本喜杏

発行所　株式会社　ミネルヴァ書房
607-8494 京都市山科区日ノ岡堤谷町1
電話(075)581-5191／振替01020-0-8076

ISBN 978-4-623-09126-3
Printed in Japan

小笠原高雪・栗栖薫子ほか 編集委員
国際関係・安全保障用語辞典［第2版］　　　　四六判・418頁

広瀬佳一・小笠原高雪・小尾美千代 編著
よくわかる国際政治　　　　　　　　　　　　Ｂ5判・248頁

大森正仁 編著
よくわかる国際法［第2版］　　　　　　　　Ｂ5判・240頁

川島　真・小嶋華津子 編著
よくわかる現代中国政治　　　　　　　　　　Ｂ5判・256頁

坂井一成・八十田博人 編著
よくわかるＥＵ政治　　　　　　　　　　　　Ｂ5判・240頁

松田憲忠・岡田　浩 編著
よくわかる政治過程論　　　　　　　　　　　Ｂ5判・218頁

村上　弘・佐藤　満 編著
よくわかる行政学［第2版］　　　　　　　　Ｂ5判・248頁

田中共子 編
よくわかる学びの技法［第3版］　　　　　　Ｂ5判・180頁

白井利明・高橋一郎 著
よくわかる卒論の書き方［第2版］　　　　　Ｂ5判・224頁

──────ミネルヴァ書房──────

https://www.minervashobo.co.jp/